Federico Condello

LA SCUOLA GIUSTA

In difesa del liceo classico

MONDADORI

⋀ librimondadori.it
anobii.com

La scuola giusta
di Federico Condello
Collezione Orizzonti

ISBN 978-88-04-68599-9

INDICE

LA SCUOLA GIUSTA

AL LICEO CLASSICO

Questo libro non è un'apologia del «classico» – ce ne sono fin troppe, convincenti e non – e nemmeno del «liceo classico» in sé, che certo non si può trattare come una realtà stabile, nel tempo e nello spazio. Questo libro non è una storia dell'istruzione classica – di cui l'odierno liceo classico è solo un episodio, pur rilevantissimo – perché ne abbiamo già di ottime, che nelle pagine a seguire saranno messe a frutto dove serve. Piuttosto, questo libro aspira a essere un ragionamento aperto e problematico, che muoverà dalle opinioni diffuse e dalle ricorrenti accuse, passerà attraverso i fatti e i dati accertabili e tenterà, per quanto possibile, una definizione dei valori in gioco. Chi intende liquidare il liceo classico deve sapere (o dire con maggiore franchezza) che cosa rischiamo di perdere; chi intende riformarlo deve avere alternative credibili; chi ne diffida *a priori*, come chi *a priori* lo idolatra, deve chiedersi perché.

Ma di che cosa parli questo libro dirà il libro, ovviamente, e forse già lo suggerisce il titolo di questa premessa, dove *al liceo classico* non è – per cominciare con l'odiosa analisi logica – né uno stato in luogo («esperienze e ricordi del») né un moto a luogo con invito all'iscrizione («andate di corsa al»); *al liceo classico* è una dedica, che inevitabilmente contempla, come tutte le dediche, la possibilità del congedo.

Chi parla in questo libro ha studiato al liceo classico, al liceo classico ha insegnato, e oggi di mestiere fa il filologo classico: è dunque un difensore sospetto; ma anche per questo, nelle pagine a seguire, si parlerà di greco e di latino meno di quanto ci si potrebbe attendere: il liceo classico, del resto, non è affatto la scuola del greco e del latino. A chi parla questo libro è la cosa più importante che qui, prima di cominciare, mi preme sia chiarita.

Questo libro si rivolge a chi il liceo classico lo ha conosciuto fra i suoi 14 e 19 anni, lo ricorda oggi con maggiore o minore gratitudine, e si chiede che cosa il liceo classico sia oggi e che cosa possa ancora essere, al di là di ricordi, e voci, e leggende spesso deleterie. Questo libro si rivolge a chi nel liceo classico lavora ogni giorno, e sa meglio di chiunque altro ciò che è vero e ciò che è falso in tante chiacchiere, o elogi d'ufficio, o accuse espresse in variabili gradi di malafede; e sa quanto rischi, il liceo classico, da riforme frettolose e spericolate, attuate magari dopo sperimentazioni risibili (come è quella appena avviata del liceo quadriennale); e sa quanto il liceo classico possa offrire a chi lo frequenta. Infine, questo libro si rivolge a chiunque, con o senza esperienza diretta del liceo classico, considera la possibilità di suggerire questa scuola a una figlia o a un figlio, a una sorella o a un fratello, a una giovane persona cara, nella consapevolezza che la scelta della scuola superiore determinerà direttamente o indirettamente gran parte della sua vita a venire.

Proprio mentre licenzio questo libro, milioni di quattordicenni italiani compiono tale scelta. La maggior parte di loro lo fa senza avere i mezzi economici o culturali che permetterebbero una scelta autentica. Altri esitano, e sono distratti da dicerie confuse. Questo libro non sollecita in alcun modo l'iscrizione al liceo classico: tenta solo di liquidare le dicerie che spaventano e disorientano; tenta di censire i dati e i fatti utili per una scelta meditata. Se io ci sia riuscito, non so dire e non spetta a me dire; ma su un punto rassicuro: per metodo, per dovere, mi sono sempre limitato agli argomenti che personalmente impiegherei se quella scelta cruciale toccasse a chi mi è caro.

Nel corso della sua stesura, questo libro ha beneficiato di molti confronti, dialoghi, informali interviste: ho interpellato – e talora interrogato – studenti ed ex studenti del liceo classico, colleghi liceali e colleghi universitari, specialisti delle più varie specialità e professionisti delle più varie professioni. I miei appunti serbano traccia delle conversazioni con quasi trecento persone, che non posso qui ringraziare tutte per nome; né vorrei che la menzione suonasse come una chiamata in correità.

Le ringrazio tutte insieme, sicuro che riconosceranno le idee che abbiamo discusso e le testimonianze che hanno voluto rendermi.*

* Nominalmente devo e voglio ringraziare, però, chi con generosità ha letto in anteprima questo libro o sue larghe parti, e mi ha offerto suggerimenti preziosi. Tutta la mia riconoscenza, dunque, a Gianfranco Agosti, Susanna Bino, Vando Borghi, Aldo Corcella, Ivano Dionigi, Irene Guadagnini, Massimo Magnani, Riccardo Stracuzzi. Colpa mia e non loro, beninteso, le residue mende.

Parte prima
CARTE D'IDENTITÀ: NASCITA, NOME, NUMERI,
E LENTE METAMORFOSI

Cominciamo. Di dove? «Per primi i princìpi» (*prôton apò tôn próton*), suggerisce autorevolmente Aristotele. C'è però una difficoltà: il liceo classico è la scuola italiana di cui è più arduo datare gli esordi. È facile per lo scientifico o per il linguistico, è facile per gli indirizzi tecnici e per tante altre scuole; con il liceo classico non si riesce, o si riesce a fatica. Partiremo proprio da questa aporia; e non certo per suggerire l'eternità del liceo classico, o per negare concretezza alla sua tortuosa storia; al contrario: per inibire quella ricerca delle origini che nasconde sempre un'interessata affiliazione d'ordine politico, a scopo elogiativo o – più spesso – a scopo polemico.

Ci interrogheremo poi sul nome del venerando liceo, e non per il gusto della parola in sé, che potrebbe dar ragione a chi crede gli umanisti patologici parolai. Il nome «liceo classico», in realtà, merita attenzione. Esso suona familiare; così familiare che tra affezionati volentieri si contrae: «il classico», «al classico». Si rischia così di crederlo il nome ovvio di una realtà ovvia. Ma tanta familiarità nasconde insidie: e il nome – che non è classico affatto – riassume bene la storia recente della scuola, e porta in sé i segnali della crisi che oggi si conclama; una crisi che – al variare dei punti di vista – si saluta con amarezza o con soddisfazione.

La crisi, appunto: della crisi che oggi angustia gli amici e rallegra i nemici parleremo per numeri, com'è inevitabile. Sono numeri – vedremo – che non è facile raccogliere, e ancor meno facile interpretare; numeri forieri di qualche equivoco che andrà dissipato, specie per evitare che l'allarmismo ispiri riforme frettolose e nocive.

Le proposte di riforma, quando si tratta di liceo classico, muovono spesso e volentieri da un assunto che si dà per certo: la sostanziale immobilità di una scuola che imperturbata attraversa i secoli, attraversa le generazioni, come i vocabolari di greco che passano di mano in mano e servono sempre a quello – le eterne versioni – e forse per questo cominciano con una vocale che è anche un grido (ἄ: «di lamento, sdegno, ammonimento, stupore», dicono quei vocabolari) e su un altro grido più o meno si chiudono (ὠώ). La presunta immutabilità del liceo classico, e della formazione che vi si pratica, è un assunto che può ispirare nostalgia a chi è scampato all'impresa, angoscia a chi sta per affrontarla. Ma è un assunto semplicemente falso. Per questo chiederemo a chi legge la pazienza di ripercorrere le principali tappe di una storia recente e recentissima che troppo spesso si dimentica o si ricorda solo a grandi linee. Non sarà una storia del liceo classico, che non si potrebbe scrivere senza farne una storia (e una sociologia) della scuola italiana tutta; sarà piuttosto il tentativo di individuare tendenze e costanti che aiutano a intendere meglio il senso del dibattito in corso.

E qui toccheremo il punto più importante: che cosa è in gioco quando si dibatte – con nervosismo, a volte, e toni accesi – del vecchio liceo classico oggi in crisi? Si dibatte di latino e greco? Sì, certo, si dibatte anche di questo: del morto latino, e del greco «che è più morto del latino», come disse una volta, negli anni Settanta dell'Ottocento, un politico di periferia interpellato dal ministro della Pubblica istruzione. Ma non si dibatte solo di questo. Un più recente ministro – uno cui non riuscì la riforma della scuola, ma riuscì purtroppo quella dell'università – ha sentenziato un paio di anni fa: «il liceo classico non è solo le lingue antiche e non è prevalentemente le lingue antiche». E si sarebbe tentati di dargli ragione, se quelle parole non fossero state pronunciate nel chiaro intento di smantellare e le lingue antiche e il liceo classico. Si sarebbe tentati di dargli ragione in tutt'altro senso: per rimarcare che, quando si dibatte di liceo classico, la questione è d'ordine sociale e politico, inevitabilmente; perché il liceo classico ha giocato un ruolo che dimenticare sarebbe grave, e l'ha giocato spesso contro le intenzioni di chi ne ha definito l'identità e dettato gli scopi: il liceo classico è stato, in molte fasi della sua storia, uno fra i più estesi e impressionanti esperimenti di democrazia formativa e culturale tentati nell'Italia e nell'Europa moderne. Soprattutto per questo il liceo classico è stato, e forse rimane, al centro di tanti conflitti; per questo sembra ancora a molti – e a molti altri ciò dispiace – l'emblema di una scuola che vorremmo insieme pubblica e ottima.

Ma cominciamo.

DATA DI NASCITA

È una vecchia scuola, il liceo classico? È una scuola vecchia, si dirà. Ma è anche una vecchia scuola? Quanti anni vogliamo darle? E lasciamo stare, per ora, gli anni che dimostra. A norma di legge, il liceo classico di cui parleremo, il liceo classico al quale si stanno iscrivendo e si iscriveranno migliaia di quattordicenni, è una scuola più giovane di loro, visto che gli atti normativi da cui dipende sono stati emanati tutti nel 2010. Dunque, a oggi, il vecchio liceo classico ha licenziato appena una nidiata completa d'iscritti, nel 2015, e licenzierà la seconda soltanto nel 2020. Potremmo cavarcela così, e fare tanti sentiti auguri alla scuola bambina.

Potremmo, ma sarebbe un sofisma: non peggiore, in ogni caso, del sofisma al quale ricorre chi data il liceo classico alla riforma Gentile (1923) per assegnare natali fascisti alla scuola che detesta, o natali filosofici alla scuola che ama. «Il liceo classico è figlio di Gentile e della cosiddetta "più fascista delle riforme"» (A. Ichino, con scandalo); «il Liceo classico, la migliore scuola del mondo, concepita dal Gentile ministro dell'Istruzione, fautore della migliore riforma della scuola di cui il nostro Paese abbia a oggi beneficiato» (D. Fusaro, con trasporto); «il tanto vituperato liceo classico, frutto dell'altrettanto vituperato regime fascista, la creatura di Giovanni Gentile, vede crescere le iscrizioni» (M. Valensise, «Il Messaggero», 24 giugno 2017, con soddisfazione). Si potrebbe proseguire a lungo, perché stampa e *web* straripano di affermazioni simili, con variabili accenti di accusa e – purtroppo – d'elogio; o si potrebbe lasciare la parola a Gentile in persona:

> L'istituzione del liceo classico è stata concepita a uso dei figli dei pescecani ai quali sarà insegnata l'arte di difendere con energia i loro privilegi da qualche eventuale tentativo di riscossa della canaglia lavoratrice.

Solo che questo è un falso Gentile, in una falsa intervista del settembre 1923, inventata di sana pianta dallo spiritoso Guido da Verona per la rivista satirica «L'Asino». Ma sul liceo classico come scuola gentiliana, e cioè fascista, torneremo più in là (pp. 110-119), per appurare che il contributo di Gentile al liceo classico fu, sul piano dei contenuti, pressoché nullo; sul piano della retorica, immenso. Ma da tanta retorica è bene non trarre, con deduzione asinina, falsi fatti storici.

Fatti più solidi e origini più credibili si trovano se ci si spinge, oltre la riforma Gentile, fino agli ultimi anni del Regno di Sardegna e ai primi anni del Regno d'Italia, quando la legge che porta il nome di Gabrio Casati (13 novembre 1859), con i suoi lunghi e travagliati séguiti postunitari, sancì il carattere statale e laico dell'istruzione classica. Ne seguì, fatta l'Italia, una defatigante guerra di posizione fra Stato e Papato, fra regi licei e seminari cattolici: una guerra combattuta a colpi di regolamenti e di ispezioni, di licenziamenti e statalizzazioni, che fece dell'istruzione classica, ora innervata dal greco, l'emblema dell'educazione libera, rinnovata, nazionale; e ne fece in idea – meno nei fatti – l'alimento di una promozione sociale che ebbe nella «classe media», idolo giobertiano, il suo vagheggiato protagonista.

È la legge Casati, infatti – con le sue antenate dirette, la legge Boncompagni del 1848 e la riforma progettata da Luigi Cibrario nel 1854 –, l'inizio prediletto da buone, spesso ottime storie del liceo classico o dell'istruzione italiana; ed è un inizio che ha senz'altro le sue buone, spesso ottime ragioni. Ma scegliere un inizio ha per forza la sua quota d'arbitrio e il suo sentore di mito, perché reseca legami che ci porterebbero ben più lontano nel tempo e nello spazio.

E così, datando il liceo classico all'anno 1859 o allo scoccare dell'unità – con anni o lustri circostanti – assecondiamo la decisione postunitaria di azzerare ogni storia anteriore tramite il più ovvio dei gesti rifondativi: l'assegnazione di un nuovo nome alle scuole che si volevano nuove. È in virtù di questa decisione, così carica di potenza simbolica, che i nomi dei più antichi licei classici d'Italia celebrano, tutt'oggi, il *pantheon* letterario, scientifico e politico del Risorgimento, preferibilmente sabaudo e neoclassico e illuministico, ma con più di un «letterato, scienziato o gagliardo pensatore politico» – come recita il Regio Decreto n. 2229 del 4 aprile 1865 – di altra epoca o ambiente, purché ormai arruolato fra i classici nazionali. Di qui, fra gli altri, il Cavour e il Gioberti a Torino; il Parini e il Beccaria a Milano; il Pellico a Cuneo, il Foscolo a Pavia, e naturalmente il Colombo a Genova; a Bologna il Galvani, il Muratori a Modena, il Monti a Cesena e l'Ariosto a Ferrara; il Galilei a Pisa, il Petrarca ad Arezzo e il Dante – omaggio agrodolce – nella neocapitale Firenze; e poi il Vico a Chieti e il Leopardi a Macerata; a Salerno il Tasso e il Sannazzaro a Lecce; il Giannone a Benevento e il Campanella a Reggio Calabria; il Maurolico a Messina e a Trapani lo Ximenes (dove avrebbe studiato Gentile fino al 1893). E via ribattezzando, via rifondando: con molti nomi di eretici e martiri del sapere, scelti apposta per urtare vescovi e preti; e con molti uomini di scienza, come si vede; ma senza nemmeno un antico greco o romano, perché l'istruzione classica si sentiva orgogliosamente moderna. E i nomi che non vennero subito vennero poco dopo, quelli che non vennero per decreto vennero da sé, in spontanea adesione al programma di palingenesi. Il marchio onomastico del Risorgimento dura ancora, da un capo all'altro del Paese, e ogni tanto, a tempo perso, se ne lamenta qualche leghista.

Ma oltre i nuovi inizi risorgimentali, oltre le drastiche rifondazioni postunitarie, sostenitori e critici del liceo classico potrebbero cercarne il certificato di nascita – con biasimo o con orgoglio, a piacere, e mai senza qualche fondamento – in una miriade di atti normativi o fatti storici anteriori.

Giustamente, gli odierni storici dell'istruzione suggeriscono sempre più spesso una prospettiva genealogica di lunga durata, che indaghi pratiche, idee, ruoli sociali che difficilmente sottostanno ai tempi brevi e desultori delle singole riforme. Se si segue il suggerimento, la ricerca di un certificato di nascita per il liceo classico guiderebbe sempre più indietro; e ci porterebbe senz'altro, per esempio, alle esperienze scolastiche primo-ottocentesche del Lombardo-Veneto austriaco, a loro volta figlie dell'Austria di Maria Teresa: sotto questa luce, i territori strappati dal Piemonte all'Austria proprio nell'anno della legge Casati (1859) restituiscono un caso oraziano da manuale, con il vinto che sopraffà il suo vincitore e gli impone un modello educativo di successo; e Casati in persona ammetteva, a denti stretti, che «nelle Province lombarde» gli studi classici «ebbero qualche fiore sotto l'uggia del principato straniero». Ma la risalita potrebbe guidare legittimamente ad antefatti repubblicani e rivoluzionari – specie nel Nord Italia – e, più in generale, al fanatismo classico dei giacobini, anche se la Cisalpina tentò l'eliminazione del latino e suscitò le forbite proteste (in versi e in prosa) di Foscolo; e ciò ben esemplifica il dilemma che tante volte si riproporrà in séguito: come conciliare la riappropriazione politica dei modelli antichi, che è fermento rivoluzionario, e il superamento formativo dell'istruzione classica, che è eredità del peggior passato? Un dilemma che la cultura giacobina trae dall'Illuminismo e l'Illuminismo dalla *Querelle des Anciens et des Modernes*, per lasciarlo in eredità alle generazioni successive.

Ma la ricerca dei natali potrebbe ugualmente guidare, con tutt'altra piega politica, alla grecomania germanica e alla Prussia guglielmina, dove il Piemonte sabaudo cercò, fin dagli anni Quaranta dell'Ottocento, i modelli della sua normativa scolastica. Come sinistramente si disse dopo la battaglia di Sedan (1870), a sbaragliare i francesi non era stato solo l'esercito del feldmaresciallo von Moltke, ma anche il *Gymnasium* del ministro-filosofo von Humboldt; e ad appuntare questa medaglia bellica sul petto dei professori ginnasiali fu nientemeno che Georg Curtius, autore di un'epocale grammatica greca (1852) al cui modello ancora devono molto le grammatiche in uso nelle aule odierne: il che potrebbe inquietare qualcuno e, chissà, galvanizzare altri. Contro la «Scuola di Caporetto», del resto, vollero la loro riforma i gentiliani appena un paio di generazioni più tardi; e chi sentisse la mancanza di tanto spirito guerriero può consolarsi pensando che i docenti, nelle scuole d'oggi, ancora si «reclutano».

Ma se abbandonassimo il terreno delle istituzioni statali laiche fra Sette- e Ottocento, potremmo risalire almeno, sul fronte protestante, al magistero di Filippo Melantone, il «grèculo» caro a Lutero, il «maestro della Germania», fecondo ideatore di *curricula* universitari, ma anche di *curricula* elementari e medi a base di greco e latino, «perché» – parole sue – «chi è nemico del latino e del greco è nemico dell'umanità». In questa prospettiva, aveva ottime ragioni l'ultimo re dello Stato Pontificio, Pio IX, quando nel 1864 tuonò contro la nuova istruzione classica nata «dalle viscere del protestantesimo». Eppure, sul fronte cattolico, non potremmo dimenticare i Collegi della Compagnia di Gesù, dai quali la laica riforma Casati mutuò moltissimo, pur proponendosi di sradicare «il genio malefico della setta di Lojola», come poco affettuosamente si esprime il *Codice dell'istruzione secondaria classica e tecnica* del 1861. Lo sradicamento non riuscì affatto, e nei licei casatiani furono «assunti in gran copia vecchi insegnanti di seminario, giovani spostati, avvocati senza clienti, reduci dalle patrie battaglie e soprattutto molti preti o ex preti o semi-preti» (M. Raicich), specie attraverso il metodo del concorso abilitante straordinario, che della tradizione scolastica italiana è una costante secolare. Ma se lo sradicamento non funzionò con i docenti, funzionò ancor meno con i programmi e i modelli culturali: la *Ratio studiorum* gesuitica (1599, in prima definizione ufficiale) si è subita a lungo; anzi, si subisce ancora: chi ha studiato o studia prima la «lingua» e poi gli «autori» – come si dice – è stato o rimane un inconsapevole alunno di Loyola. La distinzione gesuitica fra «lingue» e «letterature» (italiana, latina, greca) è ripresa *in toto* dalla legge Casati, che su questo modello spartisce gli insegnamenti fra ginnasi e licei (artt. 189 e 190). È una distinzione che ancora oggi offre materia a dibattiti rissosi, dei quali dovremo parlare più in là.

Se poi decidessimo di seguire le vie di più secolari tradizioni – quelle del *trivium*, più che del *quadrivium* – potremmo spingerci molto oltre, anche oltre l'Umanesimo, al cui modello formativo Eugenio Garin dedicava nel 1957 il suo memorabile *L'educazione in Europa*, libro di battaglia e non solo d'erudizione, mentre in Italia si discuteva la riforma della scuola media che quasi annichilì il latino; potremmo spingerci anche oltre il Medioevo, anche oltre la tarda antichità, dove trova l'origine di tutto chi ama pensare alla tradizione europea quale lineare *continuum*, sul modello di Ernst Robert Curtius (ma «il *continuum* è degli oppressori», avvisava Walter Benjamin). Di risalita in risalita, correremmo il serio rischio di trovarci di fronte al Liceo che sembra aver dato il nome a ogni altro liceo – quello di Aristotele, ovviamente – se non addirittura all'Accademia di Platone. E qui, però, resta alla porta «chi non è geomètra», come ricorda il padre Dante e come ripetono, a ogni occasione buona, i critici del liceo classico. Emblematico il dilemma di un odierno economista, Andrea Ichino:

> Il nostro liceo classico è veramente il liceo che Platone e Aristotele ci consiglierebbero di offrire ai giovani, se questi filosofi fossero qui oggi?

Chissà. Senza contare – ha replicato Luciano Canfora all'ingenuo quesito – che là non si studiava nemmeno il latino.

Toccherà quindi rinunciare al tormentoso dilemma. E toccherà interrompere l'avventurosa risalita. In qualche secolo di discussione sull'istruzione classica – che è una storia di cicliche crisi e cicliche glorie – ognuna delle citate origini è stata esibita, a esaltazione o a disdoro di un modello formativo che ha una genealogia abbastanza intricata da consentire a ciascuno di enfatizzarne alcuni rami, di occultarne altri.

E se poi un'origine – un seme, almeno – si cercasse anche al di qua del presunto spartiacque gentiliano? Uno dei nostri migliori storici dell'istruzione, Adolfo Scotto di Luzio, ha portato argomenti validi, e ben più dialettici di quelli fondati sull'automatismo «liceo classico = riforma Gentile», per giudicare l'attuale liceo classico figlio (almeno di fatto) del Sessantotto:

> In Italia, il Sessantotto, per la parte che ha avuto (e non fu certo la sola) nella riproduzione ideologica ... sul terreno di un marxismo a forte ispirazione gramsciana, ha agito da potente fattore di conservazione della tradizione culturale nazionale ... Detta in maniera semplice, il latino doveva giustificarsi sul terreno della rivoluzione e della democrazia. Fu questa la sfida posta dal Sessantotto agli studi classici nella scuola, raccolta, soprattutto in Italia, sulla base di un nesso di filologia e ideologia che avrebbe fatto dello studio del mondo antico un modo privilegiato per comprendere i conflitti del presente e per intervenire nella sua critica.

Il liceo classico figlio del Sessantotto a molti parrà bestemmia: specie a chi ama pensarlo gentiliano. Contro costoro si è fatto osservare spesso che dalla scuola cara a Gentile (e poi a Bottai) uscirono combattive generazioni di antifascisti. Gioco retorico fin troppo facile. Più o meno allo stesso modo, Salvemini osservava che gli allievi dei Gesuiti e degli Scolopi «furono educati dai preti e furono tutti violenti anticlericali»; e poi aggiungeva, perfido, che per essere conseguenti dovremmo «reputare scuola ottima quella che riesce a farsi detestare dai migliori fra gli alunni».

Fermiamoci qui. Come diceva un personaggio di *Bouvard e Pécuchet*, «non ci si raccapezza con la storia. Cambia ogni giorno». E infatti, per queste o per altre vie, tutte tortuose ma tutte a qualche titolo legittime, il liceo classico potrebbe scoprirsi volta a volta sessantottino e democratico, gentiliano e fascista, risorgimentale e patriottico, tedescante e austriacante, gesuitico e luterano, umanistico e medioevale; romano, infine, e greco. Con escursioni vertiginose, di conseguenza, quanto a età anagrafica; e, ovviamente, quanto a giudizi sulla sua utilità e sensatezza entro il sistema scolastico attuale. E ciò dimostra come sia insidiosa, in ogni campo, la ricerca delle «origini»: «parola inquietante», diceva Marc Bloch; e ricordava che «in molti casi il demone delle origini è forse solo un travestimento di quest'altro diabolico nemico della storia vera e propria: la mania del giudizio».

Vediamo di resistere all'uno e all'altro demone, allora, e ammettiamo la stratificata, accidentata, cangiante storia di ciò che chiamiamo «liceo classico»; storia che non si presta al tratteggio di genealogie semplicistiche o a interessate attribuzioni di paternità. All'istruzione classica, come a ogni altra tradizione complessa, capiterà sempre di scoprirsi meticcia: e tanto più meticcia quanto più si pretende pura. Bloch, per parte sua, si traeva d'impaccio con eleganza e saggezza citando «il proverbio arabo: "gli uomini somigliano più al loro tempo che ai loro padri"». Il liceo classico, finché durerà qualcosa con questo nome, assomiglierà sempre più al suo tempo che ai padri – troppi, e tutti putativi – che la sua variegata figliolanza vorrà di volta in volta prediligere.

Finché durerà qualcosa con questo nome, appunto. E su questo nome vale la pena riflettere: a partire dalle parole, a volte, le cose seguono.

NOMEN OMEN

La storia del termine «liceo» è nota, la storia del termine «classico» arcinota, la storia della designazione «liceo classico» non mi risulta scritta. Ma è una storia che ha il suo interesse, perché compendia un contenzioso simbolico che ancora ci riguarda. Vediamola almeno per cenni.

«Atene, il posto dove sono state inventate le parole Ginnasio, Liceo, Accademia», si è letto di recente su un importante quotidiano (finanziario) nazionale. È il genere di omaggio che alla Grecia e al greco si rende d'ufficio: «la radice di tutte le civiltà pare che sia lì dentro», come ironicamente scriveva il giovane Pavese a un amico, nell'ottobre 1926. Peccato che né il ginnasio, né il liceo, né le accademie abbiano qualcosa di greco a parte il nudo nome. E se «liceo classico» ci suona consueto e naturale – forse perché «tutti abbiamo fatto il classico», come diceva con spocchia Lalla Romano – è bene sapere che la designazione è molto recente. Nella normativa nostrana non ha nemmeno un secolo. Nell'uso è di poco più vecchia. Bene saperlo, perché chi «fa il classico» impara a conoscere l'antico, certo, ma impara anche – forse soprattutto – a riconoscere il falso antico.

Partiamo da «liceo»: che è, come tanti nomi moderni di matrice greco-romana, un termine che deve molto all'idealizzazione, non poco all'equivoco. «Il liceo è un posto da lupi», mi disse una volta – simpatica – una ginnasiale. A rigor d'etimo, sensato: e migliore di altre ipotesi idealizzanti. Su ciò scherzava già il Tommaseo-Bellini, che della riforma casatiana è pressoché coetaneo: «*Primo anno di liceo. –* Una volta dicevasi la filosofia. L'origine bestiale piacque più al secolo che già vaticinava le scimmie». Niente di bestiale o di lupesco. Anzi. Come si sa, l'antico *Lýkeion* era un'ampia area extraurbana a sud-est di Atene, circoscritta a sud dal fiume Ilisso e a nord dal monte Licabetto: splendidi nomi attici «che sono un verso a ridirli» – si inteneriva il greco-siculo Quasimodo – e che in realtà designano paesaggi quotidiani per gli ateniesi, che non abitarono mai una metropoli, né una città ideale, ma un'affollata cittadina di misure per noi modeste; perciò i luoghi erano noti a tutti e si potevano chiamare con sommarietà paesana. È appunto il caso del Liceo, che fu tra l'altro un luogo di culto dedicato ad Apollo *Lýkeios*, un titolo divino misterioso già per gli antichi (Apollo dei Lupi? Apollo Lupo? Apollo Lupicida?); di qui la designazione molto sbrigativa e colloquiale dell'area. Ma il Liceo non fu solo luogo di culto: fu anche luogo di passeggiate e di attività atletiche (era sede di un grande *gymnasion*, cioè di un campo sportivo: ed ecco, per la gioia degli idealizzatori, il ciclo classico al completo); e fu luogo di esercitazioni e parate militari: «ci sfiancano di marce, avanti e 'ndrè / dal Liceo, con la lancia e con lo scudo», si lagna il Coro nella *Pace* di Aristofane. Ma se uno spiazzo verde fuori Atene ha finito per dare il suo nome a un'istituzione scolastica di cui l'atenocentrico Occidente va fiero, ci piace darne il merito ad Aristotele. E però, in Atene, Aristotele fu un migrante. Si sa che in località Liceo il filosofo prese a tenere le sue lezioni, probabilmente verso il 335 a.C., quando era sui cinquant'anni. Ma contrariamente a quel che spesso si legge, Aristotele non «fondò» nessuna scuola chiamata «Liceo». Da migrante (meteco, se si preferisce) Aristotele non aveva il diritto di acquistare nulla in località Liceo, né un lotto di terra né un mattone. Perciò nel suo testamento, che ancora leggiamo, il filosofo menziona ogni sorta di proprietà, ma non terra o mura della sua presunta «scuola». Di ciò parla invece il testamento del suo allievo Teofrasto, che morì una quarantina d'anni dopo il maestro, verso il 287 a.C.; un migrante-meteco anche lui, ma favorito dall'amicizia di un condiscepolo aristotelico, Demetrio del Falero, strapotente per qualche tempo ad Atene, poi ritiratosi ad Alessandria per contribuire alla nascita di un'altra istituzione dal nome fortunato, il «Museo». Fu probabilmente Demetrio che consentì a Teofrasto di acquistare e costruire in terra attica: e così tutto iniziò, se vogliamo, con un favore tra compagni di Liceo. Dal 2014, ad Atene, i turisti possono visitare un parco archeologico che potrebbe essere – ma guide e *brochures* non hanno dubbi – una parte dell'antico edificio: guide e *brochures* lo chiamano, ovviamente, il «Liceo di Aristotele». Di qui alla resurrezione moderna dei vecchi nomi il passo sembra facile, ma non è breve. Bisogna aspettare il pieno Rinascimento, quando i cenacoli culturali *à la page* prendono a darsi il vecchio nome platonico di «Accademie»; e un'Accademia in particolare – non una fra le più importanti, a dire il vero – ibriderà il blasone platonico con quello aristotelico: è l'Accademia del Liceo, fondata a Roma dal senese Angelo Claudio Tolomei negli anni Quaranta del Cinquecento. Nello stesso torno d'anni, peraltro, rinasceva in Europa il nome «Museo». Ed ecco accademie, musei e licei spargersi, nell'arco di un paio di secoli, per tutto l'Occidente: nomi classici di realtà nuovissime, che niente hanno a spartire con le realtà antiche alle quali scippano i nomi.

«Liceo», in particolare, a noi viene dalla Francia, non dalla Grecia: dopo essersi diffuso, fra XVII e XVIII secolo, quale generica designazione di università e scuole assortite – fra cui il *Lycée de Paris*, da cui Jean-François de La Harpe trasse il nome del suo fortunato *Liceo* o *Corso di letteratura* (1799) – entrò ufficialmente nella nomenclatura scolastica europea con la prima età napoleonica, che del resto aveva adottato e diffuso anche il germanismo «ginnasi». Contro tanti e tali barbarismi insorse il solito Tommaseo, che dietro lo scandalo del purista nascondeva l'astio del cattolico; ma sempre meglio i «licei» e i «ginnasi», chiosava il polemico erudito, che

chiamar «Secondarie» le scuole sopra le «Elementari», altro gallicismo barbaro, ma forse ironico vaticinio del poco che i «Ginnasii» avevano a valere.

Non si osa pensare, naturalmente, cosa avrebbe detto Tommaseo delle «secondarie di secondo grado», come la legge ci impone oggi di chiamarle. A ogni buon conto, in questa ridda di barbarismi e false antichità, «si prese dai tedeschi il nome di *Ginnasio* e dai francesi quello di *Liceo* e dalla combinazione venne fuori la nostra scuola classica di otto anni» (A. Santoni Rugiu). E sull'origine foresta, barbarica e boreale del nuovo modello scientifico-formativo il nazionalismo nostrano diede il peggio di sé per tutto l'Ottocento e per parte non piccola del Novecento, culminando nelle spacconate antifilologiche dei Fraccaroli e dei Romagnoli, che ispirano anche oggi – sotto mutate forme – più di un erede.

Fin qui il «liceo», che fu un «posto da lupi», ma bonificato dai filosofi antichi e nobilitato da intellettuali e legislatori moderni. E il «liceo classico»? La storia dell'espressione non ha nemmeno un antefatto antico, a parte uno – notorio – che è nell'applicazione dell'aggettivo *classicus* agli autori greci e romani che noi diremmo «canonici» (noi, gli antichi no: anche «canone» è un termine falso-antico). Almeno dai tempi del Sainte-Beuve di *Che cos'è un classico* (1850) ci si aggrappa volentieri alla testimonianza di Aulo Gellio, *Notti attiche*, 19.5. Il passo è in realtà piuttosto indigesto, e sembra denunciare per tempo il classismo di ogni classicismo a venire, perché agli *scriptores classici* Gellio oppone nientemeno che i *proletarii*, e la metafora è censitaria esattamente come suona. «Che boccone prelibato per una sociologia marxista della letteratura», ironizzava il Curtius di *Letteratura europea e Medio Evo latino*. Anche per una sociologia della scuola. «Il proletariato, fra tanto lusso di riforme, non ha ancora la sua scuola», scriveva nel '23, contro Gentile e il suo liceo classico, il socialista Emidio Agostinoni: al quale si riconosceranno, se non piacciono le ragioni politiche, almeno le ragioni etimologiche (ma Agostinoni trovava pessima l'idea di «contrapporre una nostra scuola di classe alla scuola di classe borghese»; non tutti furono così saggi, e non tutti lo sono oggi).

Dunque: a scrittori di classe, un liceo di classe? Ad allievi di classe, un liceo classista? Certo la risonanza di classe non fu estranea alla fortuna dell'aggettivo, specie nel XIX secolo, specie in materia di scuole. Ma quale termine designante gli autori «che si leggono con rispetto» – come diceva Marc Twain – l'aggettivo «classico» risorge nel XVI secolo senza mostrare alcuna specializzazione per gli autori greci e romani; l'uso dilaga in fretta, ma sulle prime non incoraggia affatto quella pregiudiziale identificazione di «classico» con «antico», e di «antico» con «greco» e/o «romano», che rende i «classicisti» per antonomasia (quelli senza aggettivi) così antipatici agli specialisti di ogni altra specialità. Proprio il Curtius ora evocato protestava contro l'abitudine di definire classica «tutta l'Antichità greco-romana, in blocco»: «insulsa e ingannevole pedanteria», «mistificato e mistificante umanesimo da liceo». Da liceo, appunto. Ma Curtius – a rischio di aggiungere classismo a classismo e classicismo a classicismo – intendeva dire che «classica» va considerata solo una parte, eletta e ristretta, dell'antichità greco-romana. E invece Wilamowitz – il gigante incontrastato della «filologia che tuttora si definisce classica», come meditatamente inizia la sua *Storia della filologia* (1921) – in una lettera del 1930 si esprimeva in termini più drastici: «la parola "classico" mi fa orrore». Si capisce: qualsiasi classicismo acronico e acritico confliggeva frontalmente, nella sua concezione, con un più sano e problematico storicismo.

L'orribile parola, però, si era nel frattempo diffusa epidemicamente proprio in Germania, anche se per le istituzioni scolastiche vi si era sempre preferita, e vi si preferisce tuttora, la dizione di «umanistiche». In Germania il ministero di Casati aveva trovato il modello basilare non solo di un'educazione pubblica fermamente sorvegliata, se non direttamente impartita, dallo Stato, ma anche la distinzione cruciale fra le «scuole speciali» (tecniche) e le «scuole classiche». Sono, rispettivamente, le *Realschulen* e i *Gymnasien* della tradizione prussiana, entusiasticamente descritti in un volume-*reportage* che ebbe al suo tempo un'influenza notevole, *Del pubblico insegnamento in Germania* di Luigi Parola e Vincenzo Botta (1851). Ma di «licei classici» e «ginnasi classici» non c'è traccia nel volume, come non ce n'è nella legge Casati, che parla di «istruzione secondaria classica», «scuole secondarie classiche», «studi secondari classici»; o, per converso, parla di «ginnasi» e «licei» senza epiteti di sorta. «Liceo» – si vanta Casati nel citato *Codice* del 1861 – è «nome popolare in Italia, al quale sono collegate memorie d'illustrazioni letterarie e scientifiche». Ma «classico», il liceo di Casati, lo è per incontrastata antonomasia: e lo è dunque tacitamente.

L'uso non cambia nel lessico delle riforme successive. Ancora nel Regio Decreto del 6 maggio 1923, dedicato da Gentile all'istruzione media, l'espressione «liceo classico» – spiace ricordarlo ai gentiliani d'oggi – non compare mai. Non compariva nemmeno nella Legge 860 del 21 luglio 1911, firmata dal ministro Luigi Credaro, che avviò i bienni del «ginnasio moderno» e i trienni del «liceo moderno», antenati prossimi del nostro «linguistico», con meno latino e senza greco; un indirizzo di studi che fu tanto coraggioso quanto effimero, limitato a poche province e poi liquidato da Gentile, ma che fece in tempo ad attrarre allievi illustri come Cesare Pavese: lo scrittore passò poi anni, fra il confino a Brancaleone e l'età matura, a recuperare il greco perduto; e oggi i suoi arruffati esercizi di versione si spacciano impropriamente per prelibate «traduzioni d'autore».

È interessante osservare che Credaro evitò il termine «liceo classico» anche nei regolamenti delle neonate scuole (R.D. 1495, 5 novembre 1911), dove al «ginnasio liceo moderno» si oppone il «ginnasio liceo» senz'altri epiteti, o il «ginnasio liceo a tipo normale». Eppure di «liceo classico» – opposto a un «liceo moderno» e a un «liceo scientifico», e successivo a una scuola comune di tre anni – parlava espressamente la Commissione reale per l'ordinamento degli studi secondari istituita nel 1905 dal ministro Leonardo Bianchi, dalla quale Credaro trasse ispirazione per la sua riforma; una commissione che lavorò fino al 1909, e fu tanto discussa quanto litigiosa: vi militarono fra gli altri – ma si dimisero per polemica – Gaetano Salvemini e

Girolamo Vitelli. Già nell'introdurre i lavori della commissione, il 9 dicembre 1905, il ministro Bianchi aveva prospettato un liceo in

> due rami: l'uno che si potrebbe chiamare moderno, in cui abbia gran parte lo studio del latino, delle lingue vive e delle scienze, e l'altro classico, in cui allo studio più ampio del latino, si aggiunga quello del greco.

Ma i lavori furono travagliati, e la lesa maestà classica suscitò proteste sia fra gli esponenti della più avanzata filologia, sia fra i cattolici più tradizionalisti, per il resto avversari fra loro. E così Credaro, fra il 1911 e il 1913, preferì dare norme ma non nomi alle scuole da lui rinnovate. E infatti il termine «liceo classico» fa capolino solo laddove la formalità giuridica si allenta, e cede all'argomentazione retorica, nelle «Istruzioni» che precedono i programmi (R.D. 1213, 28 settembre 1913):

> Il ginnasio-liceo moderno non ha fine diverso da quello del ginnasio-liceo classico: formare l'uomo civile, imprimergli un carattere morale, fortificare e affinare la sua attività fisica e spirituale per i grandi interessi nazionali e umani. Nessuna preoccupazione d'immediati scopi pratici e utilitari: nessun diretto riferimento alla professione o al genere di attività che l'alunno si sceglierà nella vita.

La sostanza è poca e il tono, come si sente, è preventivamente difensivo: riverberano qui decenni di polemica su studi «utili» e «inutili», secondo i termini che oggi tornano comicamente in auge (cfr. *infra*, pp. 216-222). Ma intanto, insidiato nella sua solitaria grandezza, il «ginnasio-liceo classico» va assumendo il suo nome. Un nome cha avrà la sua compiuta canonizzazione normativa soltanto con la *Carta della Scuola* di Giuseppe Bottai, anno 1939: qui «Liceo classico» campeggia al principio della «XIV Dichiarazione», precedendo di un articolo il «Liceo scientifico».

E in questo modo la storia dell'espressione, in sé frivola, trova il suo pieno motivo d'interesse: perché espressamente «classico» il liceo classico non diviene prima di trovare concorrenti istituzionali e rivali simbolici. Prima, cioè, che altre scuole assumano la designazione sublimante di «licei». In un certo senso, il «liceo classico» ha nel suo rotondo e robusto nome i primi segni – se non del suo declino – di un prestigio che comincia a impallidire e di un plauso che comincia a intiepidirsi. Nel dibattito giornalistico e nella pubblicistica il nome si fa via via più diffuso a partire dagli anni Sessanta-Settanta dell'Ottocento. La sua piena ufficializzazione normativa – come abbiamo visto – si fa attendere ancora per più di un settantennio: ma è un settantennio di intense discussioni parlamentari e pubbliche, di inchieste e rendiconti fitti, di ipotesi legislative fallite o tradotte in riforme caduche, ma tali da mutare la sensibilità diffusa. Ed ecco, per citare un esempio illustre, che il nome «liceo classico» compare – accanto al nome di «liceo scientifico» – in uno dei più rilevanti documenti della storia scolastica italiana, l'Inchiesta Scialoja del 1872. Nell'imponente questionario – che fu diramato per tutto il Regno e che raduna temi dibattuti tuttora – il quesito n. 34 recita:

> Converrebbe diminuire il numero degli istituti classici (ginnasi e licei) per poter fornire di più larghi mezzi e di professori tutti valenti quegl'istituti che verrebbero conservati?
> Gli altri istituti classici potrebbero essere trasformati in licei scientifici somiglianti alle scuole o ginnasi reali di Germania dove delle lingue classiche s'insegnerebbe il solo latino? In questi licei scientifici non avrebbe il suo posto naturale l'insegnamento delle lingue straniere viventi? Da quale di queste lingue si dovrebbe cominciare? A quali giovani e per quali carriere potrebbe servire il liceo scientifico, per quali il liceo classico? I due istituti non potrebbero avere un primo stadio comune, per esempio di tre anni?

Si tratta, per ora, di scuole prospettate in ipotesi («qualora si aprissero i licei scientifici, si soddisfarebbe al desiderio di tutti mantenendo l'obbligo del greco solamente nel liceo classico?», recita il quesito n. 36); e scuole ipotetiche resteranno, il «liceo classico» e il «liceo scientifico», nella contrapposizione costitutiva delle loro identità, fino al 1923: finché Gentile – inventore del liceo classico, secondo una *vulgata* ancora prospera – darà nascita normativa proprio allo scientifico. Che è in effetti, come vedremo, il suo maggiore contributo alla storia del liceo classico. Potremmo moltiplicare gli esempi, ma importa qui l'essenziale. Il liceo classico ha un nome che suona antico, ed è invece piuttosto recente; un nome che viene dall'antichità solo per il tramite di equivoci plurimi e creativi, come spesso accade: di invenzioni e reinvenzioni puntualmente moderne. Il liceo classico ha un nome rassicurante, in apparenza, ma il nome gli viene da un'identità posta in questione, perché al centro di conflittuali progetti scolastici, ossia di conflittuali visioni culturali, politiche e socio-economiche.

Anche per questa via, dunque, la ricerca delle origini mostra la sua natura insidiosa; e anche per questa via ciò che chiamiamo «liceo classico» può mostrare – a piacere – segni di vecchiaia o segni di giovinezza. Certo, non fu la migliore difesa del «liceo classico» quella di chi, di fronte alla riforma del 2010, levò alti lai contro l'idea che il biennio del «ginnasio» – nobile vestibolo e nobile nome – perdesse la sua designazione, o che il titolo solenne di «liceo» si sperperasse, finendo condiviso fra troppi indirizzi di scuole; quando il problema era chiaramente altrove: per esempio, nella natura abborracciata di quegli indirizzi, alcuni dei quali registrano oggi spaventosi tassi di scontento; e nell'uso non tanto improprio, quanto ingannevole del titolo «liceo»: classica trappola, ovviamente di classe.

Ma del presente parleremo ampiamente. Cominciamo a farlo, per ora, con alcune cifre che contribuiranno – meglio di genealogie e battesimi – a farci cogliere le generalità dell'odierno «liceo classico».

ARIDE CIFRE

A quelli del classico, si dice, le cifre non piacciono. Ma qualche cifra sopportiamola: verrà utile. Una sola avvertenza: quanto segue può urtare la sensibilità di chi – per affetto o meditato giudizio – ha caro il liceo classico, perché molte delle cifre che vedremo sono la grama contabilità di una crisi profonda. E tuttavia diverse diagnosi odierne – con gli epicedi più o meno sentiti che esse ispirano – si fondano su confronti imprudenti e inducono a valutazioni fuorvianti anche sul piano storico: la crisi di cui parliamo non è degli ultimi cinque o dieci o quindici anni; è un fenomeno di più lunga durata, che richiederà una contestualizzazione più ampia.

Ma cominciamo dalle cifre più banali: quante iscritte e quanti iscritti conta oggi il liceo classico? Quante e quanti, in termini assoluti e relativi? E con quali significative variazioni in un arco di tempo significativo? Sono domande ovvie, e si immagineranno facili le risposte: in tempi di avveniristiche «Cl@ssi 2.0» e di iscrizioni scolastiche online,[1] in tempi di calorosi ossequi alla trasparenza, ci si attenderebbe un immediato accesso ai dati, o almeno ai dati quantitativi più corposi. È vero solo in parte, purtroppo, e benché il lavoro fatto sia molto – basti menzionare i servizi MIUR *Scuola in Chiaro* e *Portale Unico dei Dati della Scuola* – altro resta da fare; e talvolta si pensa con struggimento a un glorioso ministro del Regno d'Italia, Giuseppe Natoli, padre nobile delle statistiche e delle inchieste sull'istruzione, che nell'anno 1864 dichiarava: «qual pur siasi la verità, giova conoscerla e farla conoscere». A ogni modo, i dati su cui si ragionerà qui sono stati cortesemente vagliati e confermati dall'Ufficio Studi e Statistiche del MIUR:[2] confido dunque che forniscano un quadro attendibile. Attendibile ma – come vedremo – parziale, e al momento non analizzabile in adeguata prospettiva storica.

Cominciamo dalle cifre assolute, e iniziamo a orientarci fra i diversi insiemi di dati che il Ministero ci mette a disposizione. Essi sono tre, dipendenti dalle tre fondamentali rilevazioni effettuate rispettivamente nel febbraio precedente l'anno scolastico (sulla base delle preiscrizioni), a inizio anno scolastico (sulla base del fabbisogno d'organico), in pieno anno scolastico (a febbraio). Confondere i tre *datasets*, come vedremo, comporta rischi gravi. Il citato *Portale Unico* – aggiornato, mentre scrivo, al febbraio 2017, su dati dell'a.s. 2016/2017 – conta 151.131 studentesse e studenti, 155.026 con l'indirizzo classico-europeo,[3] su un totale di 2.619.450 iscritti alle scuole secondarie di secondo grado (o, per non urtare Tommaseo, scuole superiori). Un dato più recente, fondato sui fabbisogni d'organico per l'a.s. 2017/2018 – ma per le sole scuole statali – è il focus *Anticipazione sui principali dati della scuola statale* (settembre 2017): nell'anno scolastico ora in corso il quinquennio del classico registra 147.818 frequentanti, su un totale stimato di 2.633.319 frequentanti le superiori statali. Visto che qui mancano le paritarie, visto che gli indirizzi europei/internazionali sono calcolati a parte ma in blocco, i due insiemi di dati *grosso modo* collimano, anche se impediscono computi esatti. Per l'a.s. 2017/2018, peraltro, il MIUR non ha fornito cifre assolute in fase di iscrizioni, ma solo percentuali che vedremo fra un attimo. Facciamo il fuoco con la legna che c'è, dunque, e accontentiamoci di dire che le studentesse e gli studenti del liceo classico si aggirano al momento fra le 150.000 e le 155.000 unità.

Molte o poche giovani persone? Dipende dal parametro di confronto. Una piccola città italiana? Un paio di megastadi? In fin dei conti, una cifra più che doppia rispetto agli anni della mitizzata riforma Gentile, quando il ginnasio-liceo si assestava intorno ai 70.000 frequentanti (ma con ben altra incidenza percentuale: nell'a.s. 1924-1925, per esempio, il minimo storico di 63.736 studenti corrispondeva al 34% degli studenti iscritti a una secondaria superiore). Viene comunque da sorridere di fronte ai tripudi suscitati, nel febbraio 2017, dai dati relativi alle nuove iscrizioni; allora il classico era quotato al 6,6%, in lieve risalita, rispetto al 6% dell'anno 2016/2017; lieve, ma sufficiente per dettare alla stampa titoli di un trionfalismo pressoché comico: *La rivincita del liceo classico, Fame di liceo classico, Boom di giovani studenti di greco e latino*, e così via. Segnale in sé sinistro, perché se un giornale alza i toni a questo modo vuol dire che il dato suona strambo.

Lasciamo correre le interpretazioni più o meno benevole. A darci il polso della situazione sono le percentuali e le grandezze relative che se ne ricavano. Il comunicato stampa MIUR della primavera 2017, relativo alle iscrizioni allora registrate per l'a.s. 2017/2018, dava appunto il classico al 6,6%. Di contro, lo scientifico totalizzava un impressionante 25,1% (ma con robusto apporto dell'opzione «scienze applicate», 7,8%, e con l'opzione del liceo «sportivo» all'1,6%); il linguistico totalizzava per parte sua il 9,2%, il liceo delle scienze umane un lusinghiero 7,9%. *Ne plura*, gli unici indirizzi liceali che registrassero percentuali inferiori a quelle del classico erano l'artistico (4,2%) e il musicale-coreutico (0,9%). Le grandezze relative sono ovviamente confermate dai dati di inizio anno per le sole scuole statali.[4] Cambierebbero i numeri, ma non cambierebbero i rapporti di forza, se guardassimo ai soli neoiscritti liceali. Mentre questo libro si licenzia, il MIUR fornisce l'annuale rilevazione fondata sulle iscrizioni online per il 2018/2019, che mostrano un quadro complessivamente stabile, con lievi crescite per quasi tutti i licei (classico: 6,7%; scientifico: 25,6%, ma con l'indirizzo tradizionale fermo al 15,6%; linguistico: 9,3%; scienze umane: 8,2%; artistico: 4,1%; tutte ugualmente lievi le altre variazioni).

Ed eccoci al punto che più duole: il computo delle perdite, in una credibile e significativa serie storica. Il liceo classico è in crisi, si dice, ma possiamo quantificare l'entità di tale crisi? La decrescita progressiva delle iscrizioni è stata variamente calcolata, a muovere da variabili termini di paragone, con toni di più alto e motivato allarme negli anni 2012/2013, quando il liceo linguistico ha segnato uno storico sorpasso sul classico (7,2 *vs* 6,6% di iscrizioni), e nel 2013/2014, con ulteriore calo delle iscrizioni al 6,1%. Nell'agosto dello stesso 2013, una citatissima inchiesta dell'«Espresso», a firma di Francesca Sironi, ha stimato che il calo dal 10,2% dei neoiscritti del 2007/2008 al 6,1% dell'anno scolastico incipiente corrispondesse a un numero di iscritti più che dimezzato, da 65.000 circa a 31.000 circa. Ancor peggio l'anno successivo (6,0%), e massimo picco in basso nel 2015/2016, quando ha scelto il classico appena il 5,8% degli iscritti. Allora il «Corsera» titolò impietosamente *Scientifico batte Classico 5-1*, e Antonella De Gregorio parlò di un «*de profundis* per il classico».

L'idea è diffusa. «In sette anni [il liceo classico] ha perso il 50% di iscrizioni» (F. Fiorentino, «Corriere della Sera», 12 aprile 2014); «I licei classici perdono dal 2009/2010 (ultimo anno prima della riforma Gelmini) al 2015/2016 il 44% degli iscritti e vengono praticamente dimezzati» (S. Intravaia, «la Repubblica», 29 settembre 2015). Nell'aprile 2016, durante un importante convegno dedicato al «Liceo classico del futuro» (cfr. *infra*, p. 87), Luigi Berlinguer ha parlato di «alunni dimezzati in dieci anni», e su questa base ha prescritto al liceo classico – per dirla con Aristofane – una bella «dieta di bietole»: meno greco, meno latino, o il liceo classico morirà. Più di recente, Michele Napolitano, nel suo *Il liceo classico: qualche idea per il futuro* (2017), ha stimato prossima al 50% la perdita di iscritti fra il 2007/2008 e il 2016. Maurizio Bettini, in *A che servono i Greci e i Romani?* (2017), ha sfumato l'arco temporale ma aggravato la diagnosi: «negli ultimi anni [*sic*] il liceo classico ha più che dimezzato i propri iscritti (dal 15% all'attuale 6%)».[5] Stampa nazionale e *web* hanno fornito via via altre cifre e altre stime, alimentando nei fan del liceo classico ora l'allarme, ora – a ogni minimo rialzo – il momentaneo sollievo.

Come stanno le cose? Conviene dissipare alcuni equivoci che hanno generato e generano una certa confusione. Primo: come abbiamo visto, i dati che il MIUR diffonde in tre diversi periodi dell'anno hanno basi diverse e diversi significati; le percentuali d'iscrizione forniscono un *trend* importante, ma non vanno sopravvalutate, perché una visione completa viene solo dai dati assoluti relativi alle frequenze complessive del quinquennio, che computano sia le iscrizioni effettive a settembre, sia gli abbandoni dei mesi e anni successivi, sia i cambi di indirizzo *in itinere*; tale visione deve tener conto anche della complessiva flessione delle iscrizioni alle superiori, tendenza costante degli ultimi anni che troppo spesso si trascura: è inutile gioire di minimi sbalzi percentuali se le cifre assolute calano, perché è sulla base delle cifre assolute che si decidono, ed eventualmente si tagliano, sezioni e cattedre.

Secondo e più importante punto: è del tutto improprio confrontare fra loro dati anteriori e dati posteriori alla soglia del 2010. E ciò perché solo a muovere dall'a.s. 2010/2011 – con la repentina entrata in vigore della riforma Gelmini – e specialmente dall'a.s. 2014/2015 – quando la riforma è giunta a regime con le iscrizioni di un intero quinquennio – il MIUR ha potuto monitorare e calcolare al dettaglio, su base finalmente omogenea, le scelte effettive d'indirizzo. Fino al 2009/2010 ogni dato assoluto o percentuale faceva riferimento alla tipologia degli istituti (tecnicamente: ai loro codici meccanografici)[6] e non alle opzioni di indirizzo scelte da iscritte e iscritti; inoltre, fino al 2014/2015 i dati rischiano d'essere confusi e disomogenei. In soldoni: fino al 2009/2010 si sono computati alla voce «liceo classico» tutti gli studenti che frequentavano un istituto registrato quale liceo classico, a prescindere dai molti indirizzi alberganti sotto lo stesso tetto scolastico; dal 2010/2011 si sono finalmente monitorate le effettive scelte d'indirizzo.

Di qui le stime catastrofiche – dimezzamento o più – che tuttora si danno per buone: stime che derivano, in realtà, dall'improprio confronto fra dati non confrontabili.[7] Nessun «dimezzamento» documentato o documentabile, dunque; e nessuna facile eziologia politica: nulla dimostra che la riforma Gelmini abbia causato catastrofi, e le andrà semmai rimproverato altro (cfr. *infra*, pp. 72-77). Tutto quel che a oggi possiamo fondatamente registrare è l'andamento a grandi linee costante, pur con momentanei cali, delle nuove iscrizioni al liceo classico fra il 2010/2011 e oggi; per gli anni anteriori, ogni confronto è vietato dalla diversa costruzione dei *datasets* disponibili. Andamento più o meno costante, certo, ma tutt'altro che incoraggiante: è chiaro che, con frequentanti sempre assestati sull'ordine delle 160.000/150.000 unità, il liceo classico è oggi più che mai una scuola di nicchia. E il rilievo storico di tale dato non è nelle cifre relative che un po' troppo nervosamente si registrano, di anno in anno, come quotazioni di borsa o verdetti elettorali; il rilievo del dato sta nel fatto che il liceo classico ha perso il suo prestigio presso i ceti che più costantemente lo hanno alimentato (cfr. *infra*, pp. 222-246).

Tutto ciò è tanto più significativo di fronte a una «licealizzazione» sempre più marcata del sistema scolastico italiano: oggi (febbraio 2018) il 55,3% delle nuove iscrizioni si registra ai licei, mentre i tecnici soffrono e deperiscono i professionali (nella sobria formulazione dell'ultimo comunicato stampa ministeriale: «confermato il trend di crescita dei licei ... uno studente su tre ... sceglie un istituto tecnico ... gli istituti professionali ... registrano un lieve calo»; ecco un buon esempio di «classica» retorica). In apparenza, siamo di fronte a una situazione d'epoca pregentiliana, quando un ampio fronte di ispirazione elitistica – di cui Gentile fu solo il micidiale esecutore – reagì con metodi malthusiani all'eccesso di liceali. In realtà, niente prova che la moltiplicazione gelminiana dei licei stia favorendo effetti di mobilità sociale, o almeno erodendo la canalizzazione precoce – su base reddituale e/o culturale – delle nostre studentesse e dei nostri studenti; e tutto suggerisce semmai il contrario (cfr. *infra*, pp. 222-246). Non solo: è del tutto improprio parlare, come spesso si fa, di costante crescita del liceo scientifico, che nella forma tradizionale si assesta oggi sul 15,6%; in realtà il liceo scientifico stabilmente cala, da qualche anno; a crescere è semmai il liceo scientifico delle scienze applicate, che da solo vale – per l'a.s. 2018/2019 – l'8,2% delle iscrizioni. Anche sotto questa luce, dunque, sarà bene diagnosticare, più che una crisi del classico, una diffusa crisi degli indirizzi fino a oggi più canonici.[8] Purtroppo, i primi dati per testare la solidità e la credibilità dei nuovi indirizzi liceali – mai così numerosi, e mai così fumogeni nelle loro denominazioni – si potranno avere solo fra qualche anno, quando registreremo l'efficacia universitaria dei nuovi diplomi in termini di tempi, medie, voti finali. Sarà allora un atto di doverosa trasparenza, da parte del MIUR, diffondere informazioni disaggregate per indirizzi, e non – come fa attualmente l'*Anagrafe Nazionale Studenti* – dati rubricati per macrotipologie (diplomati liceali, tecnici, ecc.), che dei singoli indirizzi vietano di saggiare le potenzialità in termini di immatricolazioni universitarie. Intanto, però, qualcosa di appena più preciso si può ricavare – curiosamente – da un ente privato che lavora su dati MIUR (cfr. *infra*, pp. 229-231). E intanto abbiamo il recente *Rapporto AlmaDiploma* 2017, fondato sulle interviste di circa 45.000 diplomati, tutti di epoca gelminiana; e qui allarma l'insoddisfazione per le scelte scolastiche compiute: gli studenti che non tornerebbero a iscriversi allo stesso indirizzo giungono a un desolante 34% complessivo. Come c'è da attendersi, lo scontento è minore al liceo classico (22%) e al liceo scientifico, che pure tocca quota 29%; è massimo, invece, negli istituti tecnici (fra il 37 e il 39%) e negli indirizzi liceali artistico (37%), delle scienze umane e linguistico (35%). Sono dati su cui conviene riflettere. *Un diplomato su tre ha sbagliato scuola*, titolava sinteticamente «Il Sole-24 Ore» del 20 dicembre 2017.

Ma veniamo a qualche altra cifra, non meno importante. Quanti sono e dove sono, oggi, i licei classici? Chi nutrisse questa curiosità, tutto sommato non morbosa, va messo in guardia: anche in tal caso espugnare i *databases* del MIUR non è impresa facile.[9] Al febbraio 2017, in ogni caso, si registrano 707 licei classici, fra scuole statali (565) e paritarie (142). La Regione italiana che ne vanta il numero maggiore è la Campania (97), seguita dal Lazio (90) e dalla Sicilia (88); al capo opposto della classifica stanno il Trentino-Alto Adige e il Molise, che ne hanno appena 5;[10] ma la popolazione del Trentino-Alto Adige triplica quasi la popolazione del Molise.

A questo proposito: si potrebbero trarre conclusioni malevole o benevole – al variare dei pregiudizi – osservando che le due Regioni capoclassifica, la Campania e il Lazio, hanno rispettivamente 97 e 90 licei classici e meno di 6 milioni di abitanti; la Lombardia di licei classici ne ha molti (75), ma ha oltre 10 milioni di abitanti; la Sicilia ha poco più di 5 milioni di abitanti, e 88 licei classici; il Piemonte ha circa 700.000 abitanti in meno, ma si fa bastare meno della metà dei licei classici (37). Del resto, che pensare dei 58 licei classici attivi in Puglia (poco più di 4 milioni di abitanti) rispetto agli appena 26 attivi in Emilia-Romagna, dove gli abitanti sono circa 400.000 in più? E dei 36 attivi in Calabria, più o meno quanti in Toscana (37), la cui popolazione è però quasi doppia? E si potrebbe proseguire.

Si può parlare di una decisa «meridionalizzazione del classico»? Lo ha fatto Luca Serianni, con qualche preoccupazione, nel suo *L'ora di italiano* (2010). L'enfasi sul dato risale a un celebre dossier raccolto dall'associazione TreeLLLe nel 2008 (cfr. *infra*, p. 79); gli annuali comunicati stampa del Ministero rafforzano l'idea, perché non mancano mai di sottolineare l'indiscusso primato del Lazio e i reiterati picchi in basso del Veneto. In realtà, prima di pronunciarsi sul fenomeno e trarne deduzioni onerose occorrerebbero dati e analisi molto più fini, che al momento mancano; ed è sempre sottilissimo il crinale fra statistica e retorica. Badiamo a non varcarlo.

Se stiamo agli ultimi dati disaggregati disponibili (focus *Iscrizioni* dell'Ufficio Studi e Statistiche, MIUR, maggio 2016), relativi all'a.s. 2016/2017, alcuni divari colpiscono: il liceo classico totalizza l'11,5% delle nuove iscrizioni ai licei; ma il Nord-Ovest si ferma all'8,6% e il Nord-Est addirittura all'8,2%, mentre il Centro giunge al 12,5%, il Sud al 13,5%, le Isole addirittura al 14,8%. Scarti notevoli, che corrispondono però alla generalizzata preferenza per i licei al Centro, al Sud e nelle Isole: anche lo scientifico, per esempio, è preferito dal 30,8% al Centro e dal 32,9% al Sud, contro il 26% del Nord-Ovest e il 23,9% del Nord-Est; ed è preferito, per esempio, dal 22,7% del Lazio contro il 12% del Piemonte, o dal 18,3% della Campania contro il 9,8% del Veneto. Eppure, titoli di stampa come *Iscrizioni allo Scientifico: Sud batte Nord-Est*, o *Boom di scienziati al Sud: Campania doppia il Veneto*, ci parrebbero quantomeno sorprendenti. Come si diceva, il crinale fra statistica e retorica è ben sottile. In linea generale, quel che possiamo riscontrare è una diffusa preferenza, al Centro-Sud, per i licei di tipo tradizionale, cioè classico e scientifico; al Nord, per gli indirizzi «nuovi», linguistico e scienze applicate *in primis*.

Peraltro, «Centro», «Nord-Est», «Sud», e così via, sono espressioni di comodo e non devono fuorviare, perché possono nascondere dati internamente differenziati che meriterebbero analisi a sé. Se stiamo al totale degli attuali frequentanti un liceo classico o un classico europeo, il *Portale Unico* MIUR ci restituisce la seguente distribuzione: Nord-Ovest, 17,4%; Nord-Est, 11,1%; Centro, 23,3%; Sud, 31,8%; Isole, 16,4%. Dunque, la percentuale complessiva del Nord (28,5%) non è affatto lontana da quella del Sud ed è superiore a quella del Centro. Ovviamente, se si redistribuisce fra Centro e Sud il 16,4% delle Isole, i dati cambiano. Ma i dati del Nord sono abbassati soprattutto dal Nord-Est (11,1%) – l'unica area dove, non a caso, tecnici e professionali superano nell'insieme i licei – mentre il Nord-Ovest giunge a un non trascurabile 17,4%. Se poi analizzassimo i dati partiti per Regione o per Provincia/Città metropolitana,[11] dovremmo osservare distribuzioni differenziate, con picchi in alto o in basso determinanti per il posizionamento di intere aeree: per esempio, nella sola Roma si superano le 17.000 unità (contro le 7400 ca, *e.g.*, di Milano, o le 5900 ca di Palermo, o le 10.100 ca di Napoli), il che significa che quasi l'11% degli attuali frequentanti un classico si concentra nel territorio della Capitale: più di quanti ne conti la Lombardia intera (13.400 ca), o l'intera Campania (16.300 ca); poco meno di quanti ne conti l'intera Sicilia (19.600 ca).

Ma cessiamo pure di ruminare numeri, su questo punto. Beninteso: che il liceo classico sia preferito al Centro-Sud nel complesso non si discute; meglio però parlare di una tendenza, più che di una preferenza schiacciante; ed è bene ricordare che questi dati, o dati consimili, andrebbero affinati attraverso l'immissione di plurime variabili demografiche, occupazionali, sociologiche, oltre che culturali e storiche: non si può dimenticare, per esempio, che molti licei classici «casatiani» hanno costituito, nel Sud, veri e propri presidi dell'unità nazionale. Se si trascorre dalla diagnosi – che dovrebbe essere cauta – alla valorizzazione, preferibilmente negativa, di dati ancora tanto grossolani, il rischio dell'abuso retorico è evidente.

E veniamo all'ultima serie di cifre che conviene prendere in considerazione, quelle relative al genere. La «femminilizzazione» – come usa dire – del liceo classico è un fenomeno notorio. Da tempo le giovani classiciste soverchiano i giovani classicisti: a oggi, il 68,79% di chi frequenta il liceo classico e il classico europeo è donna (il 70,8% fra i nuovi iscritti per l'a.s. 2018/2019); con minime variazioni, il rapporto è costante in tutte le aree del Paese. Si tenga presente che le giovani donne, nel complesso delle superiori, sono il 48,46%; ma nei licei salgono al 60,87%. Il classico, nel sistema dei licei, segna uno tra i più alti tassi di studentesse; ma non il più alto: il liceo linguistico giunge all'80,66% e il liceo delle scienze umane all'83,34%: prevedibilmente, perché si sa che la *magistra* è femmina e il *minister* è maschio.[12] Il solo indirizzo liceale che veda prevalere la componente maschile è, altrettanto prevedibilmente, lo scientifico, dove le studentesse sono al 42,13%.[13] È comunque bene ricordare – anche a scanso di valutazioni affrettate – che tali dati non evidenziano un *trend* degli ultimi anni: il fenomeno è di lungo termine; per quanto concerne il liceo classico, stando ai rilievi ISTAT, le donne superano gli uomini già nell'a.s. 1969/1970 (50,5%); la soglia del 60% è varcata nell'a.s. 1983/1984; e verso il 70% si va fin dai primi anni Novanta (a.s. 1991/1992, 67%).

È vano provare soddisfazione per il postumo scorno che tocca così a Giovanni Gentile: quel ministro oggi da alcuni idolatrato (cfr. *infra*, pp. 101-103) che sognò di escludere le donne dall'educazione media superiore – e classica in particolare – perché

> non hanno e non avranno mai né quell'originalità animosa del pensiero, né quella ferrea vigoria spirituale, che sono le forze superiori, intellettuali e morali, dell'umanità.

È vano provare soddisfazione, perché il fenomeno non si presta a interpretazioni benevole, almeno in termini eziologici: specie se la netta prevalenza di studentesse al liceo classico e nei licei tutti – ma escluso lo scientifico – si legge a una con l'analoga tendenza che vistosamente si registra fra insegnanti, o in corsi universitari umanistici (*in primis* Lingue e Lettere) e/o a prevalente vocazione didattica (*in primis* Scienze della Formazione). È chiaro che a questa complessiva «femminilizzazione» delle *humanities* concorrono sia radicati stereotipi culturali (l'insegnamento è cura, e spetta alla donna), sia permanenti iniquità stipendiali (le discipline umanistiche danno accesso a mestieri poco redditizi, che si lasciano alle donne). Il fenomeno, sotto questa luce, suffraga da una parte – ce ne fosse mai bisogno – il sessismo del Paese, dall'altra il discredito degli studi umanistici: se non si deve dire degli studi in genere, visto che il giovane maschio prevalentemente si indirizza (o è indirizzato) a scuole dal più marcato carattere professionalizzante.

Il fenomeno, come è noto, trova piena conferma a livello universitario. Da tempo le immatricolate hanno superato gli immatricolati: per la precisione dall'a.a. 1991/1992, proprio mentre al liceo classico la prevalenza femminile si faceva schiacciante. Oggi le donne, secondo l'*Anagrafe Nazionale Studenti* (*sic*: «studenti»), sono il 55,41% di chi frequenta un corso di laurea. L'ultimo rapporto AlmaLaurea (2017) mostra che le studentesse universitarie concludono gli studi prima, con una media più alta, con un più alto voto di laurea. Ma la distribuzione per genere nei diversi corsi di studio evidenzia difformità sintomatiche.[14]

Se tale quadro ha cause e concause chiare, e se la Commissione europea (rapporto Eurydice 2011) include l'Italia fra i Paesi cui difetta una politica per l'uguaglianza fra i generi nell'istruzione, resta da chiedersi quale imprevedibile quadro avremo di fronte quando le donne – nel giro di poche generazioni – avranno il monopolio di numerose discipline intellettuali, non escluse le giuridiche, le mediche, le economico-sociali e non poche fra le scientifiche. L'uguaglianza – piacerebbe pensare – ha talvolta vie intricate. Per ora, realisticamente, limitiamoci a dire che anche sotto questo rispetto il liceo classico si rivela un indice sensibile delle tendenze culturali e sociali in atto.

Altro, a suon di cifre, si potrebbe osservare. Per esempio che oggi – dopo che la politica nostrana ha fatto la sua miseranda figura nel dibattito sullo *ius soli* – il liceo classico raccoglie appena l'1,34% delle studentesse e degli studenti di cittadinanza non italiana frequentanti le superiori (quasi 188.000, dice il MIUR: poco più di 51.000, però, nei licei). Numero infimo, se si pensa che la percentuale sale al 10,75% nel liceo scientifico; numero infimo, e segnale pessimo: perché è evidente che il futuro del liceo classico dipenderà in parte grande dalla sua capacità di cambiare, oltre che di incrementare, la sua attuale popolazione studentesca (cfr. *infra*, pp. 252-254).

Ma fermiamoci qui, per ora. Dopo aver toccato origini (inaccertabili), nome (sintomatico) e consistenza numerica dell'odierno liceo classico, converrà soffermarsi sulle novità che hanno caratterizzato la sua storia più recente in termini di contributi normativi, proposte di riforma e pubbliche discussioni, che negli ultimi anni sono state vivaci e a volte ruvide.

Una storia nella quale – conviene dirlo subito – rischia di sfuggire sempre un punto fondamentale, sul quale dovremo battere a lungo: rischia di sfuggire il contenzioso politico e sociale che si gioca, per tutta la storia italiana, e oggi più che mai, sul terreno del liceo classico; un contenzioso che solo secondariamente si può tradurre in termini disciplinari (più o meno greco, più o meno latino, più o meno scienze o lingue straniere); e che solo retoricamente, o ipocritamente, si può ridurre alla trita contrapposizione fra ciò che è o pare vecchio e ciò che è o pare nuovo.

Le novità, appunto: ma ci sono davvero novità? È davvero cambiato, il liceo classico, in questi ultimi e cruciali anni? Ed è cambiato al punto da risultare ormai irriconoscibile? O il liceo classico è sempre quello, nel bene o nel male, in barba a novità normative e progetti ambiziosi e fitti dibattiti? Un argomento, quest'ultimo, che si presta a due ovvie variazioni: il liceo classico è sempre quello – e dunque, se non cambia, si avvia a morire. O è sempre quello, a suo modo e nonostante tutto – e dunque rimane ottimo, a suo modo e nonostante tutto. E fra i corni bifidi o trifidi di questo dilemma è facile che la discussione si areni per ore, e termini in nulla.

Ovviamente, ragioni non mancano per sostenere l'immutabilità sostanziale della gloriosa (o moribonda) scuola. Sul punto, anzi, si è insistito a iosa nelle discussioni più recenti, spesso con forzature e caricature sulle quali dovremo soffermarci più oltre. In fin dei conti è cambiata ben poco, dal 1952 a oggi, la partizione oraria delle materie più caratteristiche, ovvero italiano, latino, greco, storia, filosofia; e quando essa è cambiata, come è accaduto con la riforma Gelmini del 2008-2010, si è trattato per lo più di codificare quanto era già prassi diffusa, dopo anni e anni di sperimentazioni, specie per quanto concerne lingua straniera, matematica, scienze naturali, fisica (su «geostoria» e altre penose novità per ora sorvoliamo). Soprattutto – si ripete spesso – poco è cambiato nella concreta didattica delle lingue antiche, con le loro benedette grammatiche e le loro benedette versioni: «fra i manuali più in voga», ha osservato di recente Maurizio Bettini, «sta ancora quello del Tantucci, testo già venerabile ai tempi in cui studiavo io il latino in prima media». E su questa via si potrebbe proseguire a lungo, con scialo d'argomenti più o meno buoni, più o meno fondati, più o meno nostalgici.

Su una cosa non si discute: le generazioni che si succedono al liceo classico possono ancora scambiarsi, se non vocabolari e libri di testo, esperienze e segni di riconoscimento. Padri e figli, madri e figlie, se hanno fatto il classico, sanno allo stesso modo quanto sia spaventosa la terza declinazione (dell'una e dell'altra lingua); sanno allo stesso modo quanto sia intricato il lemma di un vocabolario greco o latino, e quanto un vocabolario greco o latino possa pesare sotto il braccio o nello zaino, malgrado ogni miglioria editoriale; e sanno, infallibilmente, quanto siano noiosi Cicerone o Senofonte (con lo strapotere scolastico di Senofonte se la prendeva già Francesco D'Ovidio nel 1875): e però, quando arriva l'esame di maturità, tirano un unanime respiro di sollievo se il Ministero ha scelto Cicerone o Senofonte, noiosi sì, ma piani e prevedibili; e unanimemente imprecano se, al Ministero, l'originale di turno ha scelto Vitruvio o Epitteto. Ed è ovvio che sia così: padri e figli, madri e figlie hanno fatto la stessa scuola, e sanno bene di che si parla. E infatti ancora si tramandano di generazione in generazione certe segrete formule, certi *aide-mémoire* di origine immemorabile, che suonano familiari solo a chi ha fatto il classico: perché solo chi ha fatto il classico conosce esseri fantastici come «Marmaluòt», che sembra uno spauracchio, ma è stato e rimane un amico quando si tratta di tenere a mente i quattro sciagurati mesi giuliani – marzo, maggio, luglio e ottobre – con le idi e le none fuori posto; solo chi ha fatto il classico conosce, con «Marmaluòt», il misterioso «Enea Maria» – che raduna le vocali tematiche del congiuntivo presente latino – e forse ancora sa recitare il surreale «*dic, duc, fac, fer* se n'andarono alla guer…»: una filastrocca, quest'ultima, già nota al giovane Croce. Questo e molto altro condivide chi ha fatto il classico, a prescindere dalla sua età anagrafica: prova che il liceo, in qualche modo, è sempre quello, di età in età, di generazione in generazione. E certo non per caso il liceo classico è fra le poche scuole italiane che conoscano orgogliose e operose associazioni di ex alunni (o *alumni*, se si preferisce: pare latino, ma è ormai inglese, e si legge *alumnài*).

Per contro – e altrettanto ovviamente – non mancano ragioni per sostenere che il liceo classico di oggi sia altra, ben altra cosa rispetto al liceo classico di nonni, genitori o fratelli maggiori, se sono maggiori quanto basta. Prendiamo il citato, venerando Tantucci: è chiaro che Bettini ha voluto rievocarlo solo per celia, perché il libro su cui lui studiò alla fine degli anni Cinquanta (se non sbaglio) ha poco in comune con quello che altri (*quorum ego*) ebbero in mano una trentina di anni dopo; e ha appena il nome in comune con quello in uso oggi, passati altri trent'anni. Oggi il vecchio Tantucci ha peraltro numerosi coautori, e si chiama «Tantucci *plus*» (anche questo pare latino, ma è ormai inglese, e si pronuncia *plàs*). E naturalmente il «Tantucci *plus*» è un manuale assai più colorato, più snello, più facile. Più facile, appunto: soprattutto più facile. Ed ecco che la via è aperta per l'altra ricorrente, frastornante lagnanza che troppo spesso intorbida i discorsi sul liceo classico: ovvero l'elogio commosso del liceo classico che fu, e che mai più sarà. Un liceo più duro, e più serio, e più formativo; più classico, insomma. Peccato che su questo ritornello ironizzassero già Augusto Monti all'inizio degli anni Sessanta e Gaetano Salvemini all'inizio del Novecento, per citare due intellettuali non sospettabili di inclinare al populismo. E il ritornello sembra accompagnare tutta la storia del liceo classico, se è vero che proprio mentre il Piemonte e la neonata Italia importavano il modello del ginnasio prussiano non mancava, in Germania, chi denunciava la decadenza ormai conclamata della grande scuola tedesca; in Italia, «il mito di una scuola classica del passato, perfettamente funzionante, severa, rigorosa» (D. Bertoni Jovine) nacque poco dopo, intorno agli anni Ottanta dell'Ottocento, e da allora lo si rispolvera a ogni generazione. E dunque si consoli chi teme di aver mancato il liceo classico vero per appena dieci o vent'anni: l'ha mancato di almeno un secolo. E così, se Mandel'štam definiva suggestivamente il classico «quel che ancora ha da essere», pare che del liceo classico si possa dire più o meno l'opposto, e cioè che il liceo classico – quello vero, quello puro – è sempre già stato. E dunque? *Nihil novi?* O *cotidie peius?* Un liceo che non cambia e non vuol cambiare, o un liceo in progressiva, inarrestabile decadenza? Si evocano qui, sommariamente, giudizi sommari con i quali sembra inevitabile avere a che fare se si discorre di liceo classico o di istruzione in genere; nessuno di tali giudizi, come è ovvio, manca di una sua parziale verità: siamo di fronte ad altrettanti esempi di quel che un illustre diplomato classico, Umberto Eco, chiamava «*inventio* ideologica»,[1] trucchetto retorico o scorciatoia intellettuale che permette sempre di dire mezze verità senza dire il vero, o di dire il falso senza mentire troppo.

Simili giudizi si possono tollerare quando se ne fa materia di svagata chiacchiera, ma non quando ispirano slogan, quando diventano base d'analisi per auspicate riforme o pretesti per facili liquidazioni. Al quesito sulla natura più o meno mutata del liceo classico può dare risposte secche solo chi sposa una tesi preconcetta, o dimentica il contesto scolastico complessivo, o il complessivo contesto politico e sociale. Scriveva quarant'anni fa, con sano buon senso, uno storico dell'educazione come Dario Ragazzini, che «l'apparente costanza» dello stesso sistema liceale italiano «nasconde una profonda torsione di significato» fra l'età preindustriale casatiana e l'età del *boom*, quando si provò – ma senza riuscirci – a ripensare quel sistema. Figurarsi negli intricati e conflittuali séguiti di quel *boom*, che hanno confuso le classi e i rappresentanti politici delle classi; figurarsi se si tratta del liceo classico, del liceo «di classe» per eccellenza, che in maniera particolarmente vistosa riflette i contraccolpi derivanti dal trauma della scolarizzazione di massa: che è un trauma recente – lo si scorda spesso – e in Italia più recente che in altri Paesi europei. In Italia – basti questo dato – i diplomati sono giunti a triplicare nel giro di una generazione o poco più, fra gli anni Sessanta e il Duemila, con un picco di crescita sconosciuto a Gran Bretagna, Germania o Francia, e tra i più vertiginosi dell'intero Occidente.

È ovvio, dunque, che il più vecchio tra i nostri licei abbia subìto in maniera peculiare quello che è stato chiamato il «cambiamento senza riforma» (M. Dei) della scuola secondaria italiana. È altrettanto ovvio – o dovrebbe esserlo – che l'assenza di riforme organiche non significa assenza di riforme *tout court*: e occorrerà guardarsi, anche su questo punto, da interpretazioni capziose e spesso interessate. Per esempio, sulla protratta immobilità di un liceo classico che attenderebbe riforme dai tempi di Gentile batteva ossessivamente il torrenziale documento dei «40 Saggi» che Luigi Berlinguer, nel 1997, radunò in vista della sua riforma dei cicli. Ciò si capisce: fa gioco dichiarare immutata o immobile una scuola che si mira, se non a liquidare, a tramutare molecolarmente. Per contro, dichiarazioni, documenti e norme di età gelminiana hanno fatto appello, di preferenza, alla retorica opposta: durante la gestazione della riforma, nel 2009, non ci furono ispirati «Saggi», ma una più efficiente «Cabina di Regia»; eppure del liceo classico si volle tratteggiare un'immagine improntata a rasserenante conservatorismo; si enfatizzarono le novità, ma si enfatizzò soprattutto la continuità degli obiettivi, dei contenuti, degli usi, a partire dal nome di «ginnasio» per il primo biennio: un fossile di età casatiana e gentiliana che aveva perduto il suo senso, a livello normativo, già nel primo Dopoguerra, e che pure si volle conservare per ossequio al *mos maiorum*.

Ora, quanto a riforme organiche, è poco più che un luogo comune ricordare il puntuale fallimento di ogni progetto volto a rifondare radicalmente la scuola secondaria, fra Gentile e oggi, e con essa il liceo classico, che della riforma Gentile era il perno. Ciò sembra dare ragione a chi giudica vecchio l'intero impianto liceale italiano, e su questa base auspica una sistematica *deregulation* a base privata. Ciò dà ragione senz'altro al vecchio e saggio Cavour, che suggeriva un sicuro trucco per paralizzare i parlamenti e sfinire i partiti: proporre alla discussione una riforma della scuola; così, puntualmente, «i partiti si scindevano e battagliavano per molti giorni e la politica riposava». La stessa riforma Gentile, come vedremo, non rifondò né rivoluzionò il liceo classico; e nemmeno lo toccò la riforma Bottai (1939-1940), la cui *Carta della Scuola* carta restò, in gran parte, per via della guerra, anche se lasciò in eredità al Dopoguerra democratico il nodo della scuola media unica: un nodo che Bottai risolse da fascista (cfr. *infra*, pp. 115-120), e che nel '62 si tentò di risolvere daccapo.

Ma le due più importanti riforme prebelliche inaugurarono un modo d'operare che durò a lungo, e che anzi dura tuttora: potremmo chiamarlo la «riforma indiretta» o «collaterale» del liceo classico; una specie di riforma che non muta la scuola in sé, bensì – e drasticamente – il contesto da cui essa trae il suo senso e la sua identità, in termini di gradi scolastici anteriori o percorsi formativi concorrenti. È questo l'effetto che ottennero Gentile e Bottai, ritoccando ciascuno a suo modo la dualità casatiana di «scuola classica» e «scuola tecnica». È questo l'effetto che ottennero tanti interventi successivi, che pure – in apparenza – non hanno invaso il pomerio del liceo classico.

Su molti di tali interventi, e sui dibattiti che li hanno accompagnati, avremo occasione di tornare; ma conviene ripercorrere già qui i principali, per almeno tre ragioni: evitare discorsi a vanvera su continuità e discontinuità del liceo classico; chiarire i termini di un dibattito politico che oggi, per lo più, si rimuove e si occulta dietro questioni d'apparenza tecnica; tentare di cogliere alcune spiccate linee di tendenza che orientano profondamente il dibattito odierno. Vedremo, anche per questa via, che la crisi del liceo classico non è un fenomeno recente, né passibile d'analisi al di là di più generali considerazioni di sistema.

SCUOLA FRA SCUOLE

È inevitabile, in questo breve *détour* storico, partire da quella che nel Dopoguerra fu senz'altro la più robusta «riforma indiretta» del liceo classico; la più robusta, la più tormentata nelle sue premesse, e la più duratura nei suoi effetti: è la già evocata Legge 1859, approvata il 31 dicembre 1962 dal Parlamento della III Legislatura repubblicana, su proposta del ministro Luigi Gui e del governo Fanfani (IV); la legge, cioè, che diede i natali alla scuola media unica e obbligatoria alla quale tuttora si iscrivono gli undicenni italiani. Una misura epocale che basterebbe da sola a smentire tutti quei critici o riformatori odierni che, miticamente, continuano a individuare in Gentile «il nemico immaginario da battere» (A. Scotto di Luzio), come se nel frattempo nulla fosse accaduto.

Si sa che fra il 1945 e il 1962, durante la tormentosa discussione che portò al varo del triennio postelementare tuttora vigente, la questione del latino assorbì quasi per intero le energie politiche e intellettuali. Così era già accaduto ai princìpi del secolo nello scontro che vide opposti gli «unicisti» e i «plurimisti», come si chiamavano all'epoca, cioè i sostenitori e gli oppositori del triennio postelementare unificato, che non era idea nuova nemmeno allora, come non lo fu dopo la guerra.[1] Nel 1962, all'enfasi sulla questione del latino concorsero la *Veterum sapientia* di Giovanni XXIII e l'inizio del Concilio Vaticano II, e si racconta – chissà se è vero – che alla fine di questa rinnovata *Querelle des Anciens et des Modernes*, insieme laica e religiosa, un banditore pubblico corresse per certe strade di Sardegna gridando: «il latino è morto, *Deo gratias*!». Se non è vero, è ben trovato. Per quanto concerne il versante laico e scolastico del dibattito, si può riassumere la discussione con le parole di Augusto Monti: «latino sì, latino no, latino nì». Dopo molte risse, vinse prevedibilmente il «nì», e all'approvazione della riforma Gui il latino si trovò mutato in un ibrido italiano-latino al secondo anno, e in materia opzionale al terzo: un «fantasma di latino», una «larva di latino», un «paralatino», come tuonarono gli oppositori – specie dai banchi dell'MSI – durante la discussione parlamentare; un latino che però rimaneva di fatto obbligatorio per chi intendeva iscriversi – previo esame sulla materia – al liceo classico. L'equilibristico compromesso durò meno di quindici anni, e nel giugno 1977, con la Legge 348 (Andreotti e Malfatti *consulibus*), il latino sparì del tutto, salvo sopravvivere per postremo omaggio, nei programmi del 1979, quale generico corredo all'insegnamento dell'italiano. Per quanto concerne il liceo classico – che pure nessuno toccò – le conseguenze furono molte, e tuttora perdurano.

Per cominciare, è da allora che i classicisti quattordicenni si trovano nell'imbarazzante situazione di dover spiegare, ai coetanei d'altro indirizzo, che nella loro scuola le annate si numerano a rovescio: IV e V precedono I, II e III, sicché in quarta al liceo classico si è ragazzini, allo scientifico o al linguistico si è quasi maggiorenni. La bizzarria era già della legge Bottai, e da allora permane come reliquia del ginnasio quinquennale, pur liquidato dal triennio postelementare unico. Il dettaglio è di costume, sì, ma non va trascurato, perché ha contribuito a sancire simbolicamente, nella mentalità diffusa, l'eccezionalità del liceo classico; eccezionalità distintiva o stramberia *démodée*, come si preferisce: ma certo non è un caso che oggi l'uso si conservi gelosamente in numerose scuole, anche quando la normativa ha di fatto abolito lo stesso triennio, e fin dal 2003, scandendo i cinque anni in 2+2+1; e non è un caso che il nobile nome di «ginnasio» – lo abbiamo già ricordato – sia stato salvaguardato per legge.

In secondo luogo, la scuola media unificata e slatinizzata ha avuto ricadute forti sui programmi del liceo classico, che poco per volta hanno dovuto registrare la sempre più decisa contrazione del tempo dedicato al *training* grammaticale latino (e all'acquisizione della relativa terminologia, valida per entrambe le lingue). Le medie gentiliane, ossia i tre anni del ginnasio inferiore, inoculavano dosi cavalline di morfologia e sintassi, con la bellezza di 8 e 7 e 7 ore settimanali di latino nel triennio postelementare. I quadri orari postbellici avevano già segnato un marcato calo. Ora, con le riforme del '62 e del '77, il latino cessava d'essere cosa da bambini, e diveniva trauma dell'adolescenza; tutto andava ripensato e condensato. Era questo il problema che ai primi del Novecento angustiava Gaetano Salvemini e Girolamo Vitelli, e che fece desistere il primo, d'un tratto, dalle sue originarie posizioni di «unicista»:

> Quando ... ci siamo messi a studiare in che modo potrebbero organizzarsi gli studî di latino e greco in una scuola classica di cinque anni preceduta da tre anni senza latino, abbiamo dovuto riconoscere in tutta la sua estensione la difficoltà dell'impresa. «Nei cinque anni posteriori alla vostra scuola unica», ci chiedeva il prof. Vitelli, ... «quale altro insegnamento, fra quelli che ora si danno nel Ginnasio superiore e nel Liceo, sarà soppresso o attenuato? Quello di matematica? No; di italiano? No; di storia? No; di scienze naturali? No; di fisica? No; di filosofia? No. Ebbene, con tutto questo ben di Dio, vi crederò quando mi direte che il classicismo non andrà in rovina; ma concedetemi di non credere quando, con così balda sicurezza, mi promettete d'irrobustirlo.»

Parole che riflettono il dibattito del 1905-1908; e problemi che tornarono, puntualmente, dopo le riforme del '62 e del '77. Ma non si può dire che i problemi siano stati risolti, allora, con revisioni organiche delle materie o degli orari, che rimasero esattamente com'erano. Piuttosto, i nuovi programmi ginnasiali e liceali per il greco e il latino – definiti a tappe nel 1967, nel 1978, nel 1980 – hanno una loro sintomatica formularità: l'invito permanente è a «ridimensionare», ad allineare il più possibile studio delle regole e lettura dei testi, e ad approfittare della consistente novità rappresentata dal fatto che – per la prima volta dopo oltre un secolo – greco e latino diventassero insegnamenti simultanei e coordinati. Facile a dirsi, meno a farsi, perché «la scuola la fanno i maestri, non i ministri», secondo il celebre motto di Manara Valgimigli, e le abitudini didattiche non mutano per ordinanza o per decreto. E le novità, nel loro insieme, erano poderose: per digerirle non bastò una generazione di docenti.

Così, a datare da quegli anni, nidiate di nuovi ginnasiali hanno studiato contemporaneamente la *rosa* e la *chóra*, il *lupus* e il *lýkos*, non senza una permanente aura di superiorità intorno al greco, e non senza qualche cortocircuito fra le rispettive tradizioni grammaticali: tradizioni assai diverse, in virtù delle quali il greco, nella memoria di molti e nella retorica di un fortunato libro recente, passa per «lingua geniale», di contro a un latino che pare evidentemente tontarello (cfr. *infra*, pp. 205-207); un latino che nel frattempo vedeva progressivamente tramontare l'uso della versione dall'italiano: nel 1968 essa scompariva *de iure* dagli esami di maturità. E inevitabilmente, a datare da quegli anni, nidiate di nuovi ginnasiali hanno visto ridursi la gradualità del passaggio – di remota ascendenza gesuitica, come abbiamo ricordato – fra studio linguistico e studio letterario; ciò che ha creato, fra i due gradi o filoni d'apprendimento, ora permanenti attriti, ora occasioni d'interazione sulle quali formatori e riformatori non hanno mai smesso di interrogarsi, suggerire, sperimentare.

Infine – ed è forse l'aspetto più rilevante – il dibattito culturale e politico che ebbe nel '62 un momento apicale ci ha lasciato in eredità una consapevolezza che si spera indelebile: la consapevolezza che ogni *querelle* sull'istruzione classica, nella misura in cui pone espressamente il problema del rapporto fra scuola d'*élite* e istruzione di massa, è più che mai questione politica. Se oggi i termini del dibattito siano davvero cambiati, o se siano semplicemente divenuti più opachi, è quanto dovremo chiederci in séguito. Certo, ancor oggi c'è chi – evidentemente non benedetto da alcun senso storico o sensibilità sociale – può ricordare i fatti del '62 e del '77 come il più oltraggioso atto di lesa classicità compiuto dalla politica italiana, in nome di una «democrazia culturale ... fraintesa e intrisa di valenze ideologiche» (E.M. Bruni); e può lamentare che

> levata la bandiera della democrazia e della modernità, il latino si colorava di vecchio e di oligarchico; il latino non poteva, perciò, trovarvi accoglienza [*scil.* nella nuova scuola media] e veniva esiliato nel mondo dei licei. Si privava, con false convinzioni, il fiore della gioventù italiana della possibilità di parlare ancora con il mondo classico.

Giudizi grossolani che purtroppo, tutt'oggi, non sono rari come si vorrebbe; giudizi che omettono peraltro di registrare un dato obiettivo e macroscopico: «il fiore della gioventù» capace di «parlare ancora con il mondo classico» era, prima di allora, un fiore ben raro, che Gentile voleva espressamente rendere rarissimo; fu la linea riformistica postbellica – accidentata, conflittuale, compromissoria quanto si vuole – a garantire, con la decisa scolarizzazione del Paese, una decisa diffusione della cultura classica; diffusione che nettamente crebbe, se guardiamo alle cifre assolute di frequentanti e diplomati, e non solo al liceo classico,[2] ma in tutte le secondarie con marcata presenza del latino.

Ma le «riforme indirette», da allora, furono molte altre; né mancarono interventi diretti notevolissimi di cui ancora perdurano gli effetti. Basti ricordare, nel febbraio 1969, la famigerata revisione dell'esame di maturità – la firmò il ministro Fiorentino Sullo – che doveva essere misura sperimentale di un anno, e durò invece fino al 1997.[3] L'esame da allora ebbe solo due prove scritte, e una prova orale su due sole materie dell'ultimo anno, l'una scelta dal candidato e l'altra dalla commissione, a partire da una quaterna indicata dal Ministero; e da allora ci fu sempre in commissione un affettuoso «membro interno» al quale si sono indirizzate, per un trentennio quasi, le speranze o gli scongiuri di tanti maturandi. Intanto, nel gennaio 1969, lo stesso Sullo aveva soppresso l'esame d'ammissione fra V ginnasio e I liceo, perché – recita la premessa al relativo decreto – «non è più richiesto da norme di legge vigenti e non corrisponde più ad alcuna esigenza di ordine scolastico»: premessa indiscutibile, sparito il ginnasio di gittata quinquennale. Nello stesso anno, a dicembre, su iniziativa del ministro Mario Ferrari Aggradi e del governo Rumor II, l'università si apre a tutti gli indirizzi secondari quinquennali, e i piani di studio si liberalizzano.

Si capisce bene che il 1969 sia diventato, nella memoria di chi idealizza il liceo classico che fu, l'*annus horribilis* della resa al «facilismo». Si capisce bene che i nati degli anni Cinquanta e successivi – i figli, e non per loro colpa, dell'esplosione demografica postbellica – abbiano dovuto subire così spesso le ironie dei loro nonni o padri o fratelli *seniores*: carriera ben facile, la loro; e gran fortuna (o sfortuna) aver conosciuto la scuola della *débauche* sessantottesca. Ecco, al proposito, una paginetta di Marco Santagata (classe '47), che così vanta la propria eroica carriera di superstudente e pluriesaminato, nei tempi in cui andare a scuola era una cosa seria:

> Ho fatto l'esame di terza elementare, e poco dopo lo hanno abolito; l'esame di quinta, e hanno abolito pure quello; ho sostenuto l'esame di ammissione alla media, e poco dopo hanno istituito la media unificata, senza prova d'ingresso; quello di quinta ginnasio, ed è sparito. Della mia maturità, all'antica, con tutte le materie, e pure i riferimenti agli anni passati, hanno fatto una burletta. All'università io, modernista, sono stato obbligato a superare tutti gli esami fondamentali (per intenderci, prova scritta di latino e storia antica con la lettura di testi in greco); appena ne sono venuto via, ecco dispiegarsi una delle conquiste del Sessantotto: la liberalizzazione dei piani di studio. Il che, in soldoni, significava che la storia del cinema valeva quanto glottologia, che i testi latini si studiavano in traduzione italiana, che la stessa letteratura italiana poteva essere tranquillamente ignorata e via cantando. Con il passare degli anni la situazione è poi ulteriormente peggiorata.

Paginetta esemplare, e argomenti tipici di chi ritiene che una pletora d'esami sia *ipso facto* garanzia di serietà: «esamolatria», la chiamava Rodolfo Mondolfo. Ma ricordiamo – anche a correzione dell'infestante *vulgata* che imputa ogni male al Sessantotto in sé – che i provvedimenti adottati da Sullo nel '69 ribadivano in parte norme già introdotte nel '52, nel '58 e nel '59, ivi compreso il «membro interno» (per un po' ce ne furono ben due) e la sostanziale limitazione alle materie dell'ultimo anno; e che la stessa liberalizzazione degli accessi universitari era stata avviata nel '61 e proseguita nel '63-64: aperture progressive, culminanti nelle scelte del '69, che assecondavano non tanto le spinte egualitarie dei contestatori quanto l'andamento oscillante del mercato, fra stime di crescita erronee e disoccupazione intellettuale montante. Ricordiamo anche che i mitizzati esami di maturità *ante* '69 – con tutta la loro trafila di esamini anteriori e intermedi – potevano essere descritti così da Marino Raicich, relatore di minoranza durante il dibattito parlamentare che accompagnò la conversione in legge del decreto Sullo:

> Nell'animo di chi ha fatto esperienza recente di tale esame, sia come esaminato sia come esaminatore, e sempre più diffusamente nell'animo di tutti, alla parola «maturità» si associa oramai l'idea di un momento di lavoro sconclusionato e disordinato, non di una seria ricerca o di una meditata sintesi, si associa l'idea di un imbottimento dei crani, di un nozionismo vieto e minuto …, l'idea del trionfo del compendio, della formuletta, della definizione imparata a memoria, del trucco per sfuggire alle difficoltà e, non ultima, della fortuna.

Visioni ben diverse, dunque, quella di chi mitizza *a posteriori* e quella di chi registra in diretta: e il dibattito politico e pedagogico di quegli anni denuncia senza posa il carattere tanto nozionistico quanto aleatorio dei superesami a raffica praticati nella presunta età Saturnia del pre-Sessantotto. Non a caso, è sull'onda dei leggendari esami gentiliani che nasce e prospera la casa editrice Bignami, fondata nel 1931; azienda floridissima nel primo ventennio postbellico, come mostra fra l'altro l'antonomasia «bignami» o «bignamino», neologismi che i vocabolari registrano e canonizzano – ironia della sorte – nel 1967, due anni prima dell'anno orribile. E se è vero che la nuova maturità fece salire d'un tratto, e di un buon 10%, la percentuale dei «maturi», è altrettanto vero che il *trend* di crescita è alto e costante a partire dai primi anni Cinquanta: chiaro che tale *trend* deve tutto all'aumento della scolarità in sé, rispetto al quale le scelte normative del '69 rappresentano più un effetto che una causa.

Ma lasciamo i giudizi sulla maggiore o minore serietà della scuola *ante* e *post* '69, che sono sempre ambigui e controvertibili: chi di noi non ha sentito commossi elogi dell'antica serietà scolastica pronunciati da persone che sono – duole dirlo – la contraddizione vivente di quella serietà? E quale docente responsabile non sa che idolatrare per posa un passato presunto edenico è annichilire – o cercare gli *alibi* per farlo – potenzialità e passioni degli studenti che ha di fronte oggi? E lasciamo anche i giudizi sulla maggiore o minore sensatezza di un astratto culto dell'esame contro il quale si sono scagliati – per stare al classicismo nostrano – intellettuali non esattamente *hippies* come Vitelli o Pasquali. Simili giudizi rischiano peraltro di distrarre dall'essenziale. E l'essenziale risiede altrove, quanto ai cambiamenti che in quell'anno subisce il liceo classico entro il sistema dell'istruzione secondaria. Sono cambiamenti profondi, e dicono molto del liceo classico odierno, e dei rischi che esso corre.

Innanzitutto, e per quanto suoni strano, possiamo ben dire che le nuove modalità d'esame introdotte nel '69 hanno rinforzato in senso umanistico e classicistico l'identità del liceo classico: ne hanno fatto sempre di più la scuola del greco e del latino, riducendo di fatto l'attenzione riservata a materie (specie scientifiche, ma non solo) tutt'al più passibili di infausto sorteggio. Dal '69, come si sa, la seconda prova scritta del classico fu sempre la versione da una lingua antica:[4] matematica e *hard sciences* vennero escluse in partenza, mentre allo scientifico e al magistrale restava sempre la possibilità (teorica) di vedere scelta l'aborrita prova di latino. Per quanto concerne l'orale, giova ricordare che delle quattro materie indicate dal Ministero una fu sempre l'italiano, un'altra la lingua antica esclusa dallo scritto; e, delle due materie residue, una fu sempre d'ambito umanistico, sicché restava al massimo una possibilità su quattro d'essere interrogati in matematica o in fisica. Peraltro, la scelta della commissione d'esame era orientata dalle preferenze dei candidati, di cui spesso e volentieri si faceva portavoce il commissario interno, incline a trasformarsi in avvocato d'ufficio: e ben si capisce la delicatezza del suo ruolo, come si capisce l'ovvia predilezione dei candidati, al classico, per le materie più intensamente studiate e valorizzate. Non pochi – credo – ricorderanno ancora il terrore di vedersi cambiato, all'ultimo minuto, l'italiano in matematica o il greco in geografia astronomica; e non pochi serberanno eterna gratitudine al commissario interno che seppe sventare il letale tranello. E così le materie scientifiche, al liceo classico, hanno finito per essere neglette in maniera crescente all'avvicinarsi della prova finale; e per essere pressoché abbandonate, in casi senz'altro non rari, dopo la fatidica divulgazione ministeriale delle materie d'esame. Ma anche al di là delle scelte ministeriali e degli espedienti locali, il peso delle discipline scientifiche, nell'insieme della maturità, era scarso *a priori* – una materia al massimo su sei – e non poteva condizionare in maniera determinante l'esito dell'esame: donde la possibilità di superare la prova malgrado lacune, pur serie, d'ordine matematico-scientifico; donde la permanente nomea dei diplomati al classico quali alunni renitenti ai saperi scientifici, e abbastanza sfacciati da esserne orgogliosi: nomea spesso smentita dalle loro successive scelte e carriere universitarie (cfr. *infra*, pp. 154-166), ma diffusa, nociva, e certo non priva di fondamento.

La sempre più marcata caratterizzazione umanistica andava di pari passo con un'altra lenta, ma ormai sensibile e inesorabile dinamica di sistema: quella per cui il liceo classico, tra gli anni Sessanta e Settanta, si avviava a diventare sempre più una scuola fra le altre. Era già, in seme, l'odierno sistema dei licei, che si può dire prefigurato dagli interventi normativi del periodo, oltre che da massicci fenomeni d'ordine sociale; di «licealità differenziata» parlava

il ministro Gui fin dal 1962. In questa direzione muoveva
la stessa riforma dell'esame di Stato, che per la prima volta estese la nozione di «maturità» a tutti gli indirizzi quadriennali e quinquennali. Alla durata quinquennale, del resto, il liceo scientifico – quadriennale ai tempi di Gentile,
perché scuola *minoris iuris* – era stato portato da tempo: fin
dalla creazione, nel '45, di quelle «classi di collegamento»
che di fatto parificavano in durata i due licei, e con essi gli
istituti magistrali e tecnici. I canonici cinque anni di superiori erano a poco a poco divenuti la norma stabile per tutti gli indirizzi; e quel liceo scientifico che, durante il fascismo, era stato la deliberata caricatura del classico (cfr. *infra*,
pp. 112-115), proprio nell'a.s. 1969/1970 superava per la prima volta il liceo suo rivale nel numero degli iscritti: 219.000
contro i 205.000 del classico. A metà degli anni Ottanta lo
scientifico avrebbe doppiato il classico; e oggi, come abbiamo visto, il rapporto 2:1 è diventato quasi un rapporto 4:1
(cfr. *supra*, p. 32).

Le due tendenze qui descritte vanno intese nella loro so-
lidarietà: la crescente caratterizzazione umanistica del liceo
classico segue, e insieme asseconda, la crescente fortuna degli indirizzi paralleli e concorrenti. Il primato del classico
non si discute, almeno apparentemente, ma si avvia a diventare un primato ideale: è il primato di una scuola che
fu la sola buona e la sola seria perché umanistica, e che ora
– perché umanistica – si avvia a diventare una scuola fra
le altre. In questo senso, possiamo dire che il periodo con-
cluso nel '69 ha di fatto tratteggiato, pur a forza di misu-
re-tampone o riforme indirette, il liceo classico odierno; e
l'ha disegnato proprio mentre si compiva, a livello accademico, un processo che fu certo meno visibile di qualsiasi misura normativa o dinamica sociale, ma non fu perciò
meno importante per le sorti successive della scuola ex casatiana ed ex gentiliana: ovvero il profondo rinnovamento, a livello scientifico e insieme ideologico, dell'antichistica italiana. Il punto è fondamentale, e non va minimizzato.

Una «decolonizzazione» degli studi classici, l'aveva chiamata Arnaldo Momigliano nel 1967; il che in Italia, per forza

di cose, significava defascistizzazione. Superficiale fu quella compiuta, su corpo docente e libri di testo, fra il '44 e il '47. Ben più profonda fu quella che si impose nei due decenni seguenti. Una nuova generazione di antichisti – filologi e storici, archeologi e filosofi – creava nuovi paradigmi disciplinari, spesso a base apertamente marxiana, sui quali si sarebbero formate nuove generazioni di docenti liceali; e ciò in un periodo in cui – non dimentichiamolo – fu ben più alta di oggi la permeabilità fra università e scuola. Piacerà ad alcuni, dispiacerà ad altri, ma non c'è dubbio che le nuove leve accademiche e liceali del Dopoguerra, e ancor più degli anni Sessanta e Settanta, segnarono nel liceo classico un cambiamento profondo, al di là di riforme e semi-riforme di variabile efficacia o durata. Deriva anche di qui il carattere stabilmente ambiguo del liceo classico, sotto il profilo ideologico: «scuola di guttaperca» – come già la chiamava Pasquale Villari nel 1867 – che ciascuna parte politica tira dalla sua, e stiracchia a proprio uso, inevitabilmente. Deriva anche di qui il puntuale e permanente imbarazzo di tanti difensori «da destra», consapevoli di schierarsi per una scuola dove l'egemonia culturale di sinistra ha fatto sentire con grande forza i propri effetti; e, per converso, il tormento di tanti difensori «da sinistra», costretti dai fatti a riconoscere – oltre ogni nobile idealità – l'impronta stabilmente elitistica della scuola a loro cara (cfr. *infra*, pp. 231-240).

Nel frattempo, il liceo classico seguiva le sorti di tutta la secondaria italiana: incertezze economiche, instabilità politica, confronti fra opposte pedagogie (o alternative «antipedagogie») alimentavano un'esuberante fiorita di progetti riformistici, tutti puntualmente finiti in fieno. Se si bada almeno ai maggiori – che furono senz'altro, fra il '72 e il '73, i concorrenti progetti di Marino Raicich per il PCI e di Oscar Luigi Scalfaro per la DC – è facile osservare come il liceo classico rimanga sempre il punto dolente, perché emblema del classismo scolastico che la scuola media unica aveva incrinato, non certo rimosso né seriamente scosso.

Così, dal PCI – e da un classicista di formazione come Marino Raicich, allievo di Giorgio Pasquali – tornava il progetto che il partito aveva caldeggiato, pur fra molti contrasti, fin dai primi anni Cinquanta: un biennio superiore comune, senza latino né greco, contro la permanente «struttura a canne d'organo» degli indirizzi scolastici differenziati, contro «la facilitazione come metodo più comodo e più demagogico per fare una riforma "sociale" da facciata», e per un ritorno allo spirito democratico autentico tradito dall'applicazione della riforma Gui, e cioè all'obiettivo coraggioso di «una scuola di massa e qualificata». Quanto al ruolo e al senso degli studi classici, scriveva Raicich,

> si potrà e si dovrà verificare nella scuola media superiore la possibilità di ridare spazio anche agli studi di latino e di greco, purché si operi una netta svolta, se ne riscopra il significato storico, si punti alla lettura dei testi e, misurandoci con essi, a intendere il peso che la Grecia e Roma hanno avuto nella formazione dell'uomo moderno.

Per converso, la tripartizione degli indirizzi (classico, scientifico, tecnico-professionale) era al centro delle proposte formulate dalla DC, che per questa via ribadiva la più tradizionale distinzione fra scuola di cultura e scuola di lavoro: con l'indirizzo scientifico, però, ambiguamente collocato al centro, ambiguamente sospeso tra vocazione culturale e vocazione tecnico-applicativa, a dimostrazione che nulla – nemmeno nei progetti ispirati a maggiore conservatorismo – si poteva ormai sbrigare con la pura e semplice riproposizione del liceo classico quale perno della secondaria italiana.

Per questa via, il vecchio conflitto fra «unicisti» e «plurimisti» si spostava di un livello (scolastico) e si combatteva ormai sul terreno della secondaria superiore. La questione di fondo era chiara, e forse non fu mai altrettanto chiara nel dibattito politico successivo: doveva ancora continuare a proporsi, subito dopo una scuola media unica che stentava a dare i suoi frutti, e che restava dell'obbligo solo sulla carta, una scelta scolastica netta? Una scelta netta, condizionante, e così profondamente condizionata dalle origini sociali degli allievi? Tanto il progetto del PCI quanto quello della DC si arenarono, anche se oggi è facile riconoscere – sulla lunga distanza – la netta prevalenza del secondo, pur in un quadro assai più opaco. L'ultimo tentativo di giungere a un nuovo ordinamento della secondaria superiore si ebbe sul finire della VII Legislatura, con la proposta approvata dalla Camera il 28 settembre 1978: un tentativo di compromesso fra «unicisti» e «plurimisti», e un caso raro di convergenza tra forze politiche contrapposte, ma su un testo di legge semplicemente vuoto – *et pour cause* – di contenuti disciplinari, la cui definizione era rinviata a futuribili scelte decretali.

In tanta confusione, un punto almeno risultava chiaro, e si imponeva a tutti: era ormai improponibile, nella sua intransigente purezza, il ferreo binarismo casatiano, già intaccato da Gentile e Bottai, già travolto dalla crescente domanda di istruzione, anche e soprattutto liceale. Sono gli anni, lo abbiamo ricordato, in cui gli iscritti allo scientifico superano gli iscritti al classico; e sono gli anni in cui si avvia – a titolo sperimentale, *immo* a casaccio – l'indirizzo linguistico (1973-1974), destinato a vivere pressoché in incognito fino ai primi anni Novanta, per essere ufficializzato in via definitiva soltanto nel 2010. Un indirizzo via via più attraente, però, perché capace di proporre una miracolosa sintesi – o un passabile compromesso – fra i tradizionali *studia humanitatis* e le esigenze della modernità e/o del lavoro, come si preferisce: «un profilo curriculare ben "spendibile" in prospettiva anche sul mercato europeo», per dirla con l'allettante ma azzardata Circolare ministeriale che nel '91 (ministro Gerardo Bianco) proverà a codificare l'esistente.

La vicenda del neonato linguistico esemplifica bene quella che fu la regola dei vent'anni successivi: la «riforma strisciante» (A. Semeraro) divenne l'abituale tecnica di sopravvivenza dei parlamenti, dei ministri e del sistema scolastico tutto. I suoi mezzi prediletti furono l'autonomia scolastica e la sperimentazione, entrambe già *in nuce* nei Decreti Delegati del 1974. Per queste due vie lo Stato demandò progressivamente alle scuole – alle singole scuole – la risoluzione dei problemi d'indirizzo per i quali mancava ormai qualsiasi forma di consenso, o qualsiasi idea forte. Nel frattempo, l'istruzione di massa si imponeva come oggetto delle discipline economiche e sociologiche: teoria del *human capital* e sociologia dell'istruzione nacquero, non per caso, allora. E sempre più intensamente nel dibattito italiano facevano la loro irruzione orizzonti e organismi internazionali (UNESCO, OCSE) che premevano per una diffusa standardizzazione educativa; una standardizzazione che conteneva in sé i germi di una democrazia scolastica più ampia, sì, ma ambigua, e subito percepita come tale, specie in un Paese come l'Italia: un Paese per tanti aspetti arretrato, dove l'obbligo scolastico era ancora misera cosa nei numeri complessivi e nei suoi stessi obiettivi, limitati com'erano al quattordicesimo anno d'età sancito dalla Costituzione; un Paese capace, per altri aspetti, di realizzare riforme ambiziose in anticipo sugli altri Stati europei: perché tale fu – anche se lo si scorda spesso – proprio la media unica del '62; un Paese comunque orgoglioso della propria eccezionalità, incarnata in maniera vistosa proprio dal liceo classico.

Ed ecco che il liceo classico, anche alla luce del confronto internazionale, poteva diventare l'oggetto di accuse o difese contrapposte per ispirazione politica e ideologica: un liceo che rappresentava, con il suo strutturale elitismo a base umanistica, tutta la nostra arretratezza culturale, politica, economica, e dunque si poteva attaccare da destra come da sinistra; quell'arretratezza, però, poteva diventare una forma di resistenza a una scuola massificata solo per essere meglio asservita alla programmazione sociale ed economica, e dunque si poteva difendere da destra (con variabili accenti di nazionalismo) o da sinistra (con variabili *distinguo*, nell'utopia di una scuola democratica, sì, ma d'eccellenza). Oggi, come vedremo, risuonano ancora accuse o difese ispirate agli stessi motivi retorici (cfr. *infra*, pp. 216-222), benché esse appaiano annacquate e volgarizzate.

Questo, nel suo insieme, era il nodo di questioni che si andava stringendo intorno al liceo classico sul finire degli anni Settanta: al termine, cioè, del periodo in cui fu più intenso e più franco il dibattito su ciò che era davvero in gioco nella difesa di una scuola d'*élite* improvvisamente calata entro una scuola di massa.

Sperimentazione e autonomia, come si è detto, furono le risposte. L'autonomia dovette attendere gli anni Novanta e, dopo provvedimenti parziali nel 1993 (in finanziaria, significativamente) e nel 1997 (legge Bassanini), divenne legge dello Stato nel 1999, durante il governo Prodi II. Quanto alla sperimentazione, massimo «strumento surrogatorio delle leggi per il governo della scuola» (G. Tognon), si sa che essa conobbe il suo tripudio teorico e normativo nei lavori della commissione presieduta dal sottosegretario Beniamino Brocca, che lavorò per cinque anni (1988-1992) e sopravvisse, in quel quinquennio, a ben tre ministri. Per il liceo classico furono, al solito, altrettante «riforme indirette», in gran parte sulla via che appariva già segnata fra anni Sessanta e Settanta, ma con un salto di qualità che va attentamente considerato, e che fa della Commissione Brocca uno spartiacque significativo, sia per i suoi fallimenti, sia per i suoi collaterali successi.

Si erano spesi due decenni a discutere di scuola superiore unica, semiunica, quasi unica, o plurima; si erano avute proposte nette come il biennio comune di Raicich, e infinite variazioni sul tema, fino al *monstrum* logico e linguistico del «monoennio» (*sic*) comune: vuol dire banalmente «anno», ma esemplifica bene la confusione del periodo. In certe sue sottigliezze, la disputa era degna della teologia e cristologia dei primi secoli; inevitabile, dunque, che ne seguisse un compromissorio Concilio di Nicea. Di fronte alle alternative secche – biennio comune sì, biennio comune no – vinse prevedibilmente, per citare ancora Augusto Monti, il «biennio unico nì». E questo fu appunto il risultato della Commissione Brocca, con il suo lambiccato sistema di materie comuni, semicomuni e specifiche, e le sue «curvature» – così le si chiamò – volte a consentire trattamenti diversi, nelle diverse scuole, anche per le discipline comuni. Ne uscì, fra bienni e trienni, un coacervo di indirizzi plurimi che per lo più canonizzava l'esistente; ma ne uscì anche – e specie al liceo classico – l'occasione per innovazioni a lungo evocate, con il potenziamento delle lingue straniere e delle scienze, con l'introduzione del diritto e dell'economia. Erano sperimentazioni che si aggiungevano alle molte già praticate a partire dagli anni Settanta, e nel 1995 – facendo il punto a un ventennio dai Decreti Delegati – il MIUR contava ben 337 licei ad alto tasso di sperimentazione, fra cui 137 classici. Largamente adottate su tutto il territorio nazionale, e via via rese organiche («portate a ordinamento», come si dice, nel 2000), le sperimentazioni Brocca si possono considerare una *summa* di molte decisioni e di molte indecisioni anteriori: stupisce, quindi, sentire oggi l'ex sottosegretario accusare i riformatori successivi di aver causato nientemeno che una *«pororoca* storico-culturale», e cioè di non aver fatto altro che risalire all'indietro la corrente del progresso, rielaborando gli eterni avanzi di vecchie normative.

È appunto quel che fece la Commissione Brocca, pur con l'enfasi di una pedagogia *à la page* che rende decisamente indigeste le migliaia di pagine sfornate durante quel sofferto lustro di lavori. Ma da quell'ultimo, caotico tentativo di riformare *radicitus* la scuola secondaria non uscirono solo riforme troppo astruse per essere messe in pratica; non uscirono solo rosari di termini pedagogici – «finalità», «obiettivi», ecc. – che ancora ammorbano la classe docente italiana. Da quel tentativo uscirono esperienze didattiche coraggiose, talora impervie, ma spesso ricordate come esaltanti. Fu un singolare ibrido fra un «anticontenutismo» di principio – secondo un'ossessione tipica di molta pedagogia odierna – e un'ingegneria disciplinare a carattere sostanzialmente sommatorio, che nel classico portò un po' di scientifico e un po' di linguistico; donde l'accusa di aver trasformato la settimana scolastica in «34 ore di "conferenze"» (R. Drago). Ma la somma, in molti casi, riuscì felice: sicché si può ben dire che parte del successo formativo degli indirizzi Brocca fu determinato proprio dall'insuccesso politico del progetto nel suo insieme.

Non stupisce che oggi, da più parti, si rimpianga quella stagione; e che si rimproveri alla riforma Gelmini di aver irrigidito nuovamente l'indirizzo classico, «azzerando», ha scritto Ugo Cardinale, «le sperimentazioni», e «ridando al liceo classico quella caratterizzazione prettamente umanistica che aveva contraddistinto il modello gentiliano»:

> Soluzione caldeggiata dai *laudatores temporis acti* e dai classicisti più intransigenti, impegnati nella difesa dell'umanesimo, ma paventata da chi aveva vissuto in prima persona le ragioni profonde delle scelte sperimentali.

Certo, Brocca proseguiva la tendenza ormai cinquantennale a caratterizzare il classico, entro un quadro liceale o semiliceale sempre più articolato, *per genus et differentiam*. Ma lasciava spazio, con libertà poi venuta meno, a addizioni disciplinari feconde.

Addizioni disciplinari non sostenibili però senza addizioni orarie, sicché i classici Brocca hanno conosciuto, per forza di cose, una consistente autoselezione in ingresso della popolazione studentesca. E, soprattutto, addizioni attuate sistematicamente in forma di sperimentazioni locali: di qui il salto di qualità cui si alludeva sopra, in virtù del quale la delega dei progetti formativi dallo Stato alle singole scuole è diventata una pratica pressoché ovvia; un salto di qualità in virtù del quale è diventato sempre più raro, oggi, iscriversi *al* liceo classico. A ben vedere, oggi ci si iscrive preferibilmente a *un* liceo classico: cioè a una precisa scuola, di fondata o diffusa fama, che è anche – e talora *per incidens* – un liceo classico.

Per questa strada, le ultime sperimentazioni del tardo Novecento, congiunte alla novità poderosa ed epocale dell'autonomia scolastica, ci portano al capo opposto del grande progetto risorgimentale della scuola classica come liceo unico, nazionale, capillarmente diffuso, orgogliosamente statale e orgogliosamente identitario. E ci portano, inevitabilmente, all'oggi: quando il «cambiamento senza riforma» sembra per lo più aver ceduto il passo a plurime «riforme senza cambiamento», ossia a sanzioni stratificate, rapsodiche e desultorie di quanto già esisteva ed esiste, pur al variare di accenti che il variare delle posizioni politiche in campo ha imposto ai portavoce di assumere.

CLASSICO, FINALMENTE?

Ricordavamo sopra il cinico trucco di Cavour per distrarre e polverizzare i partiti: proporre loro una riforma della scuola. C'è in effetti un *topos* che di rado manca, nelle tante ipotesi di riforma che costellano la storia italiana, recente e non: accanto al compianto sul deplorevole stato dei fatti, il cupo catalogo delle riforme mancate, che a ogni nuovo tentativo si allunga. È un *topos* che impressiona per costanza, dalla Sinistra storica all'età giolittiana fino al primo e ultimo fascismo. Come abbiamo visto, non ha fatto eccezione il dibattito postbellico, dai governi del Centrosinistra agli anni Novanta e oltre: donde la via laterale delle sperimentazioni, o la spugna gettata nel nome dell'autonomia. Una simile costanza non dovrebbe stupire: l'andamento storico di certi fenomeni profondi è spesso assai più lento delle novità di superficie che tentano di scandirne il ritmo. È bene non farsi ingannare, dunque, se il nuovo millennio sembra caratterizzarsi per il ritorno al mito della riforma ultima e totale: quella che finalmente rifonderà la scuola e liquiderà i troppi provvedimenti d'emergenza che l'hanno a lungo logorata. Ad alimentare il mito è intervenuta fra l'altro l'importante novità normativa del 1999 con la quale l'Italia ha cercato di mettersi al passo dei propri concorrenti europei: l'innalzamento dell'obbligo d'istruzione fino al quindicesimo anno d'età, e dell'obbligo formativo fino al diciottesimo.

Il mito della «riforma organica» dilagò ai tempi di Gentile contro «i soliti rimaneggiamenti»: un cavallo di battaglia del ministro-filosofo; ed è tornato a ravvivarsi ai tempi di Luigi Berlinguer, quando – complice l'imminente giro di millennio – si prospettò la palingenesi radicale, a partire dalle stesse «conoscenze fondamentali», o «saperi irrinunciabili», o «enciclopedia culturale», o «*basic* per bambini e giovani», come variamente e comicamente li si chiamò; per definire i quali fu riunita e messa al lavoro, sul principio del '97, quella commissione di 44 probuli (o «esperti», o «Saggi») che abbiamo già avuto modo di ricordare.

A Gentile non andò bene, a Berlinguer andò peggio. La «riforma organica» del primo scatenò subito una quasi ventennale «politica dei ritocchi», con l'eufemismo di moda all'epoca (cfr. *infra*, pp. 115-120); la riforma millenaristica di Berlinguer indovinò sì, quanto a emanazione, la simbolica scadenza del 2000, ma non ebbe alcuna applicazione concreta, perché finì in un lampo con il crollo del governo che aveva voluto quella riforma e quel ministro, al quale fu imputata parte grande del crollo. Si può tuttavia dire che tale mancata riforma – nei suoi princìpi di fondo – illumina e perfeziona la metamorfosi del liceo classico di cui abbiamo seguito alcune stabili tendenze dagli anni Sessanta a oggi.

Non è improprio riassumerne il senso come segue. Il liceo classico, in quanto tale, non si può smantellare. Esso sta lì a rappresentare – nel reliquario del sistema liceale italiano – la reliquia più preziosa, e come tale si tratta con deferenza obbligata o si bistratta, quando serve, con delicatezza e signorilità (forse perché – diceva don Milani – «la lotta di classe, quando la fanno i signori, è signorile»). Ciò premesso, e doverosamente premesso, è chiaro che il liceo classico ha bisogno d'essere ripensato, e di trovare il suo posto in un sistema d'istruzione le cui identità si vanno sempre più moltiplicando, in un caleidoscopio di indirizzi nuovi, almeno per il nome (come dimenticare lo scioglilingua del «liceo socio-psico-pedagogico»? Capolavoro d'inventiva dell'epoca Brocca). E allora la soluzione si impone, e sembra quasi l'uovo di Colombo: che il liceo classico – fra i tanti licei odierni – sia finalmente e semplicemente classico.

Di licei, la riforma Berlinguer (legge 30/2000) ne prospettava in potenza una buona quarantina, se va presa sul serio l'estensione del nome «liceo» a tutti gli istituti di istruzione superiore (art. 4, comma 2); una vertiginosa moltiplicazione di fatto, benché celata dietro l'apparente semplificazione delle «aree» («classico-umanistica, scientifica, tecnica e tecnologica, artistica e musicale»), suddivise però in plurimi, non meglio precisati indirizzi; i princìpi «unitaristici» erano salvaguardati, un po' per *bon ton* democratico, un po' per ottemperare al nuovo obbligo d'istruzione, tramite l'ipotesi dell'anno iniziale comune (il sullodato «monoennio» che tornava) e tramite la teorica o auspicata «possibilità di passare da un modulo all'altro anche di aree e di indirizzi diversi, mediante l'attivazione di apposite iniziative didattiche finalizzate all'acquisizione di una preparazione adeguata alla nuova scelta»; e qui la lunghezza del dettato dice la vaghezza dell'oggetto: le si chiamò per brevità «passerelle», a suggerire evidentemente la precarietà e la pericolosità del transito.

Della riforma Berlinguer – che altra vita non ebbe se non quella della Gazzetta Ufficiale – qualcuno elogiò subito l'essenzialità: sei articoli e cinque pagine in tutto, che sembravano archiviare la stagione delle riforme fluviali. L'elogiata asciuttezza era piuttosto reticenza, visto che gran parte del lavoro vero – e delle conseguenti grane – era rinviato a venturi programmi e strumenti attuativi. Dunque, per comprendere quale idea di liceo classico sonnecchiasse nella mente dei riformatori conviene rivolgersi alle meno asciutte pagine (450 buone) elargite dalla Commissione dei Saggi. La coordinava Roberto Maragliano, ispirato pedagogista e profeta dell'«ipermedialità» – suo il detto memorabile: «siamo tutti ipertesti» – cui toccò peraltro di inaugurare un ruolo divenuto poi canonico negli anni successivi: il tipo dell'intellettuale ispiratore e paredro del ministro, come saranno Giuseppe Bertagna per Letizia Moratti, Max Bruschi e Giorgio Israel per Mariastella Gelmini.

«La tradizione classica costituisce un patrimonio importante per il nostro paese», scriveva Maragliano, sintetizzando il dibattito dei Saggi in data 13 maggio 1997: ed è il tipo di rassicurazione proemiale che inquieta, perché constatazioni così ovvie preparano sicure trappole; e proseguiva infatti:

> È necessario che gli italiani sentano come propri e conoscano i monumenti fra cui vivono per stabilire un proficuo rapporto con il loro ambiente storico e geografico. Naturalmente il nostro passato greco-latino non dovrà essere necessariamente noto a tutti attraverso la diretta conoscenza delle due lingue: l'approfondimento delle condizioni di vita, delle culture, dei mondi fantastici e istituzionali dei due popoli potrà essere affidato a resoconti in chiave moderna che sappiano utilizzare anche nuovi e nuovissimi strumenti di comunicazione. Altro discorso va fatto per uno specifico percorso scolastico destinato alla formazione dei futuri antichisti. Questo percorso classico (o comunque lo si voglia chiamare) dovrà fornire anche la conoscenza delle due lingue antiche, che potrà utilmente maturare a partire dagli ultimi anni della formazione obbligatoria, sotto forma di opzione non vincolante, e proseguire fino al completamento del periodo della scolarità, tenendo comunque presente che la finalità dell'apprendimento delle lingue antiche è tutta e solo nella possibilità che essa consente di accedere direttamente alle due civiltà e, per il latino, nella comprensione storica dell'italiano.

Molti punti della tirata colpiscono,[1] a partire da certe trite accentuazioni etniche («gli italiani», «il nostro passato greco-latino», «i due popoli») che sembrano il rimasticaticcio di retoriche anteriori, e servono a risolvere la «tradizione classica» in bene monumentale e paesaggistico, come se testi e idee non fossero cosa concreta. Ma qui importa sottolineare l'auspicata democratizzazione di quel patrimonio culturale, che va però di pari passo, e serenamente, con la definizione di «uno specifico percorso scolastico destinato alla formazione dei futuri antichisti». Pare di sognare, e suona come una pessima battuta: «i futuri antichisti»! Diplomati classici che certo si immagineranno raccolti in le-

gioni di filologi e archeologi specializzati nella tutela del
«nostro passato greco-latino». La scuola che qui si delinea è
un inverosimile liceo classico per classicisti, e perciò si può
dire con tanta perentorietà che lo studio delle lingue antiche non ha altro scopo che consentire di «accedere direttamente alle due civiltà».

Sembrano frasi innocenti, o almeno non nocive: sembra il *verbiage* che ci si attende in un elogio d'ufficio del liceo classico e delle sue virtù, ed equivale in realtà al suo
sostanziale annientamento. A dire il vero, i Saggi radu-
nati da Berlinguer e Maragliano non furono affatto una-
nimi né decisi: ci fu chi sostenne, con un ritornello che
vent'anni dopo riascoltiamo identico, una didattica classica centrata prioritariamente su aspetti di civiltà e cultura (M. Bettini); chi ridicolizzò l'eccesso di grammatica e il difetto di applicazione ai monumenti classici reali
(T. De Mauro); chi propose – anche al classico – l'opzionalità del greco in quanto lingua, salvo elogiare la centralità del pensiero greco in quanto fondamento – nientemeno – dell'Occidente (G. Reale); e ci fu chi invece confessò
di non capire cosa significasse mai «richiamare la tradizione classica al di fuori della mediazione del greco e del
latino» (così non un umanista ma un fisico, L. Radicati di
Brozolo, che coerentemente lasciò la commissione).[2] Posizioni diverse, certo, e talora *toto caelo* diverse, ma tali da
suggerire – specie al non neutrale coordinatore e al non
neutrale ministro – un'idea che di lì a poco si sarebbe imposta con maggior decisione: per salvare, anzi per valo-
rizzare il liceo classico, bastava incrementarne i contenuti
classici; diminuirvi il peso del greco e del latino in quanto
lingue, magari, ma incrementare pensiero, cultura, civiltà, tradizione, «mondi fantastici e istituzionali» (*sic*), e via
dicendo, via variando: tutte parole chiave che si prestano
bene a suggerire vivacità e concretezza, di fronte alla morta grammatica e alla tiritera del *rosa rosae*.

Questo liceo classico che si pretende più classico, e che
solo in quanto tale si elogia o si omaggia, segna in realtà
il paradossale approdo delle tante riforme collaterali e dei

tanti smottamenti di sistema di cui abbiamo fin qui seguito la storia. Questo liceo classico più classico è in realtà un liceo che si elogia per posa, e si condanna a una predestinata marginalità. Il suo apparente rafforzamento identitario è la conclamata attestazione della sua debolezza: divenuto via via scuola fra le scuole, quella che fu *la* scuola per eccellenza ora dovrebbe ritagliarsi un proprio posto e rassegnarsi alla funzione che il sistema le assegna: sfornare – nelle risibili e forse irridenti parole di Maragliano – «futuri antichisti».

Quel che la riforma Berlinguer, morta sul nascere, laboriosamente prospettò, i successivi provvedimenti hanno contribuito a sancire. Nel 2001 la riforma del titolo V della Costituzione riconobbe alle Regioni pieno potere di legiferare in materia di istruzione e formazione professionale: niente a che vedere con il liceo classico, *prima specie*, ma un passo ulteriore, molto ampio e molto deciso, nella direzione dell'autonomia scolastica, e di una sempre più marcata dicotomia fra istruzione liceale e non liceale; dicotomia che nel frattempo la moltiplicazione degli indirizzi contribuiva semplicemente a rendere meno limpida, meno visibile, ma non perciò meno efficace. Questo dobbiamo alla riforma che cacciò di nido la proposta Berlinguer, e che fu poi congelata per essere riproposta in diversa forma: si intende la legge Moratti del 2003, che pure della Berlinguer si può ritenere una prosecuzione con altri mezzi, cioè con altri slogan, e che della Gelmini fu ben più che un canovaccio.

Correvano, come si sa, gli anni delle famigerate «tre I» (inglese, internet, impresa); si cantavano «il sapere, il fare, l'agire», formuletta di Bertagna-Moratti che s'aggiunse agli altri ritornelli («sapere, saper fare, saper essere»; «conoscenze, competenze, capacità») il cui ritmo incantatorio era evidentemente inteso a stordire la classe docente italiana, perché procedesse a sua volta a stordire gli alunni. Fu il tripudio di una pedagogia fumosa e fumogena che, dopo aver prodotto la terminologia, ha prodotto una ponderosa esegesi della propria terminologia, tuttora oscura per i più, tuttora fruttuosa per gli officianti del credo pedagogico più avanzato, che si dedicano all'autointerpretazione con tenacia talmudica. Dietro questo velame dottrinario, però, la legge Moratti aveva princìpi chiari, almeno per vocazione manageriale: l'alternanza scuola/lavoro, poi al centro della «Buona Scuola» nel 2015, secondo l'altalena *left-right* cui siamo ormai abituati; la valutazione sistematica della scuola e delle sue riuscite *vel performances* (sotto l'imperio INVALSI), foriera di una sempre crescente concorrenza fra i singoli istituti, che cessano così di sentirsi parte di un sistema statale coeso; il cosiddetto «portfolio» degli studenti, regesto di successi e insuccessi formativi che a parole doveva facilitare l'orientamento in corso e i passaggi fra indirizzi, e nei fatti si sarebbe rivelato una fedina penale di indelebile efficacia; infine, una netta divisione tra formazione professionale e istruzione liceale.

Quest'ultimo contributo sembrava volto a sciogliere la permanente ambiguità degli istituti tecnici, scuole nate «sotto una stella comica», diceva Aristide Gabelli sul finire dell'Ottocento; scuole che ora si trovarono in parte tramutate in licei, in parte soppiantate da percorsi professionalizzanti a base regionale. La misura produsse così quel che Berlinguer aveva solo prospettato: una moltiplicazione artificiosa degli indirizzi liceali, che divennero ben otto (artistico, classico, economico, linguistico, musicale-coreutico, scientifico, tecnologico, delle scienze umane); una regionalizzazione marcata dei percorsi formativi destinati, più o meno espressamente, alla *working class*.

Pochi mesi fa, l'ex ministra Moratti ha rivendicato con orgoglio (e con prevedibile termine di paragone): «io la riforma sono riuscita a portarla a casa dopo ben 34 tentativi. Era la prima legge di sistema della scuola fatta dai tempi di Giovanni Gentile». Certo non è falso, specie se la riforma si contestualizza. Si è parlato a ragione di un'unitaria «riforma Berlinguer-Moratti» (P. Ferratini). Entrambi i progetti miravano a ripensare in profondità il vecchio sistema duale di origine casatiana, ma entrambi finivano per riproporlo in maniera confusa, senza avere il coraggio né di superarlo nella direzione di un ciclo superiore tendenzialmente unificato e comprensivo, né di chiarirlo nella direzione di una dicotomia ideologica coerente e limpida; entrambi i progetti non facevano altro che sancire il caotico *status quo*, lasciando che la selezione sociale e culturale facesse da sé, come aveva fatto e continuava a fare, e come tuttora inesorabilmente fa.

Intanto si spostavano di un livello – come era accaduto dopo il '62 – sia la domanda d'istruzione, sia il tentativo di differenziarne i percorsi e di recuperare su altro piano la stratificazione insidiata dalla scuola di massa: allora, dopo il '62, realizzata la media unica, si era trattato di intervenire (senza riuscirci) sulla scuola superiore; ora si interveniva sull'università mediante il «3+2» di Berlinguer (1999), che proprio Letizia Moratti si affrettò a elogiare con incauto entusiasmo. Rovinosa la pensata, in realtà, e rovinosa la sua applicazione: oggi che la riforma è diciottenne se ne constata il plateale fallimento in termini di durata del percorso universitario e numero dei laureati; un fallimento certo non compensato dai modesti successi sul piano della regolarità degli studi.

Nel complesso, dunque, una permanente indecisione, una svogliata manutenzione dell'esistente, con un sistema liceale che diveniva più confuso senza perciò divenire più equo, e con un sistema universitario che continuava e continua a mostrare – ci torneremo – il persistente privilegio delle scuole più solide e tradizionali, classico e scientifico *in primis*. Su ciò la riforma Gelmini è calata non come una falce, ma come un sigillo, e alla più decisa e contestata titolare del MIUR è toccato l'onere, per così dire, di fingere compiuto l'incompiuto.

È in effetti un gaddiano «gliòmmero» di contraddizioni l'insieme dei regolamenti emanati, sempre d'intesa con il ministro Giulio Tremonti,[3] nel 2010, e nello stesso 2010 rovesciati sulle scuole italiane con un preavviso da lettera di licenziamento. I regolamenti gelminiani avrebbero dovuto recepire il prolungato obbligo d'istruzione, spostato nel 2007 a 16 anni, ma irrigidiscono gli indirizzi anziché tratteggiare un biennio comune o semicomune; avrebbero dovuto razionalizzare l'indeciso dualismo di scuole d'istruzione e scuole di formazione, ma preservano i tecnici come licei in minore, e come tecnici in minore gli istituti professionali, favorendo il progressivo declino degli uni e degli altri (cfr. *supra*, p. 35); avrebbero dovuto razionalizzare i programmi, ma riducono gli orari e insieme incrementano le materie; e così via, fra mille inevitabili incongruenze. Non stupisce che la legge, per tanti aspetti perfettamente collocabile sulla scia Berlinguer-Moratti, abbia voluto presentarsi contemporaneamente come mitica *restauratio* della bella scuola che fu, cioè della scuola pre-Sessantotto, in nome di «autorevolezza, autorità, gerarchia, studio, fatica, merito», come Gelmini scandì a mezzo stampa fin dall'agosto 2008.

Quanto al liceo classico – già incensato da Moratti come scuola «delle nostre radici», e oggetto di intense preoccupazioni per Giorgio Israel, consigliere di Gelmini («se muore il liceo classico muore il paese») – la riforma ha fatto e non fatto, come c'era da attendersi: ne ha rammodernato in apparenza il piano di studi, in realtà canonizzando quanto le sperimentazioni avevano ormai diffuso in ogni dove, specie per ciò che concerne la lingua straniera, e semmai con qualche passo indietro sul fronte delle scienze rispetto alle punte più avanzate dell'era Brocca (cfr. *supra*, p. 64); ne ha ritoccato gli orari complessivi, in ciò guidata dalle esigenze di risparmio imperiosamente imposte dal MEF di Tremonti: e poiché incrementare gli orari incrementa le spese, si è eliminata un'ora di italiano per far posto a un'ora di fisica, e si sono sacrificate insieme geografia e storia creando l'ircocervo della «geostoria», contro il quale si sono comprensibilmente scagliati, quasi a una voce, e storici e geografi. Infine, del liceo classico la riforma ha codificato la vocazione specifica entro un mosaico liceale a sei tessere – artistico, classico, linguistico, musicale-coreutico, scientifico, delle scienze umane – che variamente ricombinava pezzi e pezzulli di tutte le riforme e semi-riforme anteriori.

E qui è il punto essenziale, come abbiamo visto; il liceo classico gelminiano è, fin dal dettato del DPR di riferimento (n. 89, 15 marzo 2010, art. 5, comma 1), un liceo «indiriz-

74   *La scuola giusta*

zato allo studio della civiltà classica e della cultura umanistica»; esso

favorisce una formazione letteraria, storica e filosofica
idonea a comprenderne [*scil.* della civiltà classica, si pre-
sume] il ruolo nello sviluppo della civiltà e della tradizione occidentali e nel mondo contemporaneo sotto un profilo
simbolico, antropologico e di confronto di valori. Favorisce
l'acquisizione dei metodi propri degli studi classici e umanistici, all'interno di un quadro culturale che, riservando attenzione anche alle scienze matematiche, fisiche e naturali,
consente di cogliere le intersezioni tra i saperi e di elaborare una visione critica della realtà. Guida lo studente ad ap-
profondire e a sviluppare le conoscenze e le abilità e a maturare le competenze necessarie.

Al netto della *langue de bois* che è di tutti gli enunciati normativi; al netto di un pedagogichese ormai divenuto maniera, che pure Gelmini e i suoi volevano debellare; al netto di
qualche *iunctura* forse *callida* («profilo simbolico, antropologico») ma ben poco limpida (che saranno mai i «confronti
di valori»?); al netto di tutto questo, è sintomatico il truismo
di un liceo classico e umanistico che «favorisce l'acquisizione dei metodi propri degli studi classici e umanistici»:
evidentemente si è voluta rimarcare *ad abundantiam* l'impronta di un'identità che è ormai uno stigma di eccezionalità e insieme di marginalità. Lo dice bene il confronto con
l'ultimo dettato normativo di riferimento (d.lg. 297/1994,
art. 191, comma 3), dove ci si limitava a dichiarare che «il
ginnasio-liceo classico e quello scientifico hanno per fine
precipuo quello di preparare agli studi universitari». Il la-
conismo della formulazione ha una sua *grandeur* gentiliana (cfr. *infra*, p. 108); e l'identità disciplinare appare tanto
più blanda quanto più è alta l'ambizione formativa. Di contro, nel 2010, il liceo classico ha un'identità chiara e distinta: è un liceo degli studi classici (e umanistici). E dunque è
un liceo fra i licei, come i licei sono – almeno ufficialmente – scuole fra le scuole. Che poi ciò sia falso, e smentito
da cataste di dati, è un altro discorso sul quale si indugerà

più oltre; quel che importa è la sempre più decisa «curvatura» classica – per dirla alla Brocca – del liceo classico. E al fine di rimarcarne *per differentiam* l'identità, la riforma Gelmini ha ridotto complessivamente il peso del latino negli altri indirizzi liceali, e dato forma ufficiale agli indirizzi scientifici slatinizzati, il cui successo prevedibilmente cresce (cfr. *supra*, p. 36);[4] così Gelmini «ha cambiato volto ai licei scientifici», si è detto, e favorito «il liceo light» (S. Intravaia). È vero. Ma è forse meglio dire che di tutti i licei si è voluta rendere più rigida e distintiva la fisionomia: con un *bricolage* disciplinare che però, prevedibilmente, riesce bene solo nei licei di più robusta tradizione e più chiara identità; e determina invece, altrove, risultati confusi e forieri di confusione.

Questa paradossale convivenza di licei tradizionali sempre più netti, e di nuovi indirizzi liceali sempre più sfocati, è l'esito cui portano le accidentate riforme del nuovo millennio; è stato detto che «il sistema scolastico italiano rigetta qualsiasi soluzione binaria del suo assetto» (A. Scotto di Luzio). È vero. È da vedere però se ciò sia un tratto di debolezza o, almeno in potenza, un punto di forza. Perché il rifiuto della «soluzione binaria» può continuare a essere quel che una storica dell'istruzione come Dina Bertoni Jovine diagnosticava negli anni Settanta: e cioè uno spontaneo rifiuto – caotico quanto si vuole – del classismo insito in ogni precoce divisione, diciamo così, delle vocazioni e dei talenti.

Ma la divisione dei talenti, anche nella parabola evangelica, è iniqua in partenza (cfr. *infra*, pp. 222-231); e se poi, accanto a licei tradizionali sempre più irrigiditi nella loro identità classica o scientifica o linguistica, si canonizzano indirizzi la cui identità è irrimediabilmente sospesa fra il liceale e il tecnico, allora l'esito è ovvio: si stanno indirizzando lì coloro che non possono permettersi né rischiare un investimento liceale pieno.

Per quanto concerne il liceo classico, al quadro tratteggiato dalla riforma non aggiungono molto le *Indicazioni nazionali* – «programmi» non usa più, in regime d'autonomia – emanate nello stesso 2010. Sono indicazioni ragionevoli perché ovvie, ampie perché aperte, caute perché rispettose delle iniziative demandate ai singoli piani dell'offerta formativa o ai singoli docenti, la cui libertà è qui celebrata con accenti sospetti. Tali indicazioni hanno meritato gli elogi di chi, specie se funzionario d'alto grado, è sempre incline a *iurare in verba Ministri*; e hanno meritato le critiche di chi vi ha colto ora accentuazioni eccessive o eccessivamente ambiziose, e comunque inconciliabili con tagli d'orari e frammentazioni di cattedre, ora invece la riproposizione di abitudini inveterate foriere di inveterati vizi. Su alcuni aspetti avremo modo di tornare brevemente, ma qui possiamo lasciar correre sfumature significative solo agli occhi degli intenditori; su indicazioni così sistematicamente aperte, del resto, la vinceranno sempre e puntualmente le tradizioni ereditate e le prassi invalse, la formazione ricevuta e i libri di testo disponibili; «le consuetudini, senza cui non valgono leggi», diceva saggiamente il ministro Michele Coppino introducendo i suoi programmi (nel 1867). E ciò sa bene chi ha scritto indicazioni così aperte, e non può in cuor suo aver creduto – per l'ennesima volta – al cambio di rotta determinato dal semplice sfocarsi della mappa.

Semmai, l'ipocrisia complessiva o inanità inevitabile di simili misure si colgono chiare – e ciò va ben al di là del liceo classico – nella completa irrazionalità normativa cui è stata contemporaneamente abbandonata, specie sotto la pressione di alternanti *lobbies* pedagogiche, l'unica cosa seria da farsi, l'unica da farsi seriamente, con il concorso di ogni utile segmento dell'apparato statale e con i doverosi investimenti a corredo: sancire un metodo limpido, stabile, sensato per formare e reclutare i futuri docenti, e per garantire ai docenti attuali spazi di formazione continua, di fruttuosa condivisione delle esperienze e di autentica libertà intellettuale; libertà che le leggi invocano invano, se non la promuovono soldi alla mano.

Ma lasciamo il pur cruciale punto, per ora, e stiamo al liceo classico: un liceo che vent'anni tondi di fantasticate riforme totali – dal 1997 a oggi – ci restituiscono con una fisionomia sempre più precisa, ma in un contesto sempre più confuso. Un liceo che può sembrare, a piacere, sempre quello o irrimediabilmente altro, in una ridda di argomenti contrapposti che ha qualcosa degli antichi *dissoì lógoi*, e che è bene abbandonare in fretta se non si vuole che la discussione stagni.

La panoramica che abbiamo cercato di tratteggiare – pur così sommariamente – ci invita a porre diversamente la questione; ci aiuta innanzitutto ad accantonare gli argomenti di chi, insistendo sulla presunta immobilità del modello «liceo classico», vuole smantellarlo senza remore o mutarne profondamente contenuti e metodi; o di chi per converso, predicandone l'inarrestabile corruzione, sogna restaurazioni impossibili. Inoltre, tale panoramica ci sollecita a riflettere su cosa sia davvero in gioco quando si tratta di una scuola il cui carattere d'*élite* deriva meno dai suoi intrinseci contenuti o metodi che dal sistema differenziale in cui essa opera; una scuola il cui stesso carattere classico può essere inteso, al variare dei punti di vista e al variare dei contesti complessivi, quale tratto di forza o di debolezza, quale segno di salute o sintomo di malattia, quale identità da rivendicare o trappola da eludere.

Alla luce di tutto questo si possono meglio valutare temi e proposte del dibattito più recente. Temi e proposte che lasciano emergere una linea precisa e precisamente perseguita.

CRITICI E CRISI:
TRA AMICI, NEMICI E FALSI AMICI

Si sa: ogni volta che si parla di «crisi», un orecchiante di lingue classiche è in agguato per ricordarci che *krísis* non è parola tetra come suona, perché in greco vuol dire anche «giudizio» e «discernimento». È una delle tante etimologie *for dummies* che andrebbero rapidamente messe al bando (cfr. *infra*, p. 210): se non altro perché il nostro «crisi» è termine di ascendenza medica, e nel linguaggio ippocratico, come nel nostro, la *krísis* cosa bella non è, visto che precede quasi sempre la morte. A ogni modo, alla retorica della crisi benefica si è fatto ricorso spesso e volentieri, nell'odierno discorrere sul classico: la crisi come occasione per ripensare, per rinnovare, per rilanciare. Sarà. Talvolta non è difficile cogliere, in simili ragionamenti, accenti di sospetta euforia; talvolta, agli entusiasti della crisi si preferirebbero i franchi critici.

Questi ultimi, però, non sono molti, e spesso sembrano mancare all'appello del tutto: il liceo classico è evidentemente un oggetto arduo da criticare con franchezza. Forse si teme l'ira dei suoi troppi diplomati; forse se ne subisce l'annoso prestigio, in virtù di quella che Brecht chiamava la «potenza intimidatoria dei classici»; forse, anche quando lo si contesta, si preferisce usare il garbo che, proverbialmente, *seni debetur*. Si può anche dire, con Nicola Gardini, che

il liceo classico per alcuni non serve più. Questi alcuni sono persone che del liceo classico non hanno un'idea. E se l'hanno, pretendono che venga negato ai giovani in nome di un falso concetto di modernità.

Si può dirlo, certo, per avere qualcuno con cui prendersela. Ma la verità è che «questi alcuni» o sono pochissimi o sono ben nascosti, perché in apparenza del liceo classico tutti o quasi dicono bene. E qui viene a mente un proverbio più sinistro: *nihil nisi bene*, come dei morti? Più semplicemente, quando si tratta di liceo classico, non è sempre facile distinguere nemici, amici e falsi amici: troppo spesso gli argomenti ricorrono identici da una parte e dall'altra; troppo spesso l'omaggio galante inganna.

Un buon esempio di quanto gli omaggi possano ingannare, e un buon punto di partenza per cogliere l'andamento del più recente dibattito, è rappresentato dal già menzionato dossier raccolto nel maggio 2008 dall'associazione TreeLLLe[1] e intitolato – con piccolo furto ai danni di Alfonso Traina – *Latino perché? Latino per chi?* Nel dossier gli omaggi al liceo classico fioccano, e sembrano sentiti: eppure i promotori e i contributori suggerivano, in larga maggioranza, robusti tagli al latino e al greco nei *curricula* liceali. Si era al passaggio fra i governi Prodi II e Berlusconi IV, fra il dicastero di Giuseppe Fioroni e quello di Mariastella Gelmini: i tempi furono ben scelti, perché le riforme erano nell'aria e tutto sembrava propiziare oculate strategie di *lobbying*. La riforma poi venne, ma il liceo classico non fu rivoluzionato; il latino ha patito tagli, ma non robusti come ci si augurava. Ciononostante il dossier TreeLLLe resta una tappa di rilievo, anche perché vi contribuirono protagonisti delle passate e successive ondate riformistiche, da Luigi Berlinguer a Tullio De Mauro e Maurizio Bettini.

Premessa della discussione, nel 2008, era la vistosa eccezionalità dei licei italiani: gli unici in Occidente dove il latino fosse ancora propinato per obbligo al 41% dei discenti, mentre – sintetizzava Attilio Oliva –

> la percentuale degli studenti impegnati sullo studio delle lingue classiche si muove ... tra l'1 e il 2% in USA e Gran Bretagna, tra il 5 e l'8% in Germania, e in Francia è del 19% nella scuola media (*collège*), percentuale che però precipita al 3 nei licei.

Ovunque materie opzionali e di nicchia, le lingue classiche
– e specie il latino – costituivano in questa luce un evidente problema nazionale. Un problema, sì, dato «l'elevatissi-
mo numero di allievi che si presentano all'esame di maturità (ma anche al termine degli anni precedenti) con "debiti"
nelle lingue classiche»: un buon 40% – rimarcava Oliva –
«a fronte di un dato medio del 10% nelle altre materie».
Preso per buono il problema, le soluzioni proposte erano
diverse, ma spesso radicali: greco soppresso (L. Berlinguer)
o opzionale (C. Bernardini), e latino obbligatorio solo al
classico;[2] latino e greco opzionali nel solo indirizzo lingui-
stico-letterario di un ipotetico liceo unico (T. De Mauro,
R. Drago). I più cauti e conservatori risultavano, prevedibilmente, i due latinisti del gruppo, Leopoldo Gamberale
– che pure proponeva una riduzione del latino in tutti gli
indirizzi a parte classico e scientifico – e Maurizio Bettini.
Quest'ultimo non suggeriva modifiche d'impianto né riduzioni d'orario, ma invocava un deciso «cambio di paradigma» nell'insegnamento di entrambe le discipline classiche:
rinunciare allo «studio del latino nella sola prospettiva di
apprenderne la lingua»; rinunciare allo «studio puntiglioso
della storia letteraria di Roma antica»;[3] e promuovere piuttosto «la cultura antica nel suo complesso», ovvero «lingua
e letteratura assieme ai modi di vita degli antichi, alla loro
storia, alle istituzioni che si sono dati nel corso del tempo,
ai loro costumi, ai grandi modelli di pensiero che hanno
elaborato, e così via».
Al di là delle teoriche soluzioni, però, nel dossier TreeLLLe
importano i presupposti taciti, le omissioni intenzionali e
i paralogismi. Si dà per ovvio, per esempio, che l'eccezionalità italiana sia indice clamoroso di arretratezza, mentre
l'assunto resta tutto da dimostrare, e molti segnali provenienti oggi dai Paesi anglofoni lo smentiscono; si opina che
i debiti massicci in greco e latino equivalgano a un rischio
calcolato da parte degli studenti, e dunque a un'«opzionalità clandestina» (R. Drago) che tanto varrebbe sancire per
legge: e però dai debiti ancor più massicci in matematica
(51% allo scientifico contro il 39% del latino) non si traggo-

no deduzioni altrettanto meccaniche; infine, si finge di non sapere che «la cultura antica nel suo complesso», *i.e.* «modi di vita, storia, istituzioni, costumi, modelli di pensiero», è da decenni materia di studio canonizzata dai programmi e dai libri di testo; e che non si può incrementarne il peso, a orari invariati, senza ridurre corposamente studio della lingua e della letteratura. Ancor più in generale, si dà per scontato che un liceo classico debba sopravvivere, certo, e anzi prosperare, ma solo quale indirizzo speciale o specialissimo, vocazionalmente di minoranza: è il liceo classico per classicisti la cui idea si delinea, come abbiamo visto, in tante proposte e riforme anteriori.

Diagnosi e terapie simili si sono ripetute negli anni a seguire, e con enfasi ancor maggiore, complice la razionalizzazione degli indirizzi operata dalla riforma Gelmini, complici i dati d'iscrizione via via diffusi e sempre più nervosamente registrati, sempre più cupamente interpretati: è a partire dal 2013, come sappiamo, che la «crisi» del liceo classico è diventata un tema urgente; da allora si è iniziato a parlare – pur senza salde basi – di un improvviso «dimezzamento» dei suoi iscritti. Da allora si è presa piena e dolorosa coscienza di una marginalizzazione da tempo in atto.

Ne è seguita, su più fronti, un'intensa mobilitazione di energie intellettuali e istituzionali, e si sono moltiplicate le iniziative volte a tutelare o a rilanciare una scuola sentita come una sorta di patrimonio nazionale; di più: mondiale, visto che non è mancata la singolare proposta di inserire il liceo classico tra i «patrimoni non materiali dell'umanità» sotto tutela UNESCO. Si sono succeduti convegni e seminari, interventi giornalistici e appelli pubblici, impegnati pamphlet e – immancabilmente – proposte di riforma. Queste ultime sono state sollecitate in special modo dalla revisione della seconda prova di maturità prescritta dalla «Buona Scuola» (legge 107/2015), che per il resto – a onta della sua ambiziosa titolatura, «Riforma del sistema nazionale di istruzione e formazione» – non fa che perfezionare i regolamenti gelminiani nella direzione di una sempre più decisa autonomia, di una sempre più decisa concorrenza fra istituti e rispettivi dirigenti; e, entro i singoli istituti, fra i singoli docenti. Una revisione della seconda prova può parere, ma non è, dettaglio minimale, perché essa orienta, come un aristotelico *télos*, buona parte della didattica anteriore. Figurarsi quando ogni scuola è chiamata a gareggiare con tutte le altre in termini di successi e insuccessi formativi, in un annuale agone amorevolmente arbitrato – ancor più che dal MIUR – dalla Fondazione Agnelli e dal suo «Eduscopio».

Si capisce, dunque, che sia stato un quinquennio denso di discussioni, durante il quale il liceo classico sembra talora aver funzionato da emblema della scuola pubblica tutta, rappresentata in una delle sue migliori espressioni: ruolo simbolico che può dispiacere, ma che ha cogenti e non cancellabili ragioni storiche. E così a sostegno del liceo classico si sono schierati – oltre ai professionisti del greco e del latino e alle rispettive associazioni disciplinari, assai combattive – specialisti delle più varie specialità intellettuali, tra cui numerosi *hard scientists*. «Oggi conforta», ha scritto Ivano Dionigi,

che tale causa sia presa in carico proprio dagli *infideles*, come i fisici (Guido Emilio Tonelli), gli scrittori (Paola Mastrocola), i sociologi (Luca Ricolfi), gli architetti (Francesco Dal Co), gli ingegneri (Paolo Enrico Colombo), i medici (Eugenio Gaudio), i genetisti (Luca Cavalli Sforza).

Non solo: a sostegno del liceo classico si sono schierate testate giornalistiche del più vario orientamento – dal «Sole-24 Ore» al «manifesto», da «Libero» e «il Giornale» alla «Repubblica» e al «Corriere della Sera» – ed esponenti delle più assortite fazioni politiche, la cui sorprendente unanimità inquieta, anche se essa trova ragione nell'intricato *pedigree* politico della scuola. Saggi a favore delle discipline classiche e dei saperi umanistici hanno conosciuto impressionanti successi di pubblico, dall'*Utilità dell'inutile* di Nuccio Ordine (2013) a *Il presente non basta* di Ivano Dionigi (2016), da *Gli antichi ci riguardano* di Luciano Canfora (2014) a *La lingua geniale* di Andrea Marcolongo (2016) e *Viva il latino!*

di Nicola Gardini (2016): contributi ben diversi per taglio e tenore, certo; ma resta il fatto che un tale picco di saggistica militante non si registrava – significativamente – dagli anni a ridosso delle riforme Berlinguer e Moratti. Intanto, sul piano delle istituzioni, la cerimonia annuale della «Notte nazionale del liceo classico», che rintocca ogni 12 gennaio, dal 2015 ha aperto le scuole a partecipate iniziative di promozione pubblica e ha dato impulso alla formazione della «Rete nazionale dei licei classici» (2016). Iniziative diffuse e capillari ha promosso l'associazione «Antropologia e Mondo Antico» di Siena (AMA), fondata e diretta da Maurizio Bettini, al quale si devono molte delle più recenti e discusse discussioni sulle future sorti del liceo classico. Su posizioni ben diverse, ma con energia non minore, la «Task force per il classico», costituita nel 2016 da docenti liceali e universitari,[4] ha inviato al MIUR un'argomentata e appassionata apologia firmata a oggi da oltre 16.000 persone. Non meno efficaci iniziative come lo spettacolare *Processo al liceo classico* svoltosi al Teatro Carignano di Torino il 14 novembre 2014, dopo un'analoga iniziativa dei licei classici romani Visconti, Giulio Cesare e Virgilio (aprile 2014), forse memore a sua volta del *Processo alla scuola* istruito nel 1956 da Mario Pannunzio e dai liberal-democratici «Amici de "Il Mondo"». E non si menzionano qui che alcuni fra i tanti interventi che danno l'impressione di un'opinione pubblica largamente schierata a favore del liceo classico.

Naturalmente, nell'assistere a una così intensa mobilitazione, occorre guardarsi dall'errore in cui cadde il Corvo medico di *Pinocchio*, e cioè ritenere che «quando il morto piange è segno che è in via di guarigione»; prognosi alla quale, notoriamente, il medico Civetta replica:

> Mi duole di contraddire il mio illustre amico e collega, ma per me quando il morto piange, è segno che gli dispiace a morire.

In effetti, comunque si interpreti il pianto, e qualsiasi sorte si auguri al paziente, il dibattito dell'ultimo lustro non si segnala affatto per granitico unanimismo: troppo varie le posizioni e diversi gli accenti, anche quando tutti suonano di lode o almeno di incoraggiamento; e difficile, ancora una volta, distinguere fra amici, nemici e falsi amici, se un certo garbo d'ufficio – come abbiamo avvisato – maschera così spesso le intenzioni. Il punto è che il dibattito odierno non è solo, o non è tanto, *pro* o *contra* il liceo classico, che di nemici espressi stenta a trovarne oggi come ai tempi del dossier TreeLLLe o dei Saggi berlingueriani; il dibattito odierno, piuttosto, mette in gioco concezioni diverse – talora diversissime – del liceo classico e della sua funzione entro il sistema scolastico attuale.

Ciò forse spiega perché abbiano calamitato tanta attenzione, nonostante la loro vaghezza, le idee espresse da Maurizio Bettini e dagli studiosi che si riconoscono nel citato Centro AMA di Siena; idee che hanno trovato in Luigi Berlinguer un pronto quanto prevedibile sostenitore. Non sono idee nuove, a dire il vero, né potrebbero esserlo, visto che da vent'anni si ripropongono a ogni cenno di riforma; ma sono idee che acquisiscono nuovo senso nel contesto attuale. Ed è perciò che conviene qui riepilogarle e analizzarle: non tanto per polemizzare con chi le ha proposte – l'ho già fatto altrove, e l'hanno fatto altri meglio di me – quanto per tentare di enuclearne i sottintesi, e di far emergere la concezione di liceo classico che tali idee sembrano avvalorare.

Esse ruotano intorno a tre punti ribaditi con enfasi crescente fra il 1997 e oggi: una severa critica della polverosa *paidéia* praticata al liceo classico, dove la grande cultura antica sarebbe ridotta alla tetra *routine* della grammatica, della versione e dei fatterelli letterari mandati a memoria, secondo un modello didattico «che corrisponde sostanzialmente a quello di cinquant'anni fa e più»; la necessità di «suscitare un interesse, una passione», di «trovare il modo di interessare i ragazzi» soprattutto attraverso robuste iniezioni di antropologia e *classical reception studies*, attraverso il cinema e il teatro e ogni altra sorta di antidoto al nozionismo grammaticale e letterario; infine, l'opportunità di procedere a un robusto rinnovamento di metodi e contenuti didattici muovendo dal loro terminale approdo, la seconda prova della maturità, la cui revisione – lo abbiamo ricordato – è stata imposta dalla «Buona Scuola» nel luglio 2015 e avviata, con successivo decreto legislativo, nell'aprile 2017.

Purtroppo i tre punti, ribattuti con semplicismo ossessivo, hanno finito per suscitare un parapiglia che poco si addice alla causa e alle intenzioni – certo pie – di chi l'ha innescato. Circa il primo punto, colpisce la foga con cui del liceo classico sono descritte le malefatte educative: non è da un avvocato della difesa, in effetti, che ci attenderemmo di sentir dire che «nella nostra scuola il latino e il greco sono assai spesso [*sic*] insegnati in modo infelice e inadeguato», o che le «iniziative di innovazione didattica» sono da noi solo «brillanti eccezioni». Parole non fondate, né prudenti. Del resto, non è da uno studioso così serio che ci attenderemmo di veder alimentata una «opposizione insensata tra grammatica e civiltà» (A. Porro), o praticata con tanta enfasi una retorica adulatoria che ossessivamente insiste sulla necessità di rendere «interessante» il mondo classico, di mostrarne gli «aspetti inconsueti», di «non far soffrire i ragazzi», di «rendere la traduzione meno noiosa», e via discorrendo. Intenti che certo ogni docente ragionevole condivide, a patto però che la voglia di «interessare» non confligga con l'altro intento, capitale, che Eduard Fraenkel espresse una volta ai suoi scolari con la semplicità dei grandi: «Io qui mi interesso di quello che voi non sapete». A porre la questione in termini di tediosa grammatica *vs* «Antiquité sympa» – come l'ha chiamata Pierre Judet de la Combe, testimone di analoghe derive in Francia – non si è leali né con gli studenti né con i docenti, costretti a scegliere fra la taccia di sadici e il ruolo, umiliante, di intrattenitori.

Circa il secondo punto, dovremo chiederci in séguito quanto siano oggi nuovi, e rivoluzionari, saperi cosiddetti «antropologici» che sono giunti da decenni all'età delle volgarizzazioni e dei compendi; certo si resta perplessi quando, fra le ricette suggerite per suscitare negli studenti «interesse» e «vera e propria passione», si propongono trovate inaudite come le gite ai musei (il luogo dove finisce ogni avanguardia, ricordava Sanguineti) e i film in aula («non escluderei neppure la possibilità di proiettare *Il gladiatore*, con tanto di nerboruto Russell Crowe»); o quando, meno trivialmente ma non meno retoricamente, alla grammatica si oppone «l'affascinante mondo in cui Odisseo incontra Ciclopi e Sirene o Socrate discute dell'amore». Lo stesso Socrate, però, mette in guardia contro la *kolakeía*. E, di fronte a certe trite proposte, è inevitabile il «lo facciamo già!» in cui è cordialmente sbottata Paola Mastrocola.

Infine, l'ultimo punto, che è il più sodo e il più controverso: ovvero l'attacco alla seconda prova di maturità, oggi centrata – come dieci o cinquanta anni orsono – su un nudo testo, in nuda lingua originale; il che implicherebbe ancora una volta, secondo Bettini, la riduzione degli studi classici a studio delle lingue classiche, e la riduzione dello studio linguistico a studio grammaticale. È la forma dell'accusa affidata a un brillante intervento giornalistico («la Repubblica», 5 marzo 2015), dove si legge fra l'altro:

> Al presente le cose stanno così: il maturando è messo di fronte a un testo, latino o greco a seconda degli anni, senza che gli sia consentito scegliere fra più opzioni; di esso gli viene indicato l'autore, ma non l'opera da cui è tratto, né vi è altra forma di contestualizzazione. Dopo di che, con l'aiuto del vocabolario, deve mettersi a tradurlo, ovvero ingegnarsi a copiarne la versione da internet, come oggi largamente avviene. Qual è la *ratio* presupposta da questa prova? Manifestamente, che cinque anni di liceo siano serviti ad apprendere la «lingua» latina o greca, visto che la valutazione verte su una nuda prova di traduzione. Tant'è vero che il testo assegnato può essere tratto anche da un autore mai tradotto in classe, come Celso o l'Aristotele delle opere scientifiche. Che problema c'è? Il latino è latino, il greco è greco: o lo si sa o non lo si sa.
>
> Se la *ratio* di questa prova è chiara, è altrettanto chiaro che tutto ciò non ha senso. Cinque anni di liceo classico si fanno per conoscere non solo la lingua, ma la cultura greca e latina, in tutte le sue accezioni. E la prova di maturità dovrebbe esser concepita in modo tale da poterlo esprimere.

A oggi, proseguiva l'autore, «la seconda prova della maturità classica continua a presupporre che "sapere" il latino o il greco significhi solo non fare troppi errori, di sintassi o di grammatica, quando si mette in italiano un brano di Seneca o di Senofonte».

Ne seguiva un accorato appello al MIUR, allora guidato dalla glottologa Stefania Giannini, perché ponesse un freno a una così grossolana concezione del liceo classico e delle sue funzioni, dell'educazione linguistica che vi si pratica e delle prove che ne certificano il successo; l'appello – divenuto anche petizione online – è stato più volte reiterato fino al 2017.

La conseguente discussione è stata accesa, talora assai tecnica. Ma non importano qui gli aspetti di dettaglio (una versione di maturità più o meno lunga, con più o meno lunghe contestualizzazioni in esordio, con più o meno quesiti d'ordine culturale a corredo, più o meno virante al tema libero); importa invece la questione di fondo. Viste le premesse, vista la guerra santa condotta contro il «carattere addirittura fossile» degli insegnamenti linguistici impartiti al liceo classico, è comprensibile che nella proposta di revisione si sia vista non una «miglioria tecnica», bensì, ha scritto Walter Lapini,

un attacco mortale ... alla traduzione in quanto tale, poiché è chiaro che azzoppare la lingua alla prova di maturità significa azzopparla per tutto il quinquennio. Nessuno si allena a correre i 100 metri se il comitato olimpico decide che ne bastano 50. E scatterà l'effetto-domino, l'effetto-Baliverna: rapida recessione dell'insegnamento vivo e vero del greco e del latino e avanzata impetuosa della letteratura-senza-lingua ... Con il che l'anticlassicismo trinariciuto che da mezzo secolo serpeggia come la peste nera nella scuola italiana avrà raggiunto il suo scopo: quello di eliminare lo studio delle lingue antiche dai nostri licei riparandosi dietro l'accattivante lessico del rilancio, del rinnovamento, della modernità.

Per diversi mesi, fra il 2015 e il 2016, la discussione sulla seconda prova ha monopolizzato il dibattito. A mitigare gli animi certo non ha contribuito un evento che i licei classici d'Italia hanno atteso con ansia montante: il convegno intitolato «Il Liceo Classico del futuro» svoltosi al Politecnico di Milano fra il 28 e il 29 aprile 2016. In quella sede Luigi Berlinguer, primo dei relatori, ha rivendicato – forse immemore di quanto proposto nel dossier TreeLLLe – la propria «caparbietà classicistica», ma ha anche rivolto un accorato appello al MIUR:

Immiserire la grandezza della classicità col fatto che studiando l'aoristo si allena la mente a pensare mi sembra troppo poco nel rispetto che dobbiamo avere su ciò che ci ha lasciato il mondo classico. Alcune cose vanno nettamente superate. Maurizio Bettini ci ha provato. Diciamolo al Ministro che la seconda prova, la versione, *va cancellata*. Energicamente. Diciamoglielo. Perché non è il modo di rispettare quella cultura.

Panico generale in sala: *pavor hinc in omnes*, per dirla con il Tacito della maturità 2015.[5] Ma l'appello improvvidamente incendiario di Berlinguer è stato ripreso e stemperato con prontezza da Bettini («ha già detto Berlinguer: dobbiamo *cambiare* la seconda prova»), che per parte sua è tornato ai motti che gli sono cari almeno dal '97: meno grammatica, più cultura; meno storia della letteratura, più antropologia; meno noia, più passione; insomma: un «cambio di paradigma», come Bettini lo chiama da vent'anni; e pazienza che esso sia piuttosto astrattamente e fumosamente tratteggiato, fra empiti di massimalismo («il modo in cui il latino viene insegnato richiede una trasformazione decisamente radicale») e soluzioni concrete lasciate nel vago (forse perché, quando esse si convertono in palpabili esempi, la delusione è grande: cfr. *infra*, pp. 189-195).

Date le persistenti ambiguità, si capisce che la polemica sia proseguita a lungo, tanto più che nel frattempo (aprile 2016) agli aspiranti docenti di greco e latino si destinava una prova di concorso senza traduzione: immediate ma inascoltate le proteste pubbliche di Tullio Gregory.[6] Un cedimento dopo l'altro? Un attacco, quello alla traduzione dal greco e dal latino, all'«ultimo compito davvero difficile della scuola secondaria superiore» (L. Ricolfi)? Alla «spina dorsale» (F. Camon) dell'istruzione classica? Bene qualsiasi soluzione, si è detto, purché «non annacquiamo il liceo classico», che «con pochi correttivi e aggiornamenti … deve rimanere quello che è: la scuola dove si studia di più» (A. Laterza). Sono scampoli di una discussione che ha visto anche, sul fronte degli umanisti, prevedibili richiami al rischio di un umanesimo pervicacemente antiscientifico (G. Corbellini), e, sul fronte scientifico, elogi della traduzione intesa come l'«attività più vicina al lavoro scientifico concreto che viviamo quotidianamente» (G. Tonelli). Non è mancato – e non poteva mancare – il ricorso al più trito e deleterio degli argomenti difensivi: l'elogio dei saperi inutili e disinteressati (cfr. *infra*, pp. 216-222).

Il MIUR ha assistito al dibattito con saggia cautela, e certo non per caso, fra il 2016 e il 2017, i maturandi classici hanno beneficiato di due fra le più prevedibili e scorrevoli prove di maturità degli ultimi anni. Quanto a Bettini, nell'ultima *summa* del suo pensiero – che è del 2017 – il latinista ha scelto la via dell'anatema contro «coloro che insistono a difendere strenuamente lo *status quo ante* nell'insegnamento delle materie classiche»; e ha vaticinato – per tornare ai Corvi, alle Civette e alle prognosi infauste – che gli «strenui difensori del "buon vecchio liceo classico"» avranno presto «la sorpresa più amara»:

> Il giorno in cui il liceo classico chiuderà, per la definitiva estinzione delle sue iscrizioni – e quello in cui il latino sarà definitivamente scomparso dal liceo scientifico, come già sta accadendo – costoro scopriranno che la propria chiusura e la propria ingenua ostinazione hanno validamente contribuito a decretare la morte di ciò che, almeno in apparenza, volevano difendere.

E in verità la paternale è quasi affettuosa, a paragone dei toni assunti in altre sedi. Certo, del duro dibattito è difficile fare oggi un bilancio, anche perché è da credere che esso ricomincerà non appena il Ministero avvierà la concreta revisione delle seconde prove; allora sarà un segno di grande responsabilità, da parte di chi propone drastici «cambi di paradigma», evitare sparate populistiche che trasformino la discussione in una «disputa salsicciaio-paflagonica tra filologi e antropologi, in cui ciascuno vuol mostrare di essere lui quello che vuole più bene al Liceo Classico» (W. Lapini); e che finiscono per gettare discredito, nella foga polemica contro un liceo che si pretende immobile e mai cambiato, sull'attività svolta ogni giorno dalle docenti e dai docenti delle nostre scuole.

Per ora, mi pare che un punto emerga chiaro, e perciò si parlava più sopra di diverse concezioni del liceo classico, al di là di apparenti tecnicismi o parole d'ordine confuse. È bene intendere cosa propone – ne sia o no consapevole – chi immagina un liceo classico nel quale, per citare il Bettini del dossier TreeLLLe,

> lo studio della lingua e della letteratura latina potrebbe
> ... essere inglobato all'interno di un progetto formativo più
> vasto, che comprenda *anche* questi aspetti della elaborazione
> culturale antica, ma non solo questi: lingua e letteratura as-
> sieme ai modi di vita degli antichi, alla loro storia, alle isti-
> tuzioni che si sono dati nel corso del tempo, ai loro costumi,
> ai grandi modelli di pensiero che hanno elaborato, e così via.

Delle due l'una: o qui è l'«anche» che non tiene, a parità d'orari o con risibili addizioni,[7] e dunque quel che si sta proponendo è una drastica riduzione dell'insegnamento linguistico, come è stato giustamente paventato. O si prospetta un liceo che, a suon di «anche» e di «assieme», si configura sempre di più come un liceo iperclassico, *i.e.* un liceo per soli classicisti. Le due prospettive, peraltro, non si escludono a vicenda, e anzi ben si prestano a una mirabile ma letale sintesi: un liceo che sia contemporaneamente «più classico» e più leggero, al termine del quale i maturandi abbiano tradotto un po' meno, e conosciuto meglio la civiltà classica nel suo insieme. Da questo punto di vista c'è una sintonia maggiore di quanto paia fra le dichiarazioni che al Politecnico di Milano hanno rilasciato Berlinguer e Bettini. Il primo ha convintamente affermato che

> il liceo classico non può esistere senza le lingue antiche,
> ma non è solo le lingue antiche e non è prevalentemente le
> lingue antiche,

suggerendo in alternativa un «umanesimo» integrale e diffuso che colori di sé ogni aspetto dell'istruzione praticata al liceo classico. Il secondo ha auspicato il «cambio di paradigma» che sappiamo, per delineare un liceo classico più «interessante» e meno spaventevole, più completo – a suo dire – e capace di insegnare davvero ad amare il mondo classico in tutta la sua ricchezza, perché «chi esce dal liceo classico deve avere i mezzi per andare in un museo e non sapere tutti i verbi irregolari».

Insomma: un liceo classico dove ci sia contemporaneamente di più e di meno; senza mai spiegare come, beninteso, ma delineando nel complesso un'immagine piuttosto chiara del «liceo classico del futuro» e dei suoi studenti ideali. La sintesi migliore, forse, l'ha involontariamente fatta Claudio Giunta dalle colonne del «Sole-24 Ore», nel settembre 2016, con un intervento ora riproposto nel suo *E se non fosse la buona battaglia? Sul futuro dell'istruzione umanistica* (2017). Era un intervento da paciere, benché Giunta si schierasse «decisamente» a favore della traduzione come strumento formativo; un intervento nel quale però si registrava con compiacimento l'avvenuta, inarrestabile metamorfosi del liceo classico:

È chiaro che il classico non è e non sarà più la scuola dell'élite, il vertice del triangolo alla cui base stanno le scuole professionali, i tecnici eccetera, o, come purtroppo ancora leggo in giro, il liceo d'*eccellenza* (uno non fa il classico proprio per imparare ad astenersi da parole del genere?). È e sarà un liceo come gli altri, ma calibrato su quei giovani che, per un pezzo della loro vita o per tutta, vogliono imparare molte cose sul passato e leggere molti libri che non hanno alcuna evidente utilità pratica. Può sembrare una cattiva notizia a quelli che vaneggiano della speciale apertura mentale conferita dallo studio del latino, o della Grande Bellezza che si dischiude solo ai classicisti, o di Zuckerberg che ha inventato Facebook perché ha letto l'*Eneide*. Ma non è necessariamente una brutta notizia. Un tempo si faceva il classico perché quella era la scuola di chi andava a comandare, o di chi ci provava: il latino e il greco erano una metonimia: averli studiati voleva dire appartenere a un piccolo club di privilegiati ... Adesso è e sarà la scuola di quelli che hanno un reale, non metonimico interesse per quelle discipline. Che il numero degli iscritti cali mi pare a questo punto inevitabile, e forse persino auspicabile.

L'antielitismo di facciata fa qui sorridere, ed è tipico del «gentilismo gentile» che oggi va di moda e su cui dovremo tornare (cfr. *infra*, pp. 101-103): è chiaro che una scuola destinata a «quei giovani che, per un pezzo della loro vita o per tutta, vogliono imparare molte cose sul passato e leggere molti libri che non hanno alcuna evidente utilità pratica», è una scuola per pochi studenti: pochi, e di eletta schiatta. Donde la malcelata gioia per la riduzione nel «numero degli iscritti», che del resto collima con le ricette che Giunta, nel citato *E se non fosse la buona battaglia?*, ha proposto per l'istruzione umanistica nel suo complesso: numeri programmati a Lettere per respingere chi non ha «l'attitudine»; titoli di studio differenziati per gli studenti che non frequentano; rinuncia a ogni intento di professionalizzazione, perché gli *studia humanitatis* devono produrre «intellettuali», non «professionisti»; meno dottorati umanistici, raccolti in poche scuole d'eccellenza sul modello della Normale; e coerentemente, all'inizio della trafila formativa, alle scuole secondarie superiori, un bel liceo classico per chi vuole davvero studiare il latino e il greco, per chi vuole davvero «imparare molte cose sul passato».

Ecco l'esito che vanno prefigurando – ormai l'abbiamo visto – molti movimenti o sommovimenti che hanno segnato la storia del liceo classico negli ultimi trent'anni almeno: un liceo classico che merita di sopravvivere solo a patto d'essere semplicemente classico, e niente di più. Ecco quel che si intravede anche dietro la proposta – in apparenza così generica – di un liceo classico con più *appeal* culturale e meno torture grammaticali; di un liceo improntato a un sapere classico-umanistico più lieve e più aereo, ma proprio perciò più esteso e diffuso. Si spiega così anche l'ostilità fegatosa contro la grammatica, la lingua, la versione, che nel liceo classico – lungi dal rappresentare tratti di ottuso specialismo – sono i veri «saperi trasversali», perché insegnano pratiche intellettuali rigorose, disponibili alla generalizzazione e all'applicazione nelle più varie discipline (cfr. *infra*, pp. 202-215).

Meritano di essere meditate, al proposito, le parole del responsabile Education di Confindustria, Claudio Gentili, che – intervenuto al citato «processo» romano del 2014 – condivise con Berlinguer e altri le consuete requisitorie contro gli eccessi del «grammaticalismo» e del «filologismo»; e poi concluse:

> Dobbiamo rendere la cultura un bene «utile», piacevole, interessante, non vecchio, noioso, polveroso, scostante. Vogliamo un nuovo liceo classico: più classico e meno idealista. Che faccia del greco e del latino le competenze distintive dei suoi allievi.

Non c'è contraddizione alcuna fra chiedere meno lingua, meno grammatica, e volere un liceo classico «più classico». Allo stesso modo, non c'è contraddizione alcuna – anzi! – fra l'insistere su quanto nel liceo classico è forse meno fascinoso e interessante, ma più solido e dunque più durevole, e aspirare a farne una scuola che non si rivolga affatto solo a chi vuole fare «del greco e del latino» le sue «competenze distintive». Nessun paradosso, in questo, se si ricorda quanto i saperi linguistici e filologici più aspri abbiano, fin dall'esordio dell'istruzione classica italiana, mirato a rendere il liceo classico tutto tranne che una scuola per classicisti. Proprio indebolire i saperi duri del liceo classico equivale a farne un liceo *solo* classico. Dunque un liceo più debole; dunque un liceo per pochi. Non è questo il rischio vero – la definitiva sconfitta – del liceo classico?

È perché questo rischio sia tenuto ben presente che si è inflitto a chi legge un panorama generoso delle tante riforme collaterali o indirette del liceo classico, e un generoso resoconto del più recente dibattito. Tale panorama ci consegna un'immagine del liceo classico che possiamo riassumere così: una scuola che fin dai suoi esordi mostra la genealogia intricata e complessa tipica di ogni progetto erede di molte tradizioni, e perciò del tutto renitente a definizioni univoche in termini strettamente identitari, men che meno in termini politici; una scuola che fin nel suo nome porta semmai il rischio di vedersi ridotta a un'identità rigida e a una funzione tutto sommato miseranda: formare classicisti; una scuola che, negli anni, ha visto mutare così rapidamente e profondamente il proprio circondario sociale e simbolico da rendere pressoché risibile ogni accusa portata nel nome del suo presunto immobilismo: accusa che può pronunciare solo chi è innocentemente ignaro, o colpevolmente animato da secondi fini; una scuola che ha sempre più concorrenti, ai quali per lo più ha fatto da modello: concorrenti che ora la condannano a un ruolo marginale, anche se la portata della «crisi» in corso non va né esagerata, né agitata quale pretesto per riforme dilettantesche.

Meno che mai se si prospetta per soluzione quella che sarebbe invece la più grama delle sorti: un liceo classico rassegnato a essere una piccola scuola per i pochi che hanno voglia, tempo e denaro da spendere in studi di lusso; studi che si ci si guarderà dal rendere troppo impervi onde non impaurire e disperdere il delicato gregge. Il classismo garbato e untuoso che anima questa prospettiva è, oggi, il peggior nemico del liceo classico, perché ne farebbe l'opposto esatto di ciò che esso ha rappresentato nella scuola italiana (e non solo italiana), non di rado contro gli intenti di elitisti e classisti veri, tanto più franchi dei loro odierni epigoni. Perché obiettivamente e indiscutibilmente il liceo classico è stato – nei fatti e nei numeri – uno straordinario, coraggioso e riuscito esperimento di democrazia scolastica, volto a rendere patrimonio diffuso quel che per secoli è stato cultura d'*élite*.

Può, almeno per vocazione, esserlo ancora?

Parte seconda

MITI, CHIACCHIERE E REPLICHE:
IL LICEO CLASSICO, LA SCUOLA GIUSTA

Al liceo classico abbiamo chiesto, per ora, le generalità; ne abbiamo tracciato un profilo e abbiamo esplorato qualche tratto recente della sua storia, per non perdere mai di vista il contesto politico che giustifica una discussione sui destini odierni della scuola. Conviene ora affrontare di petto le critiche – spesso larvate e tacite, ma non meno efficaci – che del liceo classico hanno contribuito a determinare la crisi. Si perdonerà se il tono, di qui in poi, si farà per forza meno compassato.

Ma chi ce l'ha, oggi, con il liceo classico? Lo abbiamo visto: trovare critici franchi è tutt'altro che facile. Possiamo ben sospettare che alcuni critici siano sempre quelli: oggi come cinquant'anni fa, ce l'ha con il liceo classico chi predica il nuovo contro l'antico, il concreto contro l'astratto, il pratico e l'utile contro il teorico e il retorico; chi avversa la scuola di classe che fu dei preti e poi dei fascisti, ed è ora dei bambocci alto-borghesi: la *nursery* di lusso dove si eredita e riproduce il privilegio; chi non crede che il greco e il latino siano materie di speciale valore, e semmai teme l'ignoranza di ogni cosa scientifica, che è spesso tanto crassa quanto snobistica, perché non conoscere Sofocle o Seneca è un grave vizio, ma non conoscere le leggi della termodinamica è al più un vezzo; ce l'ha con il liceo classico chi crede che alla nostra società e al nostro tempo servano ingegneri e informatici, biologi e medici, non grecisti e latinisti e umanisti in genere, la cui massima aspirazione è insegnare al liceo, preferibilmente classico. Ce l'ha con il liceo classico – in breve – chi teme che «i morti uccidano i vivi», come diceva Eschilo (e ripeteva Marx).

Sono vecchie accuse: ben più vecchie del liceo classico, ben più vecchie di ogni suo putativo antefatto nella storia europea degli ultimi due secoli. Ma certo non le invalida far notare che di polemiche analoghe furono testimoni i padri della Chiesa e i primi umanisti, i contemporanei di Galileo o quelli di Leopardi. Dietro l'apparenza di argomenti ricorsivi si celano spesso istanze nuove che è bene cogliere. E un fatto nuovo è che certe critiche non siano rivolte agli *studia humanitatis* in sé, o alle discipline classiche in sé, bensì all'inedita e ambiziosa funzione che tali studi hanno assunto in un tempo assai breve – perché un secolo è breve – entro un contesto di scolarità pubblica diffusa: entro un contesto di scolarità almeno vocazionalmente universalistica. Sotto questa luce è bene ricordare che il liceo classico può sembrare una vecchia scuola soltanto a chi ha non ha un grano di senso storico: il liceo classico è una scuola giovane, come tutto il sistema scolastico al quale appartiene.

E questa novità, da sola, basterebbe. Ma ce ne sono altre. Oggi intorno al liceo classico si raccolgono apologeti fittizi e prefiche ipocrite, più che critici franchi e nemici aperti. Sono coloro che ne temono la degenerazione e vogliono dunque riformularne i programmi, con il rischio – spesso tutt'altro che imprevisto – di farne definitivamente una scuola di nicchia: una scuola per studenti miti, curiosi del mito e di qualche altra frivolezza; sono coloro che vorrebbero vederlo sopravvivere, sì, e anzi prosperare, ma in una più o meno consapevole, più o meno confessa ridefinizione elitistica del suo ruolo. In questa prospettiva, l'avversione al liceo classico è spesso avversione alla coraggiosa utopia di una scuola pubblica che sappia essere insieme aperta e ottima. Bene o male, è questo che il liceo classico ha rappresentato – talora anche contro le intenzioni dei suoi paladini – entro il giovane sistema scolastico italiano.

E se oggi il liceo classico conta più falsi avvocati che schietti accusatori, più pseudoapologeti che avversari dichiarati, non è perché «i classici» – scriveva Pontiggia anni fa – sono «ora minacciati da un nemico che non li affronta, li ignora». Non è per questo o solo per questo: è perché, più semplicemente, decenni di accuse frastornanti hanno tramutato le critiche in senso comune e diffidenza diffusa. Oggi non c'è più bisogno di aggredire frontalmente e rumorosamente il liceo classico: i pregiudizi che ne garantiscono l'agonia funzionano benissimo da sé; o, al più, hanno bisogno d'essere occasionalmente rinvigoriti. La chiacchiera, diceva Esiodo, è una dea: e non muore mai, se in tanti la venerano (*Opere e giorni*, vv. 763 sg.).

Nelle pagine seguenti ci concentreremo dunque sulle critiche (rare), sulle difese (talvolta pessime), e ancor più sulle chiacchiere e sui pregiudizi che ne derivano. Proveremo a riassumere la cattiva nomea del liceo classico in quattro ingiurie ricorrenti, che molte altre ne sottintendono e recano con sé. È una scuola nata fascista, il liceo classico? E di quella matrice serba tutti i segni? L'infondato *cliché* gode ancora di una fortuna insospettabile. Su tale base, la critica si volge facilmente in elogio: e allora del liceo classico si rimpiange la genesi gentiliana, così nobile e severa; e per questa via se ne mistifica ancor più seriamente la storia. E poi: è una scuola «umanistica», il liceo classico? *Árnesis ouk énestin*, come dice – seccato – l'Edipo di Sofocle: «impossibile negare». Ma di che scuola «umanistica» si tratta, e quali infondati sottintesi ha oggi la logora etichetta? Quale «umanesimo» vi si pratica a paragone di tanti altri licei di più recente costituzione, a partire dal gentiliano – questo sì – liceo scientifico? E ancora: che fondamento hanno quelle critiche che, degli studi umanistici praticati al liceo classico, vorrebbero via via sfrondare gli aspetti più *hard* o più ardui, denunciati come sterile «grammaticalismo»? È una critica in voga, come abbiamo visto, e rischia di costituire uno dei più formidabili attacchi odierni condotti contro il liceo classico. Infine, ci interrogheremo sul classismo che il liceo classico sembra portare nel nome, nel seme, nella vocazione: scuola eletta, scuola per eletti, scuola del privilegio come nessun'altra.

E qui c'è tanto di vero quanto di falso, come vedremo. Qui, in fondo, è il cuore della questione.

UN LICEO NATO FASCISTA?

(O, più gentilmente, «gentiliano»)

Critiche pessime, e peggiori elogi

Pare incredibile, e mette a disagio, ma tocca ancora partire di qui: dal liceo classico «scuola fascista», argomento al quale è ancora facile metter mano, come a un manganello, contro chi difende la scuola che si crede nata dalla riforma Gentile. Sentiamo:

> Il liceo classico è figlio di Gentile e della cosiddetta «più fascista delle riforme». Una riforma che aveva uno scopo molto chiaro e iniquo: creare una scuola d'élite che fosse in grado di ridurre la mobilità sociale e di impedire alle classi svantaggiate l'accesso alle posizioni dominanti.

Sono parole di Andrea Ichino, già in parte evocate; parole del 2016, non scampoli del sofferto dibattito postbellico, quando argomenti simili erano all'ordine del giorno, ma avevano ben altra urgenza e ben altra tragicità, perché contro un modello educativo inquinato dal fascismo e dalla sua «orgia di classicità» (E. Degani) si schierarono intellettuali che a quel modello dovevano, e sapevano di dovere, molto. Ripetuto oggi, l'argomento che allora ebbe del tragico diviene puntualmente farsesco, perché perde in attualità politica ma non guadagna in fondatezza storica, che era poca allora e poca è ora.

Fondatezza storica che continua a mancare anche quando la critica si volge in elogio: il liceo classico ottima fra le scuole perché scuola gentiliana, ossia figlia di un progetto educativo alto e nobile, che solo *per incidens* fu anche fascista. Una linea argomentativa, quest'ultima, che hanno fatto propria quotidiani come «Libero» e «il Giornale» – e fin qui si capisce – ma anche intellettuali di esibito *pedigree* marxiano come Diego Fusaro, intrepidamente a suo agio nell'elogiare una riforma che causò un abbattimento della popolazione studentesca prossimo al 40% in due anni. Di Fusaro vale la pena saggiare il ragionamento, che dopo la sua prima enunciazione sul «Fatto Quotidiano», nell'agosto 2015, è stato più volte ribadito:

> Gentile ci ha lasciato un dono meraviglioso, per il quale dovremmo essergli eternamente grati: il Liceo classico …, la migliore scuola del mondo, concepita dal Gentile ministro dell'Istruzione, fautore della migliore riforma della scuola di cui il nostro Paese abbia a oggi beneficiato … Stiamo assistendo alla distruzione pianificata del liceo e dell'università, tramite quelle riforme interscambiabili di governi di destra e di sinistra che, smantellando le acquisizioni della riforma della scuola di Gentile del 1923, hanno conformato – sempre in nome del progresso, della modernizzazione e del superamento delle antiquate forme borghesi – l'istruzione al paradigma dell'azienda e dell'impresa.

Insomma: liceo gentiliano, cioè anticapitalista, quindi ottimo; o liceo gentiliano, cioè fascista, quindi pessimo. Linea reazionario-snobistica la prima, pseudoprogressistica la seconda: in comune, le due linee hanno l'indifferenza ai fatti. Forse perché, come diceva Nietzsche, «i fatti sono stupidi». «Stupidi», ma proprio per questo dotati di una loro ostinata fermezza. Qualche stupido fatto, dunque, è bene ricordarlo, se non altro a correttivo della chiacchiera, che può essere più stupida. Asserire la natura originariamente o idealmente «gentiliana» del liceo classico si sposa bene con la retorica che accompagnò la riforma; ma implica, sul piano storico, un errore almeno duplice, per eccesso e per difetto. Per difetto: perché si ignora l'articolato insieme della riforma, l'intento di programmazione sociale che la ispirò e motivò, il quadro politico-culturale che la giustificò e favorì. Per eccesso: perché se ne enfatizzano immotivatamente il rilievo e l'impatto sulla specifica questione dell'istruzione classica.

Ma la riforma Gentile – «la più fascista fra tutte quelle approvate dal mio governo», come testualmente suona la definizione che ne diede Mussolini, drastico, in una circolare del 6 dicembre 1923[1] – non fu in alcun modo la «riforma del liceo classico». Intorno al progetto che porta il nome del ministro-filosofo si agitavano questioni assai più roventi dell'istruzione a base greco-latina. E infatti quest'ultima non subì rivoluzioni di sorta. Il gentilismo ingentilito che oggi torna di moda – e di cui Fusaro fornisce solo la versione più triviale – pretende di distillare l'idealismo dal fascismo, e il classicismo dal classismo. Troppo facile.

Qualche stupido fatto

Quando Giovanni Gentile entrò nel primo governo Mussolini, il 31 ottobre 1922, ciò non fu senza resistenze e proteste; come non fu, da parte di Mussolini, senza spregiudicati equilibrismi. La nomina dell'illustre filosofo fu un «colpo da maestro» che riuscì a «paralizzare un'intera generazione di intellettuali e universitari» (M. Ostenc): e anche più di una, a quanto pare.

Nel '22, di fronte alla necessità di adottare una politica scolastica precisa e decisa, come imponevano dibattiti decennali e plurimi tentativi di riforma, il fascismo si presentava con un programma straripante slogan battaglieri, ma vergine di idee in proprio. Lo svantaggio divenne un vantaggio, date le molte forze politiche e culturali con le quali venire a patti: dai Popolari di Sturzo fino agli oltranzisti del Partito nazionale fascista, ostili a ogni educazione privata e a ogni compromesso con le istanze confessionali dei Popolari. Di mezzo, il Fascio dell'Educazione nazionale e i suoi «Gruppi di competenza», renitenti alla politicizzazione del fascismo, così come a una totale dissoluzione nel Partito, che tuttavia avvenne in tempi brevi. È da questi smottamenti che emergeranno, per esempio, personalità come Augusto Monti, figura pressoché leggendaria e dell'antifascismo e dell'istruzione classica, grazie ai ritratti commossi che ne lasciarono allievi come Bobbio, Mila, Pavese e Pivano; figura tuttavia perfettamente allineata – con tante altre del tempo – su molte premesse della riforma Gentile.

In un quadro così mobile, il primo obiettivo tattico della riforma fu l'asse con l'area cattolica: prima con i Popolari e poi, estromesso il partito di Sturzo, direttamente con il Segretariato vaticano. Su questioni come libertà di insegnamento, istruzione privata e religione a scuola (*in primis* alla scuola elementare), né Mussolini ebbe remore a smentire la propria base, che muoveva spesso da posizioni di laicismo e statalismo incondizionati, né Gentile esitò a fornire di base teoretica le esigenze del momento. Un atteggiamento che fu duramente rimproverato al filosofo che nel 1904 aveva giudicato la religione «un'assurdità nella scienza, una immoralità nella pratica e una malattia negli uomini»; e che tuttavia Gentile aveva ampiamente anticipato fin dal 1907, schierandosi contro l'anticlericalismo maggioritario nella Federazione nazionale degli insegnanti delle scuole medie. E se stiamo agli obiettivi tattici della riforma, si può dire che essa fu un successo pieno, e non solo nell'immediato: il fronte cattolico che da subito salutò con gioia la nomina del ministro («non è uno nostro, non importa»), a riforma compiuta ne apprezzò i risultati, pur fra qualche critica d'ufficio, pur fra ovvie richieste al rialzo che dovranno attendere qualche anno per essere soddisfatte. Allora Gentile se ne lagnerà: «abbiamo pòrto lealmente la mano; ed ecco si vorrebbe prenderci tutto il braccio». Intanto, fu senz'altro indovinata la profezia dell'«Osservatore Romano», che il 29 aprile 1923 elogiò nell'esame di Stato, abile compromesso fra istanze laiche e cattoliche, «quanto di invulnerabile e duraturo legherà alla storia della scuola in Italia il nome di Gentile». Ed è vero: il compromesso regge; anzi, quel che fu un cedimento al fronte cattolico è oggi un caposaldo laico: segno che il tempo passa.

Quanto a obiettivi strategici e a interventi di sistema, l'opera di Gentile – facilitata dalle sconfinate deleghe che Mussolini ebbe dal Parlamento, e il ministro da Mussolini – non fu meno efficace: anche in questo caso va riconosciuto che più di una novità ha retto ai decenni, nell'uso se non nella norma; e anche in questo caso le novità vere non ebbero niente a che fare con le specificità disciplinari dell'istruzione classica.

Il mitizzato rigorismo di Gentile si espresse altrove: nella riforma amministrativa del sistema scolastico tutto, e nell'annessa politica dei licenziamenti; nella volontà di stabilire una filiera educativa organica che dalle scuole elementari conducesse all'università; nello svuotamento, di fatto e di diritto, di organismi come il Consiglio superiore della Pubblica istruzione; nella militaresca gerarchizzazione del sistema, che tramutò in una «linea di comando» la relazione governo-provveditori-presidi-docenti. A queste e analoghe misure corrisposero linee di indirizzo imperiose, intonate a quello che Gobetti definì un «dottrinarismo saraceno». In sintesi, con le parole celebrative di Vittore Alemanni (1941): la riforma «fu veramente fascista per l'organicità, la compiutezza, la rapidità, l'intransigenza, la stessa durezza». Oppure, più brevemente, con le parole dello stesso Gentile: «la libertà si identifica con la disciplina». Un *calembour* che ha dell'acrobatico e richiede insieme la dialettica dell'idealismo e le maniere spicce del fascismo: i due ingredienti fondamentali della miscela che oggi, per elogiare Gentile, si vorrebbero fingere distinti.

Nel suo insieme, fra il '22 e il '24, la cosiddetta «riforma Gentile» comportò oltre 300 atti normativi, e intervenne così estesamente e profondamente sul sistema di istruzione italiano, che solo generalizzando, o idealizzando, o barando per amor di causa, si può ridurla alla questione del liceo classico: i cui studenti, peraltro, si trovarono ridotti del 19% nel giro di appena un biennio; un punto che dovrebbe rallegrare Ichino (Fusaro non so), ma di fatto un fallimento per Gentile, che fin dal 1909 mirava espressamente a eliminare, in quanto «zavorra», almeno due terzi dei liceali classici.

E veniamo, appunto, al liceo classico. Gentile muoveva da un assunto limpido e ruvido: l'università non è per tutti;[2] di conseguenza, non può essere per tutti la scuola che ha nell'università il suo sbocco naturale. Un assunto che il filosofo elaborò e argomentò molto prima che Mussolini lo arruolasse fra i suoi. Un assunto che era condiviso, del resto, da un'annosa tradizione liberale, che reagiva in questo modo alla «liceomania» coeva.

Già nel 1908 Gaetano Salvemini aveva propugnato il «liceo moderno» soprattutto per dare sfogo al nuovo

> ceto energico, smanioso di salire, piuttosto rozzo ... Costoro non intendono confinare i loro figli nelle scuole professionali della piccola borghesia; vogliono parità di diritti scolastici con le classi più elevate; ma a essi non giunge la voce dell'antica civiltà ...: la cultura classica sarà buona per i figli dei figli.

Non mancarono voci anche più franche. «I traditori della zappa e della cazzuola»: così Augusto Monti amabilmente bollò, nel 1913, i piccolo-borghesi infestanti il liceo classico. Indispensabile eliminarli: indispensabile «sfollare» le scuole d'*élite*. Ed è un termine che torna, il poliziesco «sfollare»: lo impiegava nel 1886 il deputato Ferdinando Martini, liberale, giolittiano, poi gentiliano e fascista («io credo che per rinvigorire la scuola classica sia necessario oltre ogni cosa sfollarla»); lo impiegava Croce in una celebre intervista del 1909 (occorre «sfollarla [la scuola classica] con l'istituzione di numerosi istituti professionali e tecnici»); e ancora nel Dopoguerra, mentre la Costituente era al lavoro, vi ricorse il gentiliano Ernesto Codignola, che oggi si preferisce ricordare come eroe della pedagogia democratica («sfollare le facoltà ... prima condizione di un redditizio riordinamento universitario»). Sull'aspra diagnosi convergevano del resto le conclusioni della Commissione reale (1905-1909), che già abbiamo ricordato; conclusioni nettissime nell'ipotizzare, per la massa della popolazione, adeguate «scuole di scarico» (la bella definizione è testuale); in compenso, troppo democratiche nel prefigurare licei diversi dal classico, con identica possibilità di sbocco universitario, e addirittura con un ginnasio comune.

Da queste premesse vennero l'elitismo e il classismo del ministro-filosofo, che furono tanto condivisi quanto, in Gentile, forti e decisi. Solo per un malaugurato scivolone gli estensori della sentenza che ha chiuso il *Processo al liceo classico* del 2014 hanno potuto scrivere, contro Ichino, che «la riforma Gentile ... non si proponeva affatto di ridurre la mobilità sociale e di penalizzare culturalmente le classi sociali svantaggiate». Non si proponeva altro, in verità, e realizzò il proposito. Ma l'elitismo di Gentile fu l'elitismo di un fronte esteso e di una tradizione radicata; non hanno niente di eccezionale né di personale, in questa luce, dichiarazioni come quella famosa che dobbiamo al Gentile del 1902, vent'anni tondi prima del suo incarico ministeriale: «gli studi secondari sono di lor natura aristocratici, nell'ottimo senso della parola»; e dunque

> non possono spettare se non a quei pochi, cui l'ingegno destina di fatto, o il censo e l'affetto delle famiglie pretendono destinare al culto de' più alti ideali umani.

E qui si apprezzerà la sapiente distinzione, d'apparenza meritocratica, fra il «destina» e il «pretendono destinare»; era più franco Tocqueville («ceux que leur naturel ou leur fortune destine à cultiver les lettres»), e sul carattere specioso della distinzione fra «ingegno» e «censo» tolgono ogni dubbio le esorbitanti tasse scolastiche stabilite da Gentile quando egli divenne, da maestro, ministro. Del resto, sulla natura puramente teorica dei princìpi meritocratici gentiliani aveva pochi dubbi un fascista schietto come Bottai: in virtù di tali princìpi si offrono al popolo, scriveva nel '39 al Duce e al Gran Consiglio, «possibilità astratte di fare ciò che poi non potrebbe fare per le condizioni economiche in cui si trova». Esami proibitivi e tasse alte: era la soluzione già suggerita da Croce e perfettamente recepita da Gentile. La ricetta è semplice, e avrà un'immensa fortuna ben oltre il fascismo.

Una cosa va osservata: rilette oggi, enunciazioni così brutali nella loro franchezza dovrebbero generare rimpianto.

Rimpianto, intendo, non solo in chi le condivide (ciò è ovvio), ma anche e soprattutto in chi le avversa. Perché la questione del liceo classico suscita ancora gli stessi argomenti, animati dagli stessi interessi; ma gli argomenti si presentano oggi ripuliti e imbellettati, sicché si fronteggiano più a fatica. Ma su ciò dovremo soffermarci a lungo.

Cos'ha di gentiliano il liceo classico?

E dunque, a partire da tali premesse, che cos'ha di propriamente «gentiliano» – complimento o critica che suoni – il liceo classico uscito dall'epocale riforma? Non ne ha il nome, lo abbiamo visto, perché il nome dovrà attendere Bottai per divenire ufficiale. Ma ne ha la sostanza? Il motivo per cui la riforma Gentile può diventare, nella memoria degli smemorati, eminentemente o semplicemente «la riforma del liceo classico» (e di conseguenza «la migliore riforma della scuola di cui il nostro Paese, ecc. ecc.»), risiede in una riga e mezza (su venti pagine) di un decreto (sulle centinaia d'atti normativi di cui la riforma constò). Si tratta del Regio Decreto n. 1054 del 6 maggio 1923, capo III (*Dell'istruzione classica*), e la riga e mezza che importa si legge in esordio: «L'istruzione classica ha per fine di preparare all'università e agli Istituti Superiori». Punto.

Sono, nella loro brevità, parole potentissime, perché nessuna altra scuola apriva a ogni ramo dell'istruzione universitaria. Si sa che il privilegio durò a lungo: fino al 1969. Ma era una rivoluzione, su questo punto, la riforma Gentile? Per nulla. La riforma fascistissima ripeteva alla lettera i privilegi garantiti all'istruzione classica dalla legge Casati, che è solo meno asciutta nel dettato:

> L'Istruzione secondaria [*scil.* «classica» per antonomasia] ha per fine di ammaestrare i giovani in quegli studii, mediante i quali s'acquista una coltura letteraria e filosofica che apre l'adito agli studii speciali che menano al conseguimento dei gradi accademici nelle università dello Stato.

È il titolo III, capo I, art. 188. E punto anche qui.

Se poi badiamo a orari e programmi, constatiamo che la riforma Gentile, rispetto al modello sabaudo d'origine, si limitò in gran parte a ritocchi e rinnovati dosaggi delle materie qualificanti, talvolta diversamente distribuite fra i due cicli del ginnasio e del liceo. Non manca nemmeno qualche sorpresa. Per esempio: nel ciclo ginnasiale, fra Casati e Gentile, latino e greco complessivamente decrescono, e aumentano semmai italiano e storia; latino e greco crescono al liceo – il greco con decisione: nei primi due anni raddoppia – ma crescono complessivamente anche matematica e fisica (ora però accorpate) e scienze naturali; la filosofia si distribuisce sull'intero triennio, mentre i programmi casatiani la limitavano al biennio finale: ma il monte ore complessivo segna un incremento molto modesto, perché nel biennio finale la disciplina, con Gentile, perde un'ora a settimana. In sostanza: rispetto all'archetipo casatiano che il ministro ebbe a modello, sostanziale continuità, e addirittura qualche cedimento. Non mancano sorprese nemmeno se confrontiamo i quadri orari gentiliani, com'è più corretto, con i quadri orari via via definiti dai programmi del 1865, 1867, 1876, 1882 e così via, a ritmo serrato, fino al 1911. In tal caso dobbiamo appurare che Gentile, da una parte, depauperò la componente scientifica del liceo classico (cfr. *infra*, p. 127); ma dall'altra, rispetto ad alcuni predecessori, fece segnare anche al latino e al greco, all'italiano e alla storia, riduzioni orarie talvolta sensibili. Ce ne sarebbe quanto basta per biasimare con fervore un lassismo pressoché sessantottesco, e per stampare il nome di Gentile, con corredo d'improperi, sulla prima pagina di «Libero» o del «Giornale».

Non mancano tratti di continuità anche in ciò per cui Gentile va più celebre e più spesso si rimpiange: l'inflessibile rigorismo dei suoi dettami valutativi. Si è detto che «Gentile trasformò il percorso che conduceva alla maturità in una sorta di *via crucis*» (J. Charnitzky). Innegabile, specie se si bada alla novità delle commissioni d'esame, in gran parte composte da esterni. Le prime prove di maturità successive alla riforma furono una carneficina, con punte di bocciati vicine all'80% anche nei migliori licei del Nord;

una carneficina tale che Gentile per primo si moderò, concedendo deroghe e seconde *chances*. Ma si potrebbe osservare che gli esami gentiliani – due in tutto, fra ammissione al ginnasio e licenza di liceo – erano risibili a paragone degli otto esami – fra ammissioni, promozioni e licenze – previsti dal ginnasio-liceo casatiano. E infatti Gentile tentava di contemperare due orientamenti pedagogici assai dibattuti nei decenni precedenti, e cioè il principio della valutazione-*Blitz*, affidata all'esame, e il principio della valutazione diffusa e costante, affidata all'attività didattica quotidiana culminante negli scrutini. La sintesi dei due princìpi l'aveva già tentata un ministro-filosofo meno fortunato ma più illustre, Benedetto Croce, tra il 1920 e il 1921. Croce non ci era riuscito. Gentile sì, in un quadro politico che gli consentiva di procedere per decreti e non per disegni legislativi.

Insomma: chiunque osservi senza pregiudizi la storia dell'istruzione liceale classica in Italia, fra Casati e Gentile, non può riconoscere scarti vertiginosi nel suo impianto e nei suoi concreti contenuti. Aveva le sue buone ragioni, il ministro, quando di fronte al Senato, nella seduta del 5 febbraio 1925, dichiarò: «io posso dire di non aver nulla inventato»; una linea che ovviamente «è, in parte, strumentale e autogiustificativa» (D. Ragazzini), specie se espressa di fronte a un Parlamento che, ormai dimidiato, ha la tardiva possibilità di dire la sua. Ma una linea non priva di fondamenti, che spiega peraltro l'eterogenea composizione di quel «partito della scuola» (M. Raicich) che calorosamente sostenne il filosofo al principio del suo mandato: per poi sfaldarsi, però, di fronte alla natura platealmente fascista della riforma nel suo insieme. Ancora nel 1960, in pieno dibattito sulla scuola media unica, Luigi Russo ricordava di essere stato sostenitore della riforma perché essa «compendiava tutta la polemica di tipo democratico e liberale che si era dibattuta a incominciare dal 1890»; pochi mesi prima, negli stessi termini, si era espresso Eugenio Garin, sottolineando «l'ambiguità della riforma Gentile, liberale nei metodi di insegnamento e nei programmi», ma al servizio «della reazione più illiberale che si possa immaginare».

È questa ambiguità che nel 1997 consentì a Tullio De Mauro, mentre si dibatteva la riforma Berlinguer, di respingere ogni riferimento polemico alla riforma Gentile «per il fatto che essa, per merito dello stesso ispiratore, non riflette l'ideologia fascista ma il meglio della tradizione pedagogica presente nella cultura liberale e in quella socialista del tempo»: un retorico abracadabra, che sottace la natura compattamente elitistica di quel «meglio della tradizione pedagogica». È questa ambiguità che consente oggi a Scotto Di Luzio, in una delle più vivaci e faziose storie della nostra istruzione (*La scuola degli italiani*, 2007), una mossa di cui si ammira l'abilità: trattare la riforma gentiliana come ultimo capitolo dell'età liberale, e la scuola fascista come prodromo dell'istruzione postbellica e democratica: «identificare riforma e fascismo», scrive lo studioso, «produce una duplice incomprensione: del progetto gentiliano e, insieme, dei tratti originali del problema scolastico del regime». Può essere: basterà non credere puri incidenti della riforma il suo autoritarismo, il suo classismo e il suo darwinismo sociale.

Ovviamente, la «restaurazione» che Gentile, ministro da appena sei mesi, disse sua «parola d'ordine», nasconde robuste rivoluzioni, come da buoni esempi classici. Ma le novità gentiliane non vanno cercate sul terreno del ginnasio-liceo, dove troppi critici e fan odierni le cercano. Esse vanno cercate – con un grano di idealismo, se si vuole: cioè con un grano di dialettica – nell'insieme e non nella parte: nell'effetto differenziale del sistema e non nel suo singolo segmento. Se dunque badiamo all'insieme, possiamo serenamente dire che il più deciso contributo di Giovanni Gentile al liceo classico è stata la creazione del liceo scientifico. Il più deciso, e anche il più durevole. Il paradosso è solo apparente ed è facile chiarirlo. Esso permette di capire, peraltro, come Gentile abbia giocato, nella storia del liceo classico, un duplice e contraddittorio ruolo: sancirne lungamente il primato simbolico, e avviarne con decisione la decadenza.

Il liceo di Gentile: lo scientifico

Il «liceo scientifico», nel nome e nella sostanza, è pretta invenzione di Gentile, che lo crea e così lo battezza nel citato decreto del 6 maggio 1923. È il liceo scientifico, a rigore, il liceo autenticamente gentiliano, anche se non risulta che ne sia mai stata chiesta, su questa base, l'abolizione. Va da sé: nemmeno su questo punto Gentile creò *ex nihilo*. Apparteneva all'impianto della riforma casatiana – e ne era anzi la spina dorsale – la distinzione fra le scuole tecniche destinate ai più e i ginnasi-licei destinati ai pochi. Che poi per l'istruzione tecnica non si facesse nulla – secondo un lamento che da Cavour, Cattaneo e Sella giunge fino a Turati e alla Confindustria di età gentiliana – è un altro discorso. Sul ferreo dualismo ereditato dal modello prussiano in molti si proposero d'intervenire, fra il 1859 e il 1923; a proposte troppo spinte – come quelle che avanzò nel 1884 Aristide Gabelli, prospettando una moltiplicazione degli indirizzi di studio – Gentile rispose nel 1902 con *L'unità della scuola media e la libertà degli studi*: e fustigò la pseudolibertà e l'individualismo anarchico insiti, a suo dire, in questa e simili trovate. La Commissione reale del 1905-1909, per parte sua, aveva prefigurato lo scientifico come parte di un sistema liceale a tre rami introdotto da un triennio ginnasiale unico: di qui le irose reazioni di un'area assai composta che vide per qualche tempo uniti liberali elitisti come Salvemini, filologi grecofili e germanofili come Vitelli, ma anche cattolici sostenitori della più tradizionale educazione a base di latino e retorica (cfr. *infra*, pp. 121-127). Nel 1911 il ministro Credaro aveva avviato – lo abbiamo già ricordato – l'esperimento del «liceo moderno»: e anche su ciò Gentile intervenne, a suon di leggi e non solo d'argomenti, e la scuola fu abolita. Ma Gentile raccolse a suo modo, e originalmente mise a frutto, l'eredità di questi e analoghi tentativi riformistici: e lo fece fondendo il liceo moderno e l'indirizzo fisico-matematico dell'istituto tecnico, che diedero origine allo scientifico; lo fece creando una scuola insieme troppo simile, e radicalmente diversa, rispetto al ginnasio-liceo classico.

Troppo simile, come è noto, per la robusta iniezione di lettere latine, che per orario e programmi reggevano il confronto con il classico. Radicalmente diversa per la sua struttura d'insieme e per i suoi esiti universitari: lo scientifico era quadriennale, e vi si accedeva dopo quattro anni di scuola media o al quattordicesimo anno d'età; dava accesso alle facoltà scientifiche e tecniche, sociali ed economiche, ma non a Giurisprudenza (la più ambita e frequentata), non a Lettere e Filosofia; un netto passo indietro rispetto al «liceo moderno» di Credaro, senza limiti d'accesso a livello universitario. Perciò lo scientifico ebbe il suo *boom* solo quando i limiti furono rimossi, fra il 1962 e il 1969 (cfr. *supra*, p. 57); e per tutta l'età fascista, schiacciato fra il classico e il tecnico, restò una scuola di risibile incidenza, con quote massime di 13.000 allievi nel 1940 (quando il liceo classico superava i 200.000, e l'istituto tecnico sfiorava i 130.000).

Fu una discriminazione forte nei fatti, ma ancora più forte nei riverberi simbolici: con la creazione di un «liceo scientifico» Gentile mirava a sancire l'indiscutibile primato dell'istruzione classica e la minorità congenita di ogni altro percorso, pur nominalmente «liceale», anche se ciò avrebbe avviato un processo di cui le successive, numerose «riforme collaterali» del liceo classico sono la conseguenza, e la Gelmini l'ultima tappa (cfr. *supra*, pp. 48-77). Per Gentile si trattava invece di ottenere quel che già voleva Salvemini con la sua «scuola moderna»: creare una diga, e dirottare. Il dualismo costitutivo della legge Casati – variamente ritoccato, ma sostanzialmente riprodotto fino alla riforma del '23 – si era rivelato un'arma a doppio taglio in termini di progettazione sociale e conseguente canalizzazione scolastica: da una parte, esso aveva sancito un discrimine netto fra *élite* dirigente e massa diretta, ciascuna destinata alla sua scuola; dall'altra, messo alla prova di una società più che mai in fermento, quel dualismo così astratto aveva finito per incoraggiare una diffusa corsa al titolo liceale, simbolo di *status* e promessa di riscatto. È questa l'illusione contro cui reagisce unanime l'elitismo di tanti politici e intellettuali, ben prima di Gentile. Egli diede corpo a tale reazione, e non tramite un semplice ripristino del dualismo casatiano, ma in maniera assai più abile e sottile. Di qui il liceo scientifico come «variazione quadriennale del liceo classico», che puntualmente «finirà per essere frequentato da chi è respinto dal classico o teme di esserlo» (D. Ragazzini); o, peggio ancora, come «rifugio dei figli di famiglia mediocri, incapaci di superare le difficoltà del liceo classico» (M. Ostenc). Lo scientifico come classico in minore, insomma: una sanzione d'inferiorità che, sul piano ideale e retorico, ha agito per generazioni, e solo oggi viene meno; oggi però molti altri licei insidiano il primato simbolico tanto del classico, quanto dello scientifico.

Questo effetto di sistema non fu conseguenza accidentale, ma intento deliberato:

> Per rendere più intenso il carattere classico del vecchio liceo-ginnasio, si è istituito accanto a esso il liceo scientifico, senza greco,

come il ministro chiarì al «Corriere della Sera» nel marzo 1929. È così che Gentile rinvigorì il classico: facendo degli indirizzi paralleli – nel caso migliore – un simulacro, e degli indirizzi anteriori un prologo. Di qui il suo famigerato «panlatinismo», come nel '55 lo battezzò Guido Calogero in pagine memorabili:

> Non ho fatto ricerche fra tutte le popolazioni della Terra, ma ritengo certo, fino a prova contraria, che in nessun altro paese del mondo la gioventù viene tanto nutrita di latino quanto in Italia. In Inghilterra tutti i ragazzi delle scuole bevono ogni mattina, a spese dello Stato, mezzo litro di latte. In Italia, bevono latino...
> Motivo dominante della più recente e mostruosa inflazione panlatinistica della scuola italiana, verificatasi durante il fascismo, fu naturalmente quello d'inculcare nelle teste di tutti lo spirito della romanità, il linguaggio delle gloriose origini. Un dittatore altruista, non sapendo il latino, pretendeva che tutti gli altri lo imparassero. Viene freddo nella schiena a immaginare che cosa sarebbe successo se nel frattempo i glottologi avessero decifrato l'etrusco.

Pagine di lotta, quelle di Calogero, sollecitate dall'attualità: si sbaglierebbe a cercarvi diagnosi storiche meditate.

Il «panlatinismo» gentiliano non fu solo o primariamente il riflesso della propaganda romano-centrica, né il semplice portato di un umanesimo ottuso: la generalizzazione del latino in quasi ogni ordine di scuola, escluse le complementari ma comprese le tecniche («roba da manicomio», commentò Salvemini); la generalizzazione del latino, ma non del greco, proprietà esclusiva e *status symbol* del percorso classico, ebbe di mira e ottenne più di un risultato: favorì la selettività scolastica (cioè classiale); assecondò a suo modo la retorica romano-nazionalistica, ma insieme il filolatinismo a impronta retorica dei clericali; conclamò e incise a fuoco, nel sentire collettivo, l'idea che la scuola vera fosse una, e tutte le altre sue pallide imitazioni o surrogati, o suoi graduali prodromi. E ciò senza toccare, salvo dettagli, i contenuti dell'istruzione classica.

È di questo che parliamo ancora oggi, non di un presunto liceo classico gentilian-filosofico, e dunque ottimo; o gentilian-fascista, e dunque pessimo. È questo l'effetto di sistema – simbolico, ma non perciò meno efficace – che non dobbiamo mai perdere di vista. Ed è questo che ancora suscita, contro il liceo classico, le reazioni più scomposte e biliose.

Ritocchi, eredità

Passato Gentile, il séguito non mutò il quadro. Gli anni successivi all'uscita di scena del ministro-filosofo – che rassegnò le sue dimissioni il 14 giugno 1924, ma rimase influentissimo a lungo, con più di una protesta da parte dei ministri in carica – furono dedicati a una revisione intensa della sua riforma. Vennero prima «i ritocchi», secondo l'eufemismo di rigore all'epoca (lo dobbiamo, ironia delle cose, al ministro Alessandro Casati, pronipote di Gabrio): i plurimi interventi normativi degli anni 1924-1929 miravano a intaccare la granitica struttura del sistema gentiliano, intervenendo su esami, orari, programmi, istruzione tecnica e professionale (nel '27 riannessa *in toto* alla Pubblica istruzione da cui Gentile l'aveva espulsa). Venne poi il ministero Bottai, che emanò l'ambiziosa *Carta della Scuola* (1939) e portò ad approvazione la riforma della scuola media «pseudo-unica» (1940)[3] che guerra e guerra civile vanificarono. Gentile, con posa da nomoteta soloniano, dichiarò che «a tali dibattiti» gli «piaceva assistere come un uomo morto». La linea ufficiale del fascismo, durante i «ritocchi» e ai tempi di Bottai, fu una e unanime: la continuità è totale e non si discute. Bottai stesso, come è noto, si affrettò a precisare che la sua non era e non voleva essere una «controriforma»; il Ministero dell'Educazione nazionale e la Direzione generale dell'ordine superiore classico, guidata da Ermenegildo Scaccia Scarafoni, diedero alle stampe un plumbeo volume destinato a illustrare le nuove norme, ma soprattutto a ribadire l'insindacabile linea ufficiale: la riforma dell'anno I (Gentile) e la riforma dell'anno XIX (Bottai) disegnano un armonico *continuum*; la seconda perfeziona la prima, non la contraddice né la accantona.

Gli storici oggi la pensano in altro modo, e nell'opera di Bottai – che anticipa, ma esteriormente, la scuola media unica del '62 – vedono per lo più una sonora smentita di Gentile. Non si discuterà qui il giudizio, che ha basi obiettive e coglie fatti indubbi, anche se in alcune sue formulazioni si percepisce il tributo all'immagine, stucchevolmente agiografica, di un Gentile più filosofo che politico, più idealista che fascista; immagine cui porta alimento la frase che Mussolini «si lasciò sfuggire» (J. Charnitzky) durante il Consiglio dei ministri del 31 marzo 1931: la riforma come «errore dovuto ai tempi e alla *forma mentis* dell'allora ministro»; immagine che alimenta a sua volta una concezione insidiosa: la riforma gentiliana quale caso fortuito, e felice parentesi, nella tetra politica scolastica del Ventennio. Allo stesso modo, è fin troppo facile interpretare i «ritocchi» – che ebbero di mira soprattutto il rigorismo feroce di Gentile – quale prima, colpevole resa alla scuola del «permissivismo» e del «facilismo»; donde un vezzo purtroppo diffuso: il vagheggiamento della scuola gentiliana quale paradiso dei professori e tripudio della meritocrazia.

Tra Gentile e Bottai, piuttosto, il fascismo sconta una palmare contraddizione: quella fra il suo strutturale classismo e la sua vocazione di massa. L'evoluzione capitalistica della società italiana sommuove la riforma Gentile ben più dell'evoluzione totalitaria del regime; il resto fa la demografia, perché negli anni Trenta giunge a età scolare la prole via via accresciuta del primo Dopoguerra; perciò scopre l'ovvio chi enfatizza tratti di continuità – potrebbero non esserci, di fronte ad analoghi fattori contestuali? – fra Bottai e la Costituente, fra il tardo fascismo e il secondo Dopoguerra. Ma al di là delle valutazioni generali, sempre rischiose, stiamo al punto che qui interessa: di certo, nell'ambito dell'istruzione classica, la riforma Bottai non fu una controriforma. Gentile, intervenendo sul «Corriere della Sera» del 22 marzo 1939, avvalorò la linea ufficiale della continuità, ma si sentono il collo torto e i denti stretti. Eppure la recensione gentiliana, ossequi svogliati a parte, evidenzia tratti di continuità effettivi; grande fu il «senso di sollievo», esordisce Gentile,

> quando la vidi finalmente nei giornali questa Carta, dopo tante voci che m'eran giunte all'orecchio di una nuova riforma *ab imis*, di una controriforma. ... E dissi subito ad un amico autorevole che bisognava rallegrarsi con S.E. Bottai ... Bisognava congratularsi soprattutto perché la sua Carta, tirate le somme, aveva sparso poco sangue; e si poteva dire che non faceva punto e da capo, ma continuava.
>
> Continuava intanto nella concezione umanistica dello spirito che la scuola italiana deve formare; nel concetto della necessità di una rigorosa selezione nella scolaresca dei licei classici e delle facoltà più propriamente scientifiche delle università ...
>
> Chi conosce davvero la storia della scuola fascista, riconosce e sente che lo spirito della prima Riforma sopravvive oggi alle fortunose vicende da essa attraversate ...
>
> Anche per la scuola media unica, almeno nella intenzione con cui viene istituita. Con l'introduzione infatti del latino in tutti i corsi preparatori che davano accesso all'Istituto tecnico e al Magistrale o al Liceo scientifico, la scuola unica sostanzialmente era già in essere. C'era bensì nella vecchia

distinzione [*scil.* fra ginnasio, corso inferiore del tecnico e corso inferiore del magistrale] un vantaggio ... Il vantaggio era che nell'iniziale incanalamento della popolazione scolastica per le varie direzioni della scuola media si favoriva la differenziazione delle scolaresche e dei tipi di cultura che nei diversi istituti si vuol produrre; differenziazione, che vuol dire formazione graduale e tempestiva con lenta selezione delle attitudini e delle intelligenze ...
Ma «la scuola unica» deprecata sempre in passato dai fautori della scuola classica e invocata e voluta, in Italia e fuori, dai radicali di ogni risma, per la loro tendenza a scrollare l'umanesimo che è tradizione e perciò cultura, e può parere un limite, era la scuola senza latino: una scuola che siamo lieti di vedere condannata per sempre dalla Carta.

In effetti, il «panlatinismo» a funzione discriminante fu un tratto forte di permanenza; come lo fu – e fu anzi il più forte – l'inconcusso prestigio di classe del liceo classico, garantito dalla minorità simbolica, prima ancora che disciplinare o istituzionale, del liceo scientifico; alla «scuola unica», del resto, si accedeva previo esame, e ciò la rendeva «aperta soltanto a un rigagnolo di alunni, scelti nella vasta fiumana destinata ad affluire nelle scuole artigiane e professionali» (J. Charnitzky); sicché garantito – agli occhi di Gentile – è ciò che qui evasivamente si chiama «selezione delle attitudini e delle intelligenze» (o, idraulicamente, «incanalamento della popolazione scolastica»). Si può anche dire che «l'unico effettivo *trait d'union*» tra le riforme di Gentile e Bottai «è costituito dallo spirito di classe» (G. Genovesi): ma non è certo un *trait d'union* da poco. Le due riforme mirano a risultati analoghi muovendo da due direzioni diverse: sfollare la scuola d'eccellenza, o affollare le «scuole di scarico». Sono soltanto modi inversi e simmetrici di sancire un privilegio; di sancire quello che già nel 1886 il senatore Ferdinando Martini chiamava

uno dei canoni precipui della pedagogia, che la scuola cioè deve restituire l'alunno alla classe sociale dalla quale l'ha tratto.

Formulazione egregia nel suo lindore. La rieccheggiava Bottai nell'esprimere l'intento di «non offrire, sia pure involontariamente, incentivo alla gioventù di spostare la propria condizione sociale». Il fascista Gentile applicò il principio con generose incipriate di quel che oggi diciamo «meritocrazia», e purtroppo qualcuno ne è ancora sedotto. Il fascismo postgentiliano ridiscusse l'assunto solo per quanto i bisogni di una società industriale avanzata suggerivano e pretendevano. In tutto ciò, il liceo classico restò immutato nella sua sostanza, ma sempre più soggetto a mutamenti per il mutare del sistema scolastico che lo attorniava e dal quale esso traeva, per differenza, il suo senso.

Quanto al liceo scientifico, Bottai gli affidava il compito di sviluppare un «umanesimo moderno»: vuota formula che tornerà fino a Berlinguer. Intanto, com'era ovvio, il liceo scientifico continuava a svolgere la funzione cui Gentile l'aveva destinato: dare lustro al liceo classico. Non fu certo inconseguente il primo ministro della Pubblica istruzione nel Dopoguerra, il democristiano Guido Gonella – che alla *Carta* di Bottai guardò intensamente – quando propose l'istituzione di un «liceo "super-classico"» (T. Tomasi), destinato ai migliori fra i migliori. Era il 1951, e il decollo economico rischiava davvero di mandare all'aria le gerarchie scolastiche consolidate. Si provvide poi in altro modo, come abbiamo già ricordato: e l'indelebile carattere politico di ogni discussione sul liceo classico, e sull'istruzione classica di massa, fu reso vistoso dalla riforma della scuola media (1962) e dai suoi tormentosi, accidentati séguiti.

Possiamo fermarci qui, e accontentarci di queste linee essenziali, nella speranza che esse bastino per inibire rinascenti retoriche pro-gentiliane opposte nei toni, ma convergenti nella sostanza. Chi oggi semplifica un quadro così articolato, e vuol liquidare come «fascista» il liceo classico, dovrà quantomeno considerarne la non breve storia e aggiornare l'armamentario dei suoi improperi («sabaudo!», «risorgimentale!»), a rischio però di suonare poco patriottico, o poco liberale; chi invece come Fusaro «parla», avrebbe detto Gentile, «in funzione di filosofo», e vuole di conseguenza elogiare l'operato di un collega anche a costo di attribuirgli invenzioni non sue, si scoprirà forse troppo liberale per i propri gusti, e troppo patriottico.[4]

Si potrebbe constatare, semmai, che l'esigenza gentiliana di spopolare i licei classici è oggi, quando la riforma non ha ancora cent'anni, perfettamente soddisfatta: come abbiamo visto, era l'auspicio dell'apparentemente antigentiliana riforma Berlinguer, ed è stato l'effetto volontariamente o involontariamente perseguito dalle riforme successive, fra la Moratti e la Gelmini. C'è chi se ne rallegra e festeggia così la sua festa.

Le metamorfosi odierne di certe linee argomentative emergeranno ampiamente in séguito, e potremo saggiarne costanti e variabili. Lasciamo, per ora, le accuse di fascismo o gli elogi del gentilismo, che, come si è visto, si fondano su semplificazioni o idealizzazioni grossolane. Veniamo ad accuse che parrebbero meno allarmanti, ma più fondate.

Per esempio: il liceo classico è cosa da umanisti. E questa – ammesso e non concesso che sia un'accusa – parrebbe una diagnosi indiscutibile. Una diagnosi che suona oggi, per plurime ragioni, infausta: per il liceo classico, e per chi lo frequenta.

UN LICEO PER UMANISTI?

(Cioè vecchio, frivolo e peggio)

Tra scismi e parricidi

«Far cessare in Italia lo scisma deplorabile fra la scienza e le lettere.» Ecco un bel proposito che a molti oggi piacerà, umanisti e non: oggi che la retorica delle «due culture» ha generato, per correttivo o contraccolpo, un'inversa e simmetrica retorica, che predica alleanze interdisciplinari necessarie e quasi destinali.

Solo che il bel proposito qui citato data al 1860, ed è di Gabrio Casati, che lo riteneva realizzato alla perfezione con il varo del proto-liceo classico.

Rilette oggi, ad alcuni le sue parole parranno surreali, o ipocrite, o provocatorie; e invece richiedono solo di essere storicizzate. Allora la neonata scuola classica – con il suo 20% di insegnamenti scientifici in otto anni, 36% al liceo – era a suo modo una scuola d'avanguardia: una scuola assai più «interdisciplinare» del suo omologo prussiano. E non mancò chi gliene fece un difetto. Non solo: quando si biasima, a distanza di un secolo e mezzo, la matrice tutta umanistico-classica dell'istruzione secondaria italiana, si semplifica e si dimenticano punti importanti. Vediamone almeno un paio, che valgano qui in prospettiva storica (li riprenderemo in relazione al presente).

Primo. La scuola classica postunitaria ebbe un mandato eminentemente politico: la creazione di una coscienza nazionale estesa, e di un'estesa «*élite* media» da arruolare nei ranghi del neonato Regno. La scuola classica fu, e per lucida programmazione, un caso esemplare di «apparato ideologico di Stato», come si diceva in altri tempi, volto a impinguare altri apparati di Stato: e di qui venne la sua caratterizzazione prevalentemente linguistica, letteraria, storica, ossia «identitaria» in senso nazionale; di qui venne il solidale nodo di un'istruzione insieme latina e italiana, con le letterature dell'una e dell'altra lingua poste idealmente sullo stesso piano. Di qui venne anche l'immissione del greco: *import* tedesco in chiara funzione antipretina, che recò imponenti novità linguistico-filologiche e seppe svecchiare anche lo studio del latino, lingua «doppiamente liturgica» (A. Scotto di Luzio), in quanto lingua del rito religioso e *status symbol* mondano. Quel capitale simbolico si volle a un tempo laicizzare e spartire più equamente. E così, su tale base, ogni successiva democratizzazione dei saperi – ivi compresi i saperi scientifici – ha potuto saldamente poggiare.

Secondo. La primitiva industrializzazione del Paese non forniva né il contesto né le competenze né le ragioni per avviare imprese di scolarizzazione estesa a prevalente carattere tecnico-scientifico. Gli *hard scientists*, talvolta, rischiano di scordare che le loro «scienze pure» non nascono per spontaneo rigoglio dalla nobile semenza dei Galileo e dei Newton: richiedono un contesto economico-sociale che all'Italia postunitaria mancava quasi del tutto; donde il paradosso solo apparente di una scuola statale che nacque classica e umanistica proprio mentre il positivismo si avviava a divenire la nuova moda delle università: ma una moda, appunto, che interessava soltanto un'avanzata cerchia e non trovava rispondenza nel tessuto sociale e culturale del Paese.

Bene ricordare questi punti, oggi che al troppo umanistico liceo classico e al suo secolare monopolio si imputa un po' di tutto, dai rinascenti oscurantismi antiscientifici alla scadente qualità della classe politica italiana (cfr. *infra*, pp. 127-131). Ma in molte reprimende, e in molti atti di contrizione frettolosamente resi da parte umanistica, si tratta il tema come se esso potesse prescindere dai contesti storici e dalle forze politico-economiche in gioco, operanti ora per l'una e ora per l'altra parte, in quello che non fu mai un alato agone d'idee, un cavalleresco duello fra diverse ma parimenti nobili «culture».

Bene ricordare, inoltre, che la critica al monopolio classico della scuola non deve attendere né il primo Novecento – che fu anzi, come abbiamo visto, un tempo di reazione – né il Dopoguerra, quando il dibattito sulla media unica e la questione delle «due culture» ebbero in parte a coincidere.[1] Tale critica scandisce semmai l'intera storia dell'istruzione superiore italiana, e non fu la lotta di pochi paladini illuminati contro il Leviathàn della scuola umanistica. La causa scientifica, fra l'altro, ebbe paladini umanisti numerosi quanto gli scienziati. E quando Arturo Graf, nel 1887, auspicava il confino delle lingue classiche entro i limiti dell'istruzione universitaria, o quando un campione del positivismo come Cesare Lombroso, nel 1893, denunciava del latino la «completa e istintivamente avvertita inutilità», non si trattava affatto di avvisaglie, ma di concezioni già diffuse nelle *élites* del Paese e crescenti a una con la sua crescita industriale; ed erano ormai banalità quando Giuseppe Chiarini, nel 1900 tondo, protestava che

> pretendere che la cultura letteraria in genere, e la classica in ispecie, abbiano il privilegio di formare le teste meglio che non le discipline scientifiche, è un pregiudizio!

Nel frattempo si erano registrate lunghe rimostranze contro le debolezze dell'istruzione tecnica, da Cavour e Cattaneo fino a Quintino Sella e Cesare Correnti; si erano registrate le prime, precoci istanze per una scuola media unitaria, da Giovanni Maria Bertini allo stesso Correnti, fino all'infuocato dibattito a cavallo del '900. Nella già ricordata Inchiesta Scialoja del 1872-1874 l'esigenza di un'autonoma istruzione a base scientifica era posta con nettezza. E non erano mancati tentativi concreti di intervenire sul sistema: nel 1888, per esempio, con il ministro Paolo Boselli, che provò a rimpolpare la componente scientifica del ginnasio superiore e del liceo. E poi nel 1904, con il ministro Vittorio Emanuele Orlando, che osò rendere facoltativa la scelta fra greco e matematica all'ultimo anno di liceo e nel conclusivo esame di licenza. Al caduco «liceo moderno» si è già fatto più volte cenno.

Se queste e tante altre idee o iniziative, che oggi ci sembrano così ragionevolmente al passo coi tempi, sono state di corsa abbandonate, non è certo per un'arretratezza intrinseca alla «cultura umanistica»; né si può vedere qui l'ennesimo capitolo di un'eterna lotta fra le *humanities* e la scienza, come se identiche parole d'ordine coprissero, in epoche storiche o condizioni politiche diverse, gli stessi contenuti.

Per cominciare, ogni istanza a favore dell'istruzione tecnico-scientifica ha sempre preso la piega di una marcata dicotomia di classe, destinata – con le parole di Correnti – «a preparare due caste diverse, a crescere da una parte i fuchi aristocratici, dall'altra le api operaie». Sotto questa luce, ogni rafforzamento dei saperi tecnico-scientifici, entro l'impianto duale della scuola casatiana, rischiava di compromettere la missione politica affidata dal giovane Stato alla sua scuola, come mostrano i reiterati allarmi di Francesco Brioschi – il padre del Politecnico milanese – contro il rischio che le «scuole reali» scivolassero drammaticamente verso l'insegnamento professionale. È ciò che poi fece Gentile, e con decisione. E ricordiamo che né idealismi né misticismi né forme assortite di antiscientismo – poco importa se alla Croce o alla Evola – impedirono al PNF di foraggiare la ricerca scientifico-industriale, o a Mussolini di elogiare (in buon inglese) la «*technocracy*». Del resto, il CNR nasce nel '23 ed è un perfetto coetaneo del liceo classico gentiliano. Che ciò abbia prodotto scarsi risultati sul piano della cultura scientifica delle masse come delle *élites*,[2] che ciò abbia favorito la nascita di molti scienziati egregi ma di pochissimi intellettuali-scienziati, è un altro discorso, e dipende appunto dallo stampo di classe in cui si è calata la materia. Darne la colpa agli studi umanistici in sé è confondere le cause con gli effetti; darne la colpa al liceo classico è addirittura comico. Semmai, dovremo chiederci quanto risuoni ancora un timbro di classe in certi calorosi elogi dell'istruzione tecnico-scientifica, volti ad alimentare una scuola della manodopera, più che una scuola delle scienze (cfr. *infra*, pp. 222-231).

Del resto, è del tutto improprio trattare la «cultura umanistica» come un granitico insieme. Oggi lo è particolarmente, come vedremo. Ma nemmeno a cavallo fra XIX e XX secolo il dibattito si lascia ridurre alla contrapposizione fra «umanisti» e «scienziati». Certo, in molti – anche sostenitori dell'istruzione tecnico-scientifica – si sarebbero riconosciuti nel *cri de cœur* emesso nel luglio 1895 dal ministro Guido Baccelli:

> minare l'insegnamento classico ... sarebbe per la patria un parricidio.

Ma le opinioni in gioco non si lasciavano certo ridurre a questo, nemmeno entro il fronte dei classicisti. Marino Raicich ha contato – ma è ancora poco – tre «partiti» scolastici: quello degli «utilitari», sostenitori delle scuole tecnico-scientifiche; quello degli «umanisti» di impronta retorica e cattolica; quello dei «filologi», per lo più germanofili, per lo più grecisti, che hanno rinnovato dalle radici le scienze dell'antichità italiane. A quest'ultimo partito i filologi classici bruciano tuttora, e a ragione, grani di incenso, perché in Italia si deve a loro la nascita di una scienza dell'antichità metodica, rigorosa, materialistica, che in ampie sue frange si saldò spontaneamente, nel Dopoguerra, con il materialismo marxiano. Ma il partito dei «filologi» nascondeva, sul piano delle politiche scolastiche, partiti plurimi. I «classicisti *ultra*», scriveva Salvemini,

> vedono la salvezza del genere umano solo nell'obbligo di studiare (senza imparare) il latino e il greco.

Ma molti classicisti legati alle nuove «scienze dell'antichità» volevano solo una scuola classica più dura, più pura, con più greco e meno retorica da seminario; erano ostili alla scuola unica, sì, ma non alla nascita di adeguate strutture per l'istruzione scientifica; non al progetto che fu proprio Salvemini a difendere con foga:

> Noi non invochiamo la soppressione della scuola classica: vogliamo, anzi, che il Liceo-ginnasio sia alleggerito di tutto il *bric-à-brac* non classico importatovi in quest'ultimo ventennio ... Ma, accanto a questa scuola secondaria classica, bisognerebbe istituire altri istituti a base di prevalente cultura scientifica, e altri a base di prevalente cultura letteraria moderna, e altri a base di cultura letteraria mista (moderna e classica col solo latino).

Parole del 1905. Nel frattempo, però, un ampio fronte cattolico si era mosso e si muoveva a difesa dell'istruzione classica e del suo imperio, avendo in odio tanto le istanze della scienza quanto gli studi filologici, storici e linguistici che la scuola casatiana aveva inoculato nel trito classicismo nostrano; e così le forze che avevano subìto l'immissione del vaccino non stentarono a riguadagnare il terreno perduto, specie dopo il trauma della Comune parigina, che fece temere ovunque gli effetti destabilizzanti di una scolarizzazione troppo estesa, e troppo laica. Come rispose la Direzione della «Civiltà Cattolica» all'Inchiesta Scialoja, «servono gli unici veri pompieri che abbiamo, gli uomini di Chiesa». Insomma: l'ideale della scuola classica laica, nutrita insieme del nuovo umanesimo e di dottrine scientifiche, ha retto nella coscienza delle *élites* dirigenti italiane solo finché «la paura del clericalismo prevalse sulla paura dei rossi» (F. Chabod). E fu così che Gentile poté passare sopra alle distinzioni fra «partiti umanistici» del tutto diversi, saldando in un sinolo letale i classicisti più arretrati e i più avanzati. E la sua riforma riservò debite cure anche all'istruzione tecnico-scientifica, come sappiamo: solo che la fece di classe e la separò radicalmente dal classicismo. Ed è appunto questo classismo – ben più che il classicismo – ciò che ha nuociuto all'istruzione scientifica e al suo prestigio simbolico. Ed è ciò che rischia di nuocerle ancora.

Così nacque quel liceo scientifico – classico in minore – di cui abbiamo ricordato la genesi; così l'istruzione tecnico-scien-

tifica fu definitivamente respinta verso il *côté* tecnico-professionale e ivi confinata. E così quel liceo classico che aveva
iniziato ad aprirsi alle discipline matematico-scientifiche –
modestamente, pare a noi, ma non così modestamente per
gli standard dell'epoca – si richiuse. Secondo i calcoli di Dario Ragazzini, fra il 1881 e il 1900 le percentuali di materie
scientifiche fra ginnasio e liceo non superarono mai il 20%
al ginnasio e superarono di rado il 30% al liceo. Con Gentile
toccarono il minimo storico (circa il 15% complessivo); questo certo non impedì che nei due decenni successivi crescesse
se ugualmente il numero degli iscritti ai tecnici e agli scientifici, la cui somma tallona a distanza quella degli iscritti al
ginnasio-liceo.[3] Ma la crescita avveniva ormai in altro scom-
parto, ormai drasticamente separato.

È inopportuno semplificare un quadro che risulta complesso anche a tratteggiarlo così frettolosamente. Ne discendono semplificazioni ben peggiori, che non si limitano a ba-
nalizzare il passato, ma portano a falsificare il presente. E
gli umanisti, inclini ad assumersi colpe non loro, rischiano
di cadere nella trappola.

Tutta colpa del classico

Ed ecco addossati al liceo classico, per questa via, peccati d'origine e colpe storiche di ogni sorta. E visto che il
liceo classico pare sempre quello, si può destinarlo a pena
eterna perché rinnova sempre i suoi eterni peccati, come i
dannati inferi nella teodicea di Leibniz.

A volte, per giustificare la reiterata condanna si gioca
con le cifre. Esemplare la mossa dell'associazione TreeLLLe
(cfr *supra*, p. 79), che nel 2008 calcolava il peso delle «materie letterarie» al liceo classico sull'ordine del 43%, contro
il 16% delle «materie scientifiche»: quadro degno dell'età
gentiliana; per lo scientifico si fornivano, rispettivamente,
le percentuali del 38% e del 31%. Bel modo di accorpare i
dati: fra le «materie letterarie» erano considerate le lingue
straniere, un jolly che può evidentemente fungere a piacere
da indice di arretratezza o di modernità; e ovviamente era

calcolato l'italiano, forse con il sottinteso che si tratta di un sapere superfluo per gli scienziati e per i tecnici di cui l'Italia abbisogna. Come poi si tenesse conto delle sperimentazioni ovunque in atto da decenni, e impossibili a trattarsi in forma aggregata, è un mistero. Calcoli molto sommari, dunque, per suggerire che da secoli il liceo classico insisterebbe a coltivare gli stessi saperi futili, di contro agli utili saperi tecnico-scientifici. E rivelatorio, ancora una volta, è il semplicismo con cui si riproduce lo «scisma» fra due sommarie macroaree della conoscenza («materie letterarie» *vs* «materie scientifiche»), come se ciò avesse qualche fondamento nella storia o nell'attuale organizzazione e del lavoro e dei saperi: un punto capitale su cui si insisterà a breve.

Deve essere sulla base di un ragionare altrettanto fine che si è gettata sulle spalle del liceo classico buona parte dei guai politici nostrani:

> Cercando di capire perché le *élites* politiche, governative, economiche, etc. di questo paese da un certo momento in poi le hanno sbagliate tutte, mi sono ricordato che fino al 1969 si poteva accedere alla facoltà di giurisprudenza (e ovviamente di lettere) solo con la maturità classica. ... Non ho le prove, ma ipotizzo che proprio a causa del deficit di cultura scientifica presso le *élites* di questo paese il Parlamento italiano abbia votato cose incredibili, come la sperimentazione della terapia Di Bella, la messa al bando della ricerca sugli Ogm, la legge 40, etc.

Così Gilberto Corbellini nel settembre 2016: si noti il badiale «non ho le prove». Sarà per eccesso di cultura umanistica che in questo genere d'argomentazione si trascura qualche buon centinaio di altre variabili? Il caso purtroppo è frequente. Così, per esempio, un esperto di *quality assurance* educativa come Giorgio Allulli:

> Non è affatto detto che il Liceo classico, così portato all'astrazione, formi anche personalità in grado di applicare i concetti e le nozioni alla realtà, di affrontare situazioni problematiche, di saper progettare, di confrontarsi con

le possibilità e i vincoli, di fare sintesi, tutte competenze essenziali per gestire la complessità della società odierna. Se osserviamo la classe dirigente del nostro Paese, quella uscita dal Liceo classico, ritroviamo in essa una buona capacità di analisi, ma una capacità di gestione della complessità molto più scarsa.

Quindi il liceo classico formerebbe «astratti». E lo scientifico? Praticoni? «Gli astratti» e «gli esatti»: così Carlo Scorza, l'ultimo segretario del PNF, chiamava rispettivamente gli studenti di Lettere e quelli di Ingegneria. Ma con i luoghi comuni si fa poca strada. A ogni modo, è prevedibile la conclusione di Allulli: «evviva il Liceo classico, se da questa scuola dovranno uscire operatori e studiosi del mondo antico»; ma non se ci aspettiamo che formi «una classe dirigente degna di questo nome». Del resto, il vezzo di imputare al liceo classico – perché «letterario», perché «umanistico» – gli insuccessi politici del Paese ha avuto un insigne apripista in Luigi Berlinguer (diplomato classico e ministro):

> Non è forse vero che quel sistema, costruito per preparare la classe dirigente, ha in prevalenza preparato una burocrazia che non risponde di ciò che dovrebbe costruire, mentre – per esempio – i veri autori del «miracolo economico» italiano, che hanno costruito la settima potenza industriale del mondo, sono stati o padroncini illetterati o diplomati degli istituti tecnici (che si erano voluti tener fuori dalla «Cultura» con la C maiuscola)?

Così nel 2008; nel 2016, Berlinguer ha sviluppato analoghi concetti al Politecnico di Milano (cfr. *supra*, p. 88), e vi ha aggiunto un elogio del «pensare con la mano»: senza accorgersi di citare alla lettera Nunzio Padellaro, l'esponente maggiore della pedagogia fascista.

Tra i sottintesi di consimili ragionamenti ci sono il carattere immutato del liceo classico da Gentile (o Casati?) in qua, il carattere uniforme di quel che chiamiamo «scienza» e di quel che chiamiamo «cultura umanistica», gli effetti deleteri di quest'ultima al netto di qualsiasi altra variabile sociale o politica, *and so on*: è ben strano, lo si ammetterà, che certi sostenitori della «mentalità scientifica» maneggino con tanta rudezza il nesso causa-effetto. Circa la marcata prevalenza di diplomati al classico tra «le *élites* politiche, governative, economiche, etc.», chi si è preso la briga di fare i conti (da ultimi C. Carboni e E. Pavolini) ha più che altro dimostrato la prevalenza di laureati in scienze giuridiche ed economiche: forse dovremmo chiudere o riformare radicalmente le relative facoltà o scuole universitarie, fra i cui laureati, peraltro, è da tempo fortissima l'incidenza di diplomati allo scientifico (cfr. *infra*, p. 160). E come mai – stando agli stessi calcoli – le *élites* dirigenti continuano ad attingere preferibilmente, e anzi in misura crescente, a quel bacino di laureati, quando da un pezzo sono più numerosi i laureati d'ambito scientifico e tecnologico? Si potrebbe sospettare che il precocissimo specialismo cui si destinano questi ultimi non giovi molto all'attività civica e politica. Ovviamente, chi insiste a gettare ogni croce sul liceo classico dovrà chiarire tanti altri punti. E dovrà dimostrare altresì il nefasto influsso del greco e del latino sulle condotte delle nostre *élites*: e qui il rischio è di tornare al Frédéric Bastiat di *Baccalauréat et socialisme* (1850), che – in controcorrente rispetto al suo tempo – denunciava i pessimi effetti pedagogici della morale classica, fondata sul disprezzo del lavoro e sul furto organizzato; se non si riducono gli studi classici, pronosticò Bastiat, ci troveremo presto in una società comunista. La Francia ha poi provveduto. L'Italia no. Ma pare che il rischio fosse sopravvalutato.

E ciò sia detto con buona pace di Andrea Gavosto, presidente della Fondazione Agnelli, che nel 2015 si è abbandonato alle seguenti dichiarazioni:

Addio al vecchio liceo classico?

Guardi, io ho fatto il classico, quello con il latino e il greco, ma quella scuola, voluta negli anni Venti da Gentile per formare la classe dirigente, è inesorabilmente invecchiata. Oggi è più moderno il liceo scientifico, senza il latino, che il classico con tutto il suo latino e il suo greco.

Ma non sarà una classe dirigente con poca cultura?

Oggi non si può pensare che una classe dirigente non conosca o non abbia le basi per valutare gli sviluppi scientifici degli ultimi decenni: quando si parla di difesa ambientale, di biotecnologie, di neuroscienze, di astronomia... Chi ha fatto il classico ha studiato poca matematica, pochissimo scienze naturali o fisica o chimica. È un modello di studi ormai vecchio. Come ho detto, è impensabile ignorare le basi della moderna tecnologia e scienza.

Una scuola da abolire?

No. Come in Francia il «Magnifico» (il loro classico) non è più lo studio principale del sistema scolastico, così in Italia deve restare una scuola di nicchia, per giovani appassionati agli studi storico-letterari. In Francia la classe dirigente si forma nei licei scientifici. L'Italia è all'inizio di questo percorso.

È un ragionamento – se tale può dirsi – che converrà tenere a mente per il séguito: a onta di semplificazioni come queste, vedremo che il liceo classico continua a costituire un eccezionale caso di «biodiversità» disciplinare, se nocive riforme o incaute autoriforme non lo costringono nel suo angolo (cfr. *infra*, pp. 155-157); e vedremo che oggi i diplomati al classico compiono, con pieno successo, le più disparate scelte universitarie (cfr. *infra*, pp. 157-166). Ma prima di affrontare questi argomenti toccherà soffermarsi sul pericoloso mito da cui tante semplificazioni discendono: è il mito delle «due culture», che oggi si camuffa dietro sofisticate variazioni sul tema, e continua così a vigoreggiare. E ciò che del mito preoccupa non è solo la sua infondatezza: esso fa danni relativi quando si tratta di università o di ricerca; ma fa danni ingenti quando i suoi effetti si proiettano sull'istruzione superiore e mistificano i termini entro cui dovrebbe compiersi una scelta scolastica consapevole.

Un paio di culture

Di norma, quando si parla di scuola, di «scienze» e di «cultura umanistica», quando si accusa quest'ultima di inibire o sopraffare le prime, gli umanisti si affrettano a lodare scienze e tecniche, se non altro per non sembrare passatisti. Pessima linea di difesa: forse si spera che l'avversario sia altrettanto sportivo, ma «umanista» ha smesso da un pezzo di suonare come un complimento. Non solo: per questa via si conferma l'erroneo assunto di base, e cioè che esista qualcosa come «la cultura umanistica», qualcosa come «le scienze» o «la scienza». Espressioni vuote che si prestano a pericolosi giochi di parole. Per esempio, nel 1998, mentre si discuteva la riforma Berlinguer, Claudio Magris provò a sostenere che

> aprire la scuola al sapere scientifico-tecnologico vuol dire essere fedeli all'autentico spirito classico, rivolto all'intelligenza del mondo.

Considerazione un po' aerea: certo, gli antichi non sono nati antichi, e furono un giorno contemporanei del loro presente, curiosi del loro mondo. Ma l'innocente freddura venne subito messa a frutto da Carlo Callieri, vicepresidente di Confindustria, uno dei più attivi fra i Saggi berlingueriani, che propose una netta riduzione degli studi umanistici e sciolse un convinto inno non tanto ai saperi scientifici, quanto all'alternanza scuola/lavoro. Qualcosa del genere è accaduto, nel 2014, durante il citato *Processo* romano al liceo classico.[4]

È il consueto equivoco dei «saperi utili» e dei «saperi inutili». È la duplice e convergente pressione retorica che in Italia si è stratificata almeno dal tardo Ottocento, come abbiamo visto, e che variamente mescola le opposizioni «*humanities vs* scienze», «*humanities vs* lavoro», suggerendo infine l'equivalenza «più scienze» = «più lavoro». Donde i dilanianti dilemmi politici: a elogiare «scienze e lavoro» si è di destra o di sinistra? E a elogiare le *humanities*? Le opzioni argomentative in campo – quando il dibattito si semplifica a tal punto – sono così prevedibili e tediose che potrebbero prestarsi a esercizi di quadratura greimasiana, se il quadrato semiotico di Greimas andasse ancora di moda. Per esempio: l'istruzione umanistica è «inutile», *ergo* è elitistica, *ergo* è di destra; l'istruzione scientifica è «utile», *ergo* è antielitistica, *ergo* di sinistra; o al contrario: l'istruzione umanistica è «inutile», *ergo* antimassificante e anticapitalistica, *ergo* di sinistra; l'istruzione scientifica è «utile», *ergo* schiavizzante e capitalistica, *ergo* di destra. Si prosegua a piacere. Questi e consimili paralogismi viziano il dibattito sulla scuola. E la confusione aumenta quando gli umanisti adottano l'infausta linea difensiva – linea del Piave – su cui in molti oggi sono tornati ad arroccarsi: quella che consiste nel rivendicare con balda euforia l'«inutilità» dei loro studi. Vedremo più in là (cfr. *infra*, pp. 216-222) quanto sia autolesionistica tale reazione, oggi specialmente. Ci interessa per ora la dozzinale dicotomia di fondo: quella che troppo spesso induce ad accettare l'idea che il liceo classico sia la scuola dei «saperi umanistici», di contro ad altrettanto imprecisati «saperi scientifici». Grottesca semplificazione, che travasa sul piano della scuola una retorica nata in seno a *élites* scientifiche d'altra età e oggi variamente rinnovata. È la retorica delle «due culture», oggi trasformata spesso in una speculare antiretorica che, lungi dallo smentire certe grossolane categorie di base, le rafforza.

Il ritornello è noto e da più parti si torna ad ascoltarlo. Oggi viviamo in tempi – si dice con entusiasmo – di rinnovata alleanza fra le due culture; si annunciano «nuovi Rinascimenti»,[5] si snocciolano le infinite frontiere della ricerca – dalle neuroscienze alla robotica, dalle biotecnologie ai *food studies* – che renderebbero ormai obsoleta qualsiasi opposizione fra studi umanistici e studi scientifici; nei momenti di slancio, si auspica una rinnovata «Repubblica delle Scienze e delle Lettere» (G. Giorello). A dire il vero, in termini di retorica, il dibattito non sembra aver fatto passi enormi dai primi anni Settanta, quando, riassumeva Giorgio Prodi,

> le assemblee riunite a discutere il problema avevano un ordine del giorno molto semplice: 1) stabilire contatti tra le due culture. 2) Varie ed eventuali.

Capita così che il povero Sir Charles Snow, chimico e romanziere, autore di *The Two Cultures*, sia tuttora tirato in ballo con l'accusa di aver «semplificato» o «banalizzato», di aver diviso ciò che la ricerca unisce, e così via. E allora appaiono davvero curiosi i fati occorsi al suo libello, citato spesso ma evidentemente letto di rado, dato che Snow si affannava a invocare proprio l'alleanza fra le «due culture». Ma lasciamo correre Snow, esempio di «quali mirabili fiamme talvolta secondino le più meschine faville», come scrisse il perfido Sanguineti nel '65; a preoccupare, lo si è detto, sono i riflessi che certe idee hanno a scuola.

Primo: a scuola, evidentemente, non si possono trasferire senza mediazioni i sogni sognati in altra sede, che è per lo più quella della ricerca più avanzata o più *osée*; una ricerca ovviamente ben più incerta delle certezze galvanizzanti che si enunciano per sostenerla. Essa farà la sua strada, beninteso, ma certi entusiasmi appaiono prematuri, e più che altro parenetici. Può darsi che vedremo l'invocata «Repubblica delle Scienze e delle Lettere»: ma se la vecchia *Respublica litteraria* era un club piuttosto esclusivo, esso non si allargherà troppo con l'ingresso di qualche scienziato curioso di *humanities*, o di qualche umanista votato alle scienze. Perciò andrebbe prescritto con più cautela il toccasana che sempre si prescrive per integrare le «due culture»: che è, come noto, l'interdisciplinarità.

Vecchio feticcio, l'«interdisciplinarità», che in Italia si diffonde con lo *slang* pedagogico degli anni Settanta; ma periodicamente lo si riscopre come nuovo, con tutte le sue astruse varianti («multi-», «pluri-», «trans-»: non escludo ne esistano altre). Già nel 1967 Althusser stigmatizzava così il nascente mito:

> Questo mito gioca un ruolo decisivo nelle scienze umane, e a cielo aperto. La sociologia, l'economia politica, la psicologia, la linguistica, la storia letteraria, etc., mutuano continuamente nozioni, metodi, procedimenti e moduli da discipline esistenti, siano esse letterarie o scientifiche. È, questa, la pratica eclettica delle «tavole rotonde». Si invitano i vicini, a casaccio, per non dimenticare nessuno, non si sa mai. ... Questa ideologia si racchiude in una formula: quando s'ignora qualcosa che tutti ignorano, basta riunire tutti gli ignoranti e la scienza balzerà fuori da un simile consesso.

Ora, finché il mito alligna in accademia, il danno è limitato, e nei casi più fortunati può esserci addirittura qualche beneficio. In accademia l'«interdisciplinarità» è spesso l'anello nuziale con cui si sigla uno svogliato *mariage de raison* fra specialisti di discipline disparate, per essere più competitivi nella corsa ai finanziamenti, o per assicurare autonomia a nuovi campi disciplinari della cui solidità giudicherà poi il tempo (che è galantuomo, si sa, ma a volte giudica in fretta). Ovviamente, l'interdisciplinarità può propiziare talora matrimoni riusciti, quando la natura dell'oggetto indagato sollecita o necessita l'unione: ma allora la ricerca è fra le più impervie, perché si sperimenta da vicino l'abissale distanza degli ambiti e delle tradizioni scientifiche, i cui secoli di storia – per lo più nobile – non si lasciano cancellare d'un tratto. I rischi salgono, anche in accademia, quando l'interdisciplinarità diviene il collante per esperimenti didattici a volte avventurosi: molti corsi di studio fallimentari sono nati così. I rischi salgono esponenzialmente se l'*idolum* dell'interdisciplinarità si trapianta a scuola: laddove, cioè, gli studenti non hanno ancora avuto il tempo di apprendere le basi delle discipline.

Qui certa teratologia didattica può fare danni seri: e spesso indebolire più discipline in una volta sola, specie quando s'inventano pseudomaterie *ad hoc*. La «geostoria» ne è un bell'esempio recente, come lo furono le abbinate gentiliane di storia e filosofia o di matematica e fisica.[6] Ma si è visto o immaginato ben di peggio. Sul finire degli anni Settanta un linguista (poi ministro) propose per tutti gli indirizzi liceali, insieme a una forte riduzione del latino e a un dimezzamento del greco al classico, l'introduzione della materia «Cervello e strutture delle lingue dei codici di comunicazione». *Sic.* Questo il ricco menu:

> elementi di semiologia generale e di psicologia del linguaggio connessi allo studio delle matematiche, dei linguaggi scientifici, delle lingue materna e straniere, della comunicazione non verbale.

Il tutto per quindicenni (II anno), in due ore settimanali. La proposta per fortuna cadde: non tutte le riforme falliscono per nuocere. Il caso è estremo, se si vuole, ma dice bene l'inventiva con cui si possono generare centauri interdisciplinari che tocca poi ai docenti tenere a bada, o agli studenti subire.

I problemi non cambiano quando, anziché sulle discipline, si sogna di intervenire sui «metodi»: basti il chiassoso *battage* che ha accompagnato il lancio delle «Cl@ssi 2.0», dopo una sperimentazione (2009-2014) giudicata frettolosa anche da chi l'ha coordinata;[7] ma ciò vale più in generale per il tema delle ICT a scuola;[8] e vale per la dilagante enfasi su *soft skills* e «competenze trasversali»: temi che si prenderebbero volentieri sul serio, se accompagnati da adeguata riflessione, sperimentazione attenta, dialogo con i docenti; temi che non si possono prendere sul serio quando si rovesciano sulla scuola d'un tratto e finiscono per svuotare le discipline che si millanta di voler potenziare. Scotto di Luzio, che al caso delle «Cl@ssi 2.0» ha dedicato il pamphlet *Senza educazione* (2015), ha ricordato che inevitabilmente

> ogni tentativo di passare dal piano dei contenuti a quello dei metodi è fatto in termini disciplinari e si risolve nella richiesta di sostituire una disciplina con un'altra.

Già. Ed è questo il rischio cui sono oggi specialmente sottoposte le discipline di più solida tradizione scolastica, «umanistiche» e non, al liceo classico e non. Difenderle non è tradizionalismo, ma realismo, visto che le novità, anche quando sono auspicabili, richiedono lunga lena e investimenti congrui: non colpi di bacchetta magica o di scudiscio, rigorosamente «senza oneri per lo Stato». In tal caso l'inganno è palese, ma può funzionare lo stesso: complice l'autonomia scolastica condotta agli estremi, e la rivalità fra scuole che essa genera, l'esca dell'innovazione didattica diviene uno strumento pubblicitario fra gli altri, specie in scuole d'alto lignaggio.

E ciò porta a un secondo punto, ancor più serio. I sostenitori dell'alleanza fra le due culture sono i primi a ribadire la

dicotomia fondamentale fra le *humanities* e le scienze, tratta-
te come presunti insiemi omogenei. È ovvio: più della dicotomia si auspica il superamento, più la si rinforza nei suoi
elementi costitutivi. Si può usare un tono aggressivo, come
ha fatto Carlo Bernardini a confronto con Tullio De Mauro
(*Contare e raccontare. Dialogo sulle due culture*, 2005):

> Anche le «due culture» ... sono bandite dal discorso colto:
> è stato detto che si tratta di dibattito sorpassato, che Charles
> P. Snow parlava in «altre» circostanze: ma quando mai? Che
> cosa è cambiato?

Seguivano improperi contro «quei testoni dei letterati e dei
filosofi», colpevoli di parlare «come funzionari di una "cultura dominante"», e dunque di inibire il dialogo con gli «scienziati». E si ricorderà infatti cosa proponeva Bernardini, sulla base di premesse analoghe, per il liceo classico (cfr. *supra*,
p. 80). Ma la dicotomia si può ribadire anche senza escan-
descenze. Un caso fra i tanti: l'ultimo cui sia toccato introdurre al pubblico italiano il solito libretto di Snow (2005) ha
addirittura sancito l'eternità del dissidio fra scienze e cultura umanistica «dalla tassonomia platonica dei saperi fino
alla separazione tra *Naturwissenschaft* e *Geisteswissenschaft*»
(A. Lanni). Fanno, direi, 2200 anni buoni, ed è qui sintomatica la naturalezza della constatazione, sulla cui infondatezza storica non serve infierire.[9]

E così, con naturalezza, ora per bistrattare i testoni umanisti, ora per proporre loro salde alleanze, la sommaria dicotomia si dà per ovvia. È la funzione che Roland Barthes
riconosceva al «discorso mitico»: ribadire, a suon di apparenti complicazioni, le dicotomie di base, che in questo
modo restano sottratte all'analisi. E proprio così sembra
funzionare il mito delle due culture: una dicotomia semplicistica che si ripropone con tanta tenacia – contro l'evidenza – e con tante arzigogolate variazioni sul tema – per
nascondere e ribadire l'essenziale – solo per la sua formidabile forza identitaria, per la sua formidabile virtù consolatoria. Essa ci permette di credere che esistano ancora due
comunità al loro interno coese, quella degli «umanisti» e

quella degli «scienziati». Poco importa, poi, che delle due comunità si auspichi il dialogo, o si constati la permanente belligeranza.

In effetti, fra le tante critiche rivolte a Snow, una delle prime – la più semplice e solida – riemerge troppo di rado: parlare di «due culture» era del tutto inappropriato già nella Cambridge degli anni Cinquanta, quando la divisione del lavoro scientifico aveva da tempo sgretolato la confraternita degli «scienziati» come quella degli «umanisti». Snow mostra di reagire alla critica con nervosismo, fin dalla sua postfazione (1963) allo scritto originario del '59: e attacca senza argomenti quella che lui chiama «la scuola delle "duemila e due" culture», pur riconoscendo che «bisogna considerare con molto sospetto i tentativi di dividere ogni cosa in due». Sante parole. Le unità presupposte dalla dicotomia erano infondate allora. Riproporle oggi ha del ridicolo, e non perché la dicotomia sia «da superare», ma semplicemente perché essa è falsa: non capta nemmeno alla lontana il problema che pone, e ne mistifica in partenza i termini.

Due culture? L'aritmetica della ricerca e l'aritmetica della formazione avanzata richiedono oggi ben altri numeri, perché ben altra è l'aritmetica del mercato. Non mi riferisco alle culture «terze» o «quarte» (ora le scienze sociali, ora l'informatica) che periodicamente si invocano per gusto di *variatio* sulla formula di Snow; mi riferisco a un dato ben più semplice, a un problema ben più concreto. Che si tratti di attività scientifica o didattica, e quale che sia il parametro adottato per spartire le discipline, per anatomizzare ciò che Dilthey chiamava il *globus intellectualis*, «due culture» sono davvero poche. Anzi, sono nulla.[10] Si fanno convegni, con le «due culture»: si fanno libri e manifesti, ma non ricerca né didattica. Niente vieta di sentirsi *confrères* di comunità ideali – quella degli «umanisti» o quella degli «scienziati» – ma nel farlo ci si pone a un grado d'astrazione molto elevato, al limite dell'insignificanza, quando su ciò si fonda un discorso che abbia di mira la ricerca in tutta la sua ricchezza, l'istruzione in tutta la sua complessità. Nel mondo reale, oggi il problema non è il dialogo fra gli «umanisti» e gli «scienziati», visto che a fatica dialogano i biologi e i chimici, i matematici e i fisici, e fra questi ultimi i fisici teorici e gli applicati, i «particellari» e gli astrofisici, e via scindendo, fino a gradi di zoom la cui precisione è spesso inversamente proporzionale all'età dei ricercatori (o degli studenti). E ciò lascia ben presagire i séguiti. È stato calcolato che l'abate Migne – l'editore delle due *Patrologiae*, greca e latina – non può aver letto in vita sua tutti i libri che ha ufficialmente firmato. Benissimo. In compenso, oggi non è raro che un giovane ricercatore, coautore di un *paper* scientifico a venti o quaranta mani, non abbia letto le parti spettanti ai suoi 9 o 19 colleghi.

E ciò vale senza dubbio anche per il *côté* dei cosiddetti studi umanistici, dove il processo è tuttavia rallentato dal carattere economicamente periferico delle discipline coinvolte. Inutile sognare due (solo due) culture, magari per auspicarne il dialogo, con toni per lo più alla Menenio Agrippa, e con gli umanisti per lo più nel ruolo dei plebei; e inutile scandalizzarsi troppo dello *status quo*, a meno che non si creda – e la pia illusione, fra gli intellettuali, traspare spesso – che la divisione del lavoro lasci indenni i sacrari del sapere. Non piace «divisione del lavoro»? La si chiami, se lo si trova più elegante, «polverizzazione dello scibile»: così la chiamava Montale, che nel '65 recensì e stroncò, del povero Snow, non *Le due culture*, ma un mediocre romanzo.

Se con tutto ciò si ricorda l'ovvio, è solo perché questo minimale realismo basta per giudicare infondata qualsiasi consolatoria retorica delle due culture, con antiretoriche annesse, ancor più futilmente consolatorie. Era il 1917 quando Max Weber fu invitato a tenere una conferenza, divenuta giustamente celebre, su «La scienza come professione»; il sociologo vi concludeva che scopo primario di chiunque praticasse il sapere come mestiere era, di fronte a specialismi sempre più marcati,

> costringere il singolo – o almeno aiutarlo – a rendersi conto del significato ultimo del suo proprio operare.

Parole di dimessa tragicità. E per questa via si torna alla scuola, e non solo perché questo era il compito che Weber affidava propriamente ai docenti. Sulla scuola rischiano di rovesciarsi i due miti di cui si è detto: l'interdisciplinarità, da una parte, con le sue frivole invenzioni; dall'altra, una rudimentale concettualizzazione che ci induce a ragionare ancora in termini di «cultura umanistica» e «scienze». Due modi inversi e simmetrici per mascherare la divisione del lavoro. Due candide favole, spesso e volentieri, quando si tratta di ricerca. Due bugie pericolose quando si tratta di scuola, o di istruzione in genere.

Cosa rispondere, dunque, a chi ci chiama «umanisti», e a chi dice «umanistico» il liceo classico? Il termine – lo si è mestamente ricordato – è di rado un complimento: più spesso è un larvato insulto. Il modo migliore per rispondere è provare a descrivere le cose con maggiore realismo; e a questo realismo richiamare chi, per amor di retorica, o per più concreti fini, depista gli studenti.

Umanistico?

Ripartiamo dal saggio avviso che Snow ebbe il torto di rimangiarsi:

> Il numero 2 è un numero molto pericoloso ... Bisogna considerare con molto sospetto i tentativi di dividere ogni cosa in due.

È un avviso al quale dovrebbero attenersi per primi gli «scienziati», che di quando in quando, nella foga della polemica o nell'urgenza dell'autoaffermazione, cedono a classificazioni risibili delle altrui discipline. Eppure dai colleghi di Linneo ci si aspetterebbe una cladistica meno elementare, una suddivisione meno rozza dei regni disciplinari, altrui e propri. Certo non li aiutano a veder chiaro quegli «umanisti» che per difendersi, o per metter pace fra le due culture, ricordano che Keplero e Gauss scrissero in latino, confermando così l'idea che la «cultura umanistica» sia afflitta da verbalismo e passatismo incurabili; o quelli che si limitano a snocciolare un rosario di scienziati-scrittori o scrittori-scienziati (da Galileo a Calvino *via* Levi e Gadda: sempre quelli), confermando così l'idea che la «cultura umanistica» si riduca alle belle lettere: e sotto sotto, era quel che pensava il chimico-romanziere Snow.

Diciamolo pure con semplicità: gli «umanisti» non esistono, se non nei sogni di certi «scienziati»; del resto, non esistono gli «scienziati», se non nei sogni di certi «umanisti». Certo, esistono vaniloqui «umanistici» che chiamano a risposta meritati dileggi, come fu la gustosa «beffa Sokal», caso memorabile che vent'anni fa costò fiammate di vergogna ad alcuni illustri *intellos* d'Oltralpe.[11] Ma per ciascuno di tali casi non manca mai qualche scienziato *hard* che pecca di analogo e non meno puerile dilettantismo, e si avventura incautamente per lande non sue: e forse converrà che storici, filosofi o filologi imparino a essere meno bonari nelle critiche, per non dare l'impressione d'essere senza un mestiere.

È evidente – ed è bene non vacillare nell'affermarlo – che molti saperi chiamati «umanistici» nulla hanno da invidiare alle discipline dirimpettaie, cosiddette o sedicenti «esatte», dei fisici, dei chimici o dei biologi, se non la maggiore stabilità dei loro oggetti. Sono saperi cosiddetti «umanistici», sì, ma non vivono di *doxa* o di chiacchiere e non mirano a svolgere funzioni ludiche o decorative; saperi che di spirituale non hanno nulla, se non quanto si deve a una frettolosa traduzione dal tedesco *Geist*; saperi che hanno le loro regole e i loro protocolli, da insegnare e tramandare, e i loro assunti, da testare, correggere, perfezionare; e talvolta si trovano nella necessità di affrontare, scrisse Carlo Ginzburg,

uno spiacevole dilemma: o assumere uno statuto scientifico debole per arrivare a risultati rilevanti, o assumere uno statuto scientifico forte per arrivare a risultati di scarso rilievo.

E il dilemma dipende dalla singolarità storica degli oggetti trattati, non dalla debolezza intrinseca delle discipline, o dal loro più o meno pronunciato carattere di «scienza»: «"scienza" è parola magica», diceva Vitelli, «e tutti sono orgogliosi di chiamare così il loro mestiere». Le discipline si pongono i limiti che i loro oggetti impongono: chi dà l'assalto a certe discipline, liquida gli oggetti che solo quelle discipline possono trattare. Congiuntamente, le discipline obbediscono alla divisione del lavoro, e si adattano di conseguenza. Per ciascuna «lo specialismo è un doloroso ripiego, non l'ideale» (L. Canfora), in una continua ridefinizione dei confini che è a sua volta un oggetto storico e non tollera binarismi di comodo.

Se lasciamo certe semplificazioni, ragioneremo più limpidamente sia di ricerca, sia di istruzione. Quanto alla ricerca, è ovvio che alleati non saranno mai generici «umanisti» e generici «scienziati», ma varietà altamente differenziate dell'una e dell'altra specie, per obiettivi di cui si vedrà il frutto con il tempo: basta non gloriarsi in anticipo di risultati tutti futuribili. Quanto all'istruzione, essa sopporta ancor meno le semplificazioni, perché riguarda la vita di giovani persone che non vanno abbindolate con genericità senza fondamento, e perché richiede analisi assai diverse al variare dei gradi e degli indirizzi formativi.

A livello universitario, per esempio, il problema più ostico – la «sfida», si dice in questi casi per farsi coraggio – non ha niente a che fare con le presunte due culture: esso riguarda in pari grado i rappresentanti di tutte le discipline, che come ricercatori praticano lo specialismo più spregiudicato, e come docenti devono conciliare le opposte esigenze di un mercato feroce che pretende insieme specializzazione e flessibilità; di qui il duplice rischio di creare o specialisti precocemente obsoleti, o lavoratori troppo generici. Il problema riguarda i filologi classici o i chimici industriali, gli economisti o i matematici, indifferentemente. E il problema si complica se nel frattempo non si intende rinunciare a una vocazione educativa che vada ben oltre la merceologia delle competenze professionali.[12] Questo è il rovello di chiunque lavori seriamente nella nostra università pubblica, e ha quotidianamente a che fare con interlocutori privati la cui massima aspirazione – come si è detto della scuola professionale degli anni Cinquanta – è «sottrarre il padronato al suo carico di spese per l'istruzione professionale accollandole allo Stato» (F. Susi).

E infatti, a livello di istruzione secondaria, problemi analoghi a quelli dell'università ha tuttora il settore tecnico-professionale: ciò non deve stupire, visto che questi due ambiti educativi, pur situati in punti così lontani della gerarchia scolastica, hanno in comune il fatto di collocarsi entrambi sulla soglia del mercato del lavoro: e cioè di essere entrambi segmenti formativi «terminali», come li definisce la sociologia dell'istruzione, con linguaggio che suona macabro, ma è adeguato all'attuale mercato del lavoro. Solo che nel caso dell'istruzione tecnico-professionale i tassi occupazionali e i livelli stipendiali precipitano: di qui, oggi come in altre età, la spontanea risposta popolare della licealizzazione diffusa (cfr. *supra*, p. 35).

I licei furono e restano un caso a sé: per molti aspetti, un caso ideale. Solo i licei non sono segmenti «terminali», ma luoghi di transito educativo fra l'obbligo e l'università:[13] di qui la loro nativa caratterizzazione «generalistica»; o, come si diceva ai tempi di Gentile, «culturale». Conviene non perdere di vista questi elementi basilari, dai quali deriva un assunto altrettanto basilare: un liceo funziona in quanto liceo se lascia libero chi lo sceglie di maturare per strada le sue preferenze, preparandolo intanto per ogni scelta universitaria futura; se lo lascia libero, cioè, di rinviare a 19 anni una scelta che non si può compiere se non a casaccio sulla soglia dei 14 anni. Una scelta che determinerà profondamente i suoi destini professionali e personali. Questo diritto al rinvio, questo diritto alla scelta lenta, non è materia di pedagogia: è materia di equità sociale.

Vedremo tra poco se il liceo classico rispetti o no questo diritto; e vedremo più avanti come questo diritto sia spesso conculcato, nei fatti, ben prima che i quattordicenni possano scegliere fra le «due culture» (cfr. *infra*, pp. 222-240). Ma una cosa è chiara *a priori*: se il liceo classico è «scuola umanistica», il suo fallimento è sicuro, perché equivale a un tradimento della sua funzione liceale. Peggio ancora se è scuola prevalentemente «letteraria» o prevalentemente «classica». Se a questo ruolo lo sospingono o costringono riformatori e aspiranti riformatori, ciò significa accelerarne il fallimento. Se invece così lo ritraggono i suoi critici, siamo di fronte a un trabocchetto da sventare. Certo, chi pratica una contabilità disciplinare alla maniera di TreeLLLe (cfr. *supra*, p. 127) può osservare che nel liceo classico odierno le materie «scientifiche» giungono, nel biennio, al 18% annuo, e nel triennio al 19,3%, mentre il monte ore riservato a latino e greco è rispettivamente del 33% e del 22,5%; se a ciò si aggiungono italiano, storia e arte – e magari, per esagerare, l'inglese – la prevalenza delle materie «umanistiche» parrà schiacciante: e ci saranno buoni motivi per giudicare letalmente immobile, da Casati a oggi, il quadro disciplinare della decrepita scuola. Per contro, al liceo scientifico (opzione tradizionale) le materie «scientifiche» rappresentano, sia al biennio che al triennio, il 33,33% dell'orario annuo: e si apprezzerà la perfezione pitagorica del dato.

Questa è però una contabilità grossolana, che non regge nemmeno a livello contabile, perché ignora i «potenziamenti» matematici o fisici con cui una parte notevole dei licei classici aggira i quadri orari gelminiani, assai rigidi (cfr. *supra*, pp. 63-64). Con modeste addizioni d'ore – e talora riducendo la durata dell'ora scolastica standard, come usava nei percorsi Brocca – la libertà garantita dall'autonomia suggerisce alle singole scuole soluzioni ingegnose che riducono lo stacco fra classico e scientifico e rimettono in equilibrio le discipline: basti dire che una sola ora settimanale in più di matematica, al triennio, fa sì che le materie «scientifiche» vi pesino tanto quanto il greco e il latino. Sono soluzioni che si muovono, se vogliamo, nella direzione del liceo classico-scientifico auspicato da Umberto Eco, Ivano Dionigi e altri; o che raccolgono nei fatti l'invito dello stesso Dionigi, il quale – pensando a un orario più ampio e più diffuso – ha invitato a

aumentare e accrescere, non diminuire e sottrarre; *et et* e non *aut aut* deve essere la misura della scuola. Perché ciò che potrebbe essere un'aggiunta diviene un'alternativa?

Ciò prefigura in potenza una scuola «totale». «Totalitaria», rimprovererebbe qualcuno; «platonica», potremmo replicare, ricordando di passaggio che è nella natura profonda della scuola (pubblica) entrare in conflitto con il tempo privato, domestico, familiare. Il conflitto si può ridurre – se si crede – ma cancellare mai, pena lo svuotamento del progetto politico, sociale, culturale che della scuola pubblica è la sostanza. E ciò senza dire che alcune migliorie si possono ottenere con addizioni tutt'altro che inconsulte, già praticate da molte scuole.

Ma al di là degli indirizzi ideali, e al di là delle soluzioni concrete che, a leggi vigenti, i licei classici adottano, è chiaro che alcune questioni essenziali non entreranno mai in alcuna prospettiva contabile. E qui i cultori delle due culture, se ostili al liceo classico, possono cavarsela solo al prezzo di semplificazioni tanto fragili quanto irresponsabili, perché mistificano i fatti e sviano gli studenti; si ricordi, al proposito, l'esemplare Gavosto (cfr. *supra*, pp. 130-131), che oppone l'«invecchiato liceo classico» e il «moderno liceo scientifico», l'uno tutto umanistico, tutto «latino e greco», l'altro aperto agli «sviluppi scientifici degli ultimi decenni». Contro simili cicalate – nient'affatto innocue, perché diventano in breve senso comune – è indispensabile rimarcare che l'istruzione liceale in genere, e il liceo classico in particolare, hanno elaborato per lunga pratica, per *trials and errors*, se si vuole, una diafonia disciplinare che nulla c'entra con lo schema delle «due culture». L'amalgama è sempre migliorabile, beninteso; ma ignorarne la ricchezza è a dir poco disonesto: e trasformare certi stereotipi in rigida bipartizione fra due scuole è sguaiata demagogia. E allora gioverà rimarcare alcuni punti, così banali che si sarebbe tentati di scusarsene, se non ci scusassero a sufficienza le semplificazioni altrui.

Cominciamo col ricordare, senza troppe remore, la presenza di un nucleo storico-linguistico ineliminabile in qualsivoglia linea formativa che aspiri a essere non solo completa, ma autenticamente egualitaria. Estenuando lo schema delle «due culture» in uno schema delle «due scuole», o caratterizzando alcuni indirizzi in senso sempre più specialistico, è quel nucleo che si mette a repentaglio: e la tendenza è palesemente in atto da decenni. Esistono discipline storico-linguistiche che nemmeno i più oltranzisti cultori delle due culture sarebbero disposti, si spera, a confinare entro specifici indirizzi scolastici, per depauperarne gli altri: e infatti «letteratura e lingua italiana» e «storia» hanno quote paritarie in tutti gli indirizzi liceali, benché entrambe le discipline abbiano patito tagli nient'affatto incruenti. Ma l'astratta posologia oraria non dice tutto, e forse non dice molto, perché il ruolo delle discipline dipende dal loro peso relativo. E allora andrà osservato che l'italiano – così lo chiamo a bella posta, onde evitare che i bari ne facciano una materia «letteraria» – pesa per il 14% e 13,3%, rispettivamente, in gran parte dei bienni e trienni liceali, ma non al coreutico-musicale (dove scende al 12,5%, come negli istituti tecnici) e all'artistico (dove è sotto il 12% nel biennio come nel triennio). Non sono scarti minimi in sé, entro percentuali già striminzite: e sono scarti che enormemente si amplificano se si pensa al ruolo delle discipline contigue, su cui torneremo fra un attimo. Quanto alla storia, la situazione è penosa ovunque, visto che la disciplina oscilla fra il 6 e il 6,6% in tutti i trienni (tecnici compresi); al biennio del classico e dello scientifico essa pesa per l'11,11%, ma in concubinato, come altrove, con la geografia. A ciò si aggiungono i danni prodotti – per consenso ormai diffuso – dalla revisione dei programmi attuata nel 1996, che con argomenti posticci e soluzioni pasticciate ha causato una compressione generalizzata dei contenuti e un ovvio incremento del nozionismo, senza reali progressi nemmeno per la conoscenza scolastica del Novecento.[14] Ben si capiscono gli allarmi lanciati dalle associazioni disciplinari, che usa zittire con l'accusa di consociativismo; ben si capisce il monito di Canfora, secondo cui

> mentre si fa chiasso intorno al bersaglio più comodo (le lingue antiche) si mira in realtà all'insegnamento della storia.

Qui ci si risparmierà un elogio dell'italiano o della storia: l'imbarazzo sarebbe troppo anche di fronte ai medi argomenti di un medio Gavosto. Si osserverà solo che in tempi di querimonie, talora stucchevoli, sulle mediocri competenze linguistiche dei neodiplomati,[15] si tralascia spesso un elemento cardinale, che vale per l'italiano come per la storia: su queste «materie» si è giocata per tutta la vicenda scolastica italiana – e non si smette certo di giocare oggi – una partita la cui posta in gioco non è l'ortografia, non è qualche data tenuta a mente per patriottismo, ma l'eguaglianza culturale minima dei cittadini italiani; ciò che significa eguaglianza politica e sociale. Essa passa oggi anche attraverso le «scienze» e le «tecniche»? Questa era un'ovvietà già ai tempi di Casati, come abbiamo visto, e che la si riproponga con tanta enfasi è almeno sospetto. Ma non si faccia dell'«anche» un «soprattutto», perché questo è giocare sporco.

È nascondere, per esempio, che le competenze linguistiche costituiscono oggi come sempre un «capitale simbolico» di inestimabile valore, soggetto al rischio di concentrazione come tutti i capitali: non è certo per purismo, ma per senso di giustizia, che si deve avere a cuore una distribuzione tendenzialmente paritaria di tali competenze. Quanto al rischio connesso a percorsi tecnico-scientifici altamente specializzanti, ma proprio perciò equivalenti a una precocissima canalizzazione dei talenti, ci siamo già chiesti quanto ciò possa equivalere a una duratura inibizione degli interessi civili e politici. Già nel 1951 il Wright Mills dei *Colletti bianchi*, analizzando l'«anonima cervelli» dei mestieri intellettuali odierni, osservava gli esiti sciagurati della superba autosegregazione (per gli «umanisti») e del tecnicismo apolitico (per gli «scienziati» e per tutti i cultori dell'«obiettività»):

Il culto dell'alienazione e il feticcio dell'obiettività ... mascherano l'impotenza e al tempo stesso tentano di renderla meno amara.

L'«alienazione», così come la si intende nei circoli di media levatura culturale, non è l'antico distacco dell'intellettuale dal clima della vita popolare e della sua struttura oppressiva ... È un atteggiamento elegiaco, un modo come un

altro di rifugiarsi nelle proprie debolezze. È una scusa personale per la mancanza di volontà politica. È una maniera elegante di sentirsi oppressi ...
L'«obiettività» o «scientificità» è spesso il culto accademico dell'interesse limitato, una posa tipica del tecnico, o dell'aspirante tecnico, il quale accetta come data la grande impalcatura che lo circonda e il significato politico del proprio operare all'interno di essa.

Così, concludeva Wright Mills, intellettuali dell'una e dell'altra «cultura» si arrangiano a campare «in un'età di irresponsabilità organizzata». È una pagina che dovrebbero meditare sia gli «umanisti» che rivendicano la propria «inutilità» (cfr. *infra*, pp. 216-222), sia gli «scienziati» che giudicano politicamente nocivo il presunto strapotere di certe materie umanistiche. Chi ritiene semplicistica l'una e l'altra posizione, ammetterà che almeno certe discipline andranno sottratte al frigido contenzioso delle «due culture», e considerate diritto comune, rilevantissimo e non trattabile: perché le sorti scolastiche e professionali non siano decise anzitempo, e perché non certo di specialisti acefali può giovarsi una società civile.

Detto ciò, qual è la dose disciplinare giusta, e dove comincia l'*overdose* «umanistica»? È squilibrato il classico ed equilibrato lo scientifico tradizionale, che delle «due culture» garantisce la sostanziale parità?[16] E com'è l'opzione «scienze applicate» – così cara a Gavosto – dove le materie tecnico-scientifiche oscillano, secondo gli anni, fra il 44,4 e il 46,6%, con prevalenza nettissima? E gli altri indirizzi? Sono umanistici, scientifici, vecchi, moderni?

Ora, chi conosce la scuola sa bene che le discipline non vi funzionano né come elementi autonomi né come addendi di una meccanica somma: esse danno luogo a interazioni ben più complesse, a soluzioni (o emulsioni, se piacciono metafore scientifiche) di cui conta sempre e solo l'effetto complessivo. È dunque sciocca in sé certa computisteria culturale che induce a valutare gli indirizzi scolastici – e a farne il poliziesco *identikit*, o la caricatura umiliante – tramite un mero calcolo orario. L'operazione non è solo impossibile (che fare di certe discipline strutturalmente trasversali come la filosofia o la stessa storia? E si aggiungerebbe volentieri l'informatica, se non ridotta a ECDL); l'operazione è sbagliata in partenza, perché trascura i risultati di sistema. Le discipline sono, l'una per l'altra, casse armoniche. Quel che certa «interdisciplinarità» teratogena cerca d'ottenere per *Diktat* didattico si ottiene spontaneamente laddove gli insegnamenti e le cattedre non si frantumano, laddove ai docenti è lasciato il tempo di dialogare fra loro, laddove si lascia che l'effetto comune sorga dai comuni problemi, non da astratte direttive.

Solo in questa prospettiva di sistema possiamo valutare giuste dosi e sovradosaggi. E solo in questa prospettiva, credo, possiamo interrogarci sul ruolo del greco e del latino: il greco, cruccio esclusivo del liceo classico, e il latino, che per i suoi critici è ancora il «"petrusino in ogni menestra", il prezzemolo in ogni minestra», come si lamentava Rodolfo Mondolfo negli anni Venti (ma allora egli pensava al latino in tutti gli indirizzi inferiori e superiori: oggi si parla di appena quattro licei su miriadi d'indirizzi post-obbligo).

Certo, si può e si deve sorridere delle troppo fantasiose elucubrazioni con cui si è voluto giustificare, per via indiretta, lo studio del latino e del greco; si capisce che qualche classicista ogni tanto si spazientisca e protesti: «il greco e il latino non hanno bisogno di piazzisti», «l'idea che deve passare è che il greco e il latino meritano di continuare a essere studiati in quanto tali» (M. Napolitano); ciò si capisce, specie se le difese indirette giungono ai vertici d'insensatezza che in Italia, per esempio, toccò Bottai nel '39:

> Il latino prepara alla matematica e alla fisica meglio della matematica e della fisica stessa.

Da certe sciocchezze è bene stare alla larga. Attenzione, però, a non rinfocolare, in nome del greco e del latino quali valori in sé, le critiche di chi al liceo classico rimprovera anacronismo e passatismo contemplativo; o a non alimentare i sogni sinistri di chi, per contro, vorrebbe un liceo classico insieme «più classico» e meno *hard*: un liceo classico con più cultura greca e latina – perché il liceo classico è soprattutto classico, è soprattutto «umanistico» – e però con meno pratica del greco e del latino. Così non solo si mette in secondo piano, magari per amor di classicismo, il quadro articolato entro cui le lingue antiche sono chiamate a interagire in un liceo classico; ma si torna anche a incoraggiare l'idea che esista qualcosa come la «cultura umanistica», omogenea e indistinta. E dunque, se non ci si esimerà dal ragionare, nel prossimo capitolo, sul latino e sul greco come discipline autonome (cfr. *infra*, pp. 167-215), qui conviene mantenere un diverso punto di vista, per non fare come chi ama credere (o vuole indurre a credere) che il liceo classico sia la scuola del latino e del greco: il liceo classico è invece la scuola in cui il latino e il greco divengono termini di un'interazione ben più complessa; e in questa interazione essi operano non solo o non tanto per ciò che sono, quanto per ciò che fanno e fanno fare; e così influiscono sia sulle altre discipline storiche o linguistiche, sia sull'insieme.

E qui in particolare occorre guardarsi da sbrigative affiliazioni del greco o del latino al generico ambito della «cultura umanistica», e tenere ben presenti i caratteri distintivi delle loro tradizioni didattiche. Come dicevamo, «umanisti» e «classicisti» non furono un partito unanime nemmeno nella puerizia della scuola casatiana. Le scienze dell'antichità, nella loro crescente formalizzazione, vi portarono novità poderose; e vi portarono scompiglio, inevitabilmente, perché si innestarono sul morto tronco dell'educazione a base retorica e bellettristica, declamatoria e calligrafica, che era tipica di annose tradizioni pretesche e nobiliari, come poi fu tipica di tanta *revanche* antifilologica nel corso del Novecento. Ancor oggi, purtroppo, certo umanesimo «vaporoso» – come lo chiamava Augusto Monti – rischia di rinascere, come rischiano d'essere sempre in agguato coloro che alla tradizione classica chiedono valori morali e bellezze assortite, per il gusto di emettere «grida inarticolate di ammirazione» (G. Pasquali). Ma in una tradizione didattica ormai secolare, e complice il rinnovamento postbellico dell'antichistica italiana (cfr. *supra*, pp. 57-58), non sono generici saperi «umanistici» quelli che l'istruzione classica ha alimentato e alimenta: sono saperi storici, linguistici, filologici che insegnano prassi più che contenuti, abitudini più che nozioni, anche se oggi torna a insidiarli chi deprezza il *training* traduttivo greco-latino, e lo mette in burla sotto il nome di «grammaticalismo» (cfr. *infra*, pp. 167-173); in più, sono saperi che affinano i propri metodi e le proprie pratiche su letterature e culture che, al di là del loro valore in sé, su cui ciascuno giudicherà come crede, valgono per quel che hanno rappresentato e rappresentano: sono, per obiettive ragioni storiche, letterature e culture di classe, prima ancora che classiche; perciò eleggerle a oggetto d'analisi moltiplica le possibilità di mettere in opera metodi e atteggiamenti critici, demolire stereotipi, opporre la storia alla *vulgata* e il riesame dei dati alle idee preconcette; perciò certi studi possono agire come «testimoni del dominio», ma anche come «stimoli alla rivolta» (E. Sanguineti). Basta non fermarsi alla superficie (cioè al contenuto) delle discipline classiche. Se le discipline si riconducono alle prassi che insegnano e alle attitudini che generano, e se si bada innanzitutto agli effetti d'insieme che esse promuovono, si intende meglio perché è impoverente definire il liceo classico un liceo «umanistico» e si intende meglio il ruolo che vi giocano il greco e il latino.

Se badiamo alle discipline come sistema, è chiaro che la presenza del greco e del latino rafforza in prima istanza quei saperi storico-linguistici che sono ovunque un nucleo ineliminabile dell'istruzione, e – lo abbiamo detto – un diritto non trattabile. Ma latino e greco non costituiscono mere integrazioni d'ordine «umanistico», con conseguente rischio di sovradosaggio; piuttosto, greco e latino contribuiscono a mutare o orientare il carattere di discipline quali italiano o storia o filosofia, di cui a loro volta si nutrono; non integrano tali saperi per via meramente additiva, aggiungendo qui un segmento storico, là qualche nozione etimologica o qualche bel testo letterario: piuttosto li amplificano, perché ne allargano gli orizzonti e le possibilità didattiche, e perché ne rinforzano le procedure e le pratiche, oltre che arricchirne i contenuti. Intendiamoci: è del tutto sciocco, e pressoché ridicolo, sostenere che al liceo classico, in virtù del greco e del latino in quanto tali, o in virtù dei valori irraggianti dalle relative civiltà, si fa più storia e si educa meglio al senso della storicità, si fa più intensa pratica della lingua e più intensamente si risveglia la coscienza metalinguistica; per questa china, si finirebbe per rinverdire il mito del latino «lingua logica» o del greco «lingua del pensiero», se non peggio. Simili assurdità si evitano se si sposta il punto di vista dalle discipline in sé all'interazione complessiva delle discipline; e dai contenuti disciplinari alle tradizioni d'insegnamento.

Quelle del greco e del latino hanno progressivamente ereditato e in sé raccolto tradizioni e metodi altrui, appropriandosene per esercitarli entro un dominio il cui prestigio non è un fatto di natura, ma di storia; e così hanno finito per svolgere funzioni plurime, spesso abusive: sicché qualche censore ogni tanto rimprovera che si fa impropriamente, attraverso il greco e il latino, quel che si potrebbe fare direttamente, e meglio, attraverso la linguistica generale; allo stesso modo, qualche bontempone rimprovera agli studi classici il loro strutturale etnocentrismo, e sostiene che pari o maggiore giovamento si trarrebbe dallo studio di altre epoche e civiltà. E così via.

Questi e analoghi sono esercizi di «didattica potenziale» affascinanti: sono svagate escursioni fra i mondi possibili. Ma se certi effetti si ottengono attraverso il greco e il latino, ciò accade per ragioni concrete che non abbiamo scelto e che non ci è dato pattuire a nostro piacimento, inventando *ex novo* tradizioni (storiche o didattiche) e sottraendoci d'un tratto all'esistente, come il Barone di Münchhausen si strappa dalle sabbie mobili tirandosi per i propri capelli. È questo, in merito al ruolo del greco e del latino, il senso autentico di alcune pagine gramsciane spesso citate a sproposito: pagine cariche di problematicità, che non muovono dalle virtù innate delle lingue antiche, ma dalla loro funzione storicamente determinata e secolarmente stratificata (cfr. *infra*, pp. 246-252).

Alla luce di tutto ciò, più che interrogarsi sulla presenza del greco e del latino al liceo classico, o sul ruolo (dimidiato) del latino in altri indirizzi diversi dal classico, occorrebbe interrogarsi sugli effetti che genera la loro assenza. Ciò non paia urtante, o provocatorio. In altri tempi si è discusso dell'opportunità di generalizzare un insegnamento di «cultura classica» in tutti gli indirizzi almeno liceali. L'idea di quando in quando ritorna, e ai critici del liceo classico – o delle discipline classiche in sé – questo pare un rilancio sfrontato; e forse si sospetta che sia un bluff, per salvare il salvabile almeno in qualche indirizzo scolastico. L'idea, in realtà, si può intendere in molti modi, molto diversi: si può rivendicare la filologia come «diritto di tutti» (I. Dionigi), e allora non è detto che essa sia classica; o si può prospettare ovunque – magari anche al liceo classico – un'istruzione greco-latina centrata prevalentemente su nozioni di civiltà: e da questa prospettiva erano tentati non pochi fra i Saggi berlingueriani; Antonio La Penna la riassunse giustamente così: «offrire a tutti il caffè di cicoria».

Sono differenze essenziali, è chiaro. Ma essenziale è soprattutto chiedersi quanto, in molti indirizzi scolastici, certi fondamentali saperi storico-linguistici siano indeboliti di fatto, pur mantenendo un ruolo di diritto, non dall'assenza del greco e del latino in sé, ma dall'assenza di ciò che il greco e il latino rappresentano e custodiscono entro l'indirizzo classico: un patrimonio di metodi, di tradizioni didattiche, di prassi intellettuali che per ragioni storiche, e non per innate qualità, sono connesse in maniera prevalente a tali discipline. In altri termini: il punto essenziale è chiedersi quanto certe componenti inalienabili della cultura cosiddetta «umanistica» siano condannate a un ruolo di minorità sostanziale anche laddove la loro formale tutela non viene meno. Anche su questo punto sono istruttivi i classisti franchi di età fascista e di ispirazione gentiliana: l'istituto magistrale – oggi liceo delle scienze umane, già liceo socio-psico-pedagogico – era espressamente programmato come «liceo bastardo» (D. Izzo); e limpido su questo punto, anche in pieni anni Cinquanta, era Ernesto Codignola,

che a Gentile rimproverava di non averlo fatto abbastanza
«bastardo», quel liceo bastardo: e teorizzava espressamente
la necessità di riservare a certi alunni «un nutrimento più
modesto, più adatto al loro stomaco»; di garantire loro una
vera e propria letteratura in minore, una vera e propria filosofia in minore. Se si ritiene che questo sia un problema
passato – mentre andrebbe rimpianta, ancora una volta, la
brutalità salutare d'altri tempi – si può pensare a quanti
studenti, oggi, compiano le loro scelte scolastiche proprio
in virtù di considerazioni analoghe; e l'assetto gelminiano
dei licei, ovviamente, li incoraggia (cfr. *infra*, pp. 229-231).
Ma ciò che fin qui abbiamo detto mantenendoci entro il
campo dei saperi storico-linguistici vale in senso più generale: vale, cioè, se si considerano effetti di interazione più
ampi, che coinvolgano anche le discipline matematiche e
fisiche, biologiche e chimiche. Non pensiamo ai dosaggi o
ai sovradosaggi: adottiamo, anziché una prospettiva contabile e posologica, una prospettiva – diciamo così – «eco-
logica». Sotto questa luce, quel che dobbiamo distinguere
non sono licei «umanistici» o «scientifici», ma indirizzi che
rispettino meglio di altri il patto formativo che è nella natura stessa dei «licei».

Destini di umanisti (con un finale invito a non mentire)

Insistere sugli effetti di sistema è utile sotto più rispetti: è
utile contro il semplicismo caro ai cultori delle due culture;
è utile contro la tentazione – purtroppo forte fra i classicisti – di imperniare sulle lingue antiche ogni elogio del liceo
classico (con ovvi effetti-*boomerang*); ed è utile per intendere
meglio il ruolo che latino e greco giocano, non certo per ottuso passatismo o vezzosa *humanitas*, nell'indirizzo classico.
È utile, però, anche per fornire una descrizione più realistica degli indirizzi liceali tutti. Se si evita di credere che
il liceo classico sia la scuola del latino e del greco, si comprende che il latino e il greco – intesi quali elementi indispensabili di un'istruzione storico-linguistica più complessa e completa – contribuiscono a fare del liceo classico un

notevole esempio di «biodiversità» disciplinare: un punto
che non emergerà mai a sufficienza se si insiste sulle lingue
antiche in sé, o se si pesano le discipline per astratte quote
orarie. Peraltro, a coloro che trovano minime le quote orarie riservate nel liceo classico a matematica, fisica e scienze naturali (18% al biennio, 19,3% al triennio), va ricordato che solo in un indirizzo liceale esse sono sensibilmente
più alte: lo scientifico, e in ispecie il suo indirizzo di scienze applicate. Negli altri indirizzi il peso di quelle discipline, rispetto al classico, o scende in misura apprezzabile sia
al biennio che al triennio (artistico: 14,7% e 17,1%, musicale-coreutico: 15,6% e 12,5%), o subisce lievi variazioni ora
in alto e ora in basso (linguistico e scienze umane: 18,5% e
20%; scienze umane con indirizzo economico-sociale: 18,5%
e 16,6%), ma con una differenza di consistente portata: l'incremento complessivo delle materie – a volte una vera e
propria frantumazione – causa un depotenziamento complessivo di tutti gli ambiti disciplinari, ben avvertito dagli
studenti e dai docenti. Esattamente l'opposto di quel che
avviene al classico, dove discipline storico-linguistiche essenziali si potenziano a vicenda e si confrontano con discipline fisico-matematiche la cui incidenza è comunque pari
o superiore a quella di altri indirizzi.

Perciò il liceo classico risulta, in termini di «ecologia» disciplinare, un ambiente più ricco di altri. Se tutto ciò pare
controintuitivo è solo perché troppo spesso ci vengono proposti ritratti caricaturali degli indirizzi che si disputano le
scelte dei nostri studenti. A oggi, dunque, anche con le sue
ridotte percentuali di materie «scientifiche» – al cui potenziamento le scuole provvedono in regime d'autonomia –
l'interna diafonia dell'indirizzo è assai alta, e gli esiti universitari di cui parleremo tra poco lo dimostrano.

Sia chiaro: l'interna diafonia di cui si parla qui non è in
discussione per il liceo scientifico. C'è tuttavia da chiedersi – visto che il ruolo delle discipline non si misura solo a
ore, e visto che le stesse ore si ponderano, non si contano –
se l'equilibrio interno dell'indirizzo scientifico non sia progressivamente messo a rischio da plurimi fenomeni: la fra-

stornante retorica, alimentata anche da «umanisti» in crisi, di chi predica la soave inutilità di certe discipline (cfr. *infra*, pp. 216-222), con il rischio che esse siano percepite come un vano tormento, o come un distensivo intervallo fra materie più rispettabili; l'inversa e simmetrica retorica – alla Gavosto – di chi insiste sugli aspetti professionalizzanti delle materie cosiddette «scientifiche», secondo un equivoco di vecchia data e lunga durata, che inevitabilmente concorre al differenziale di prestigio delle discipline; infine, l'effetto di catalizzazione che ormai svolgono, accanto alle prove di maturità, le prove d'accesso ai corsi di studio universitari, che sempre più decisamente orientano la didattica liceale. Fra queste, un ruolo preponderante hanno ovviamente i test dei corsi medici, ingegneristici, economico-statistici. Gli effetti distorsivi del *teaching to the test* sono ben noti in tutti i Paesi che abbiano adottato, prima e più del nostro, sistemi estesi di valutazione e *accountability* a mezzo test. Da noi, tutto sommato, il meccanismo è appena agli inizi; ma l'autonomia scolastica e la concorrenza interscolastica ne accelerano lo sviluppo.

Certo, la progressiva crisi del liceo scientifico tradizionale, e il successo dell'opzione «scienze applicate», fanno intravedere rischi seri per un indirizzo il cui interno equilibrio rimane per ora, almeno sulla carta, assai alto. E se tali rischi preoccupano – come preoccupa l'idea di un liceo classico sempre più classico – non è per considerazioni volatili sull'astratta dignità di questa o quella disciplina, né per ossequio a un ideale «manuale Cencelli» delle materie scolastiche (e/o delle relative associazioni accademiche). Tutto ciò preoccupa in base al principio cardinale che si ricordava sopra: il diritto al rinvio, il diritto alla scelta meditata e matura delle proprie sorti nello studio, nel lavoro, nella vita, che ogni liceo – ogni scuola – dovrebbe assicurare a chi la sceglie. Del plateale classismo del nostro sistema scolastico diremo: del resto, la sua evidenza è pari solo al silenzio ipocrita con cui la si nasconde (cfr. *infra*, pp. 222-246). Ma quanto agiscono la canalizzazione precoce, l'innaturale e forzosa preselezione dei destini scolastici e professionali, anche all'interno del sistema liceale, in sé privilegiato, e mai come oggi così ricco, mai come oggi così insidioso?

Partiamo da un punto che dispiacerà a chi si sgola esortando: «iscrivetevi al liceo classico, da grandi farete i filologi». Con ogni evidenza, il liceo classico non forma «umanisti» né «classicisti», in barba al gramo destino cui rischiano di avviarlo molte riforme e qualche improvvida pensata volta in apparenza al suo salvataggio. Se stiamo ai dati nazionali MIUR disponibili per l'anno accademico 2016/2017, solo il 14,2% dei diplomati al classico si immatricola in un corso di studio di area letteraria; la preferita è l'area giuridica (18,4%), mentre l'area economico-statistica è al 10,7% e la politico-sociale al 7,9%, l'ingegneria al 7,4%, la medicina al 5,9%. Se accorpiamo i dati disponibili in macroaree di più limpida intelligenza (medica, scientifica, sociale, umanistica, tecnologica), abbiamo le seguenti percentuali: 5,9%, 18,6%, 39%, 22%, 11,7%; rimangono un discreto 4% a psicologia, e un residuale 0,7% a scienze motorie, che i cultori delle due culture potranno collocare dove credono.

È dunque legittimo dire che l'ultima nidiata di diplomati classici ha scelto in prevalenza l'area sociale. Sono tutti «umanisti»? Vedano, anche in tal caso, gli amanti del bianco e nero. Si dirà sì, o sì in gran parte, se umanistici si considereranno gli studi giuridici, politologici, sociologici; si esiterà seriamente, se si considererà la forte incidenza di studi economico-statistici, che oseremmo ritenere – con il sicuro conforto di Andrea Ichino – ben poco classici. Osserveremo poi che l'area scientifica *hard* (discipline fisico-matematiche, chimico-farmaceutiche, geo-biologiche) segue dappresso la più pretta area umanistica (discipline letterarie, linguistiche, insegnamento); se sommiamo a essa le aree tecnologica e medica, si può dire che il 36,2% dei diplomati classici compie scelte universitarie che li allontanano consistentemente da quella che si ritiene la prevalente caratterizzazione dell'indirizzo; se si aggiungono le discipline economico-statistiche (*duce* Ichino, come sopra), si supera il 46%. E ciò senza dire che sotto l'ambigua dizione MIUR di «area didattica letteraria» si celano le discipline più disparate, dal-

la filosofia all'antropologia alla storia. Ma le considere-
mo umanistiche, e se serve anche classiche, in omaggio alle
due culture. Chi, di fronte a questi dati, potrebbe seriamente sostenere che il liceo classico prepari «umanisti»? Qualsiasi cosa intendiamo per «umanisti».
Può essere utile applicare gli stessi parametri allo scientifico tradizionale. Avremo allora – rispetto alle macroaree
medica, scientifica, sociale, umanistica, tecnologica – la seguente distribuzione: 8,7%, 22,8%, 25,2%, 8,7%, 30,2%, con
psicologia al 2,3% e scienze motorie al 2,1%. I divari più
prevedibili sono nell'area tecnologica (30,2% *vs* 11,7% del
classico) e nell'area più pervicacemente umanistica (8,7%
vs 22% del classico); quanto all'area sociale (25,2% *vs* 39%),
a incidere sul divario sono le scienze giuridiche (5,8% per
lo scientifico, 18,4%, come ricordato, per il classico), mentre lo stacco è meno netto per le scienze economico-statistiche (14,8% *vs* 10,7% del classico). Ma altro colpisce: per
esempio, le differenze nient'affatto marcate entro l'ambito
delle *hard sciences* (22,8% *vs* 18,6% del classico) e della medicina (8,7% *vs* 5,9% del classico). Se poi si è appassionati lettori di «Eduscopio», si può verificare che questi stacchi, in numerose scuole, si riducono ulteriormente e quasi
si annullano.
Dunque, se nel nome delle due culture ragioniamo come
sopra, potremmo dire che solo il 19% dei diplomati scientifici si allontana, dinanzi alla scelta universitaria, dalla prevalente caratterizzazione dell'indirizzo.[17] Si può osservare
che i diplomati allo scientifico con opzione «scienze applicate» mostrano scelte più rigide e prevedibili in tutte le
macroaree citate. I divari osservati, cioè, si radicalizzano,
con non trascurabili scarti in alto e in basso laddove più ce
li aspetteremmo.[18] In tal caso, si può dire che solo il 14,6%
dei diplomati si discosta dalla caratterizzazione prevalentemente scientifico-tecnica dell'indirizzo.
Si aggiunga che i dati fin qui considerati non mostrano
nessuna apprezzabile differenza rispetto ai dati MIUR relativi agli immatricolati 2015/2016, che comprendono in
parte consistente la prima generazione postgelminiana. È

vero che siamo di fronte ad appena due «coorti» – per dirla con la burocrazia, e con Mameli – di diplomati: è dunque presto per parlare di un *trend*. Ma visto che tali dati collimano con ogni dato precedentemente noto in merito alle sorti dei diplomati classici, qualche osservazione si impone, specie in merito alle scelte, per così dire, «difformi». A voler considerare con massima larghezza le stime fin qui fornite, tali scelte si collocano fra il 36 e il 46% per il classico, fra il 19 e il 21% per lo scientifico tradizionale, intorno al 14-15% per l'opzione scienze applicate. Vedremo in futuro – nell'immediato futuro – se questi divari continueranno a essere confermati. Ma i divari ci sono, per ora, e si prestano a diverse interpretazioni, *in bonam* o *in malam partem*.

Potremmo sostenere che gli studenti del liceo classico cambino così spesso idea perché la scuola che hanno scelto è pessima: anzi, è ottima, ma nel senso ironico del già citato Salvemini, che si chiedeva se si dovesse «reputare scuola ottima quella che riesce a farsi detestare dai migliori fra gli alunni».

Per contro, allo scientifico, e ancor più allo scientifico delle scienze applicate, si iscrivono – dovremmo pensare – studenti dalle idee limpide e dalla volontà ferrea, che a 14 anni sanno bene il destino che li attende: e tenacemente lo perseguono.

Questa è l'interpretazione che adotterebbe senza esitazioni, credo, un Gavosto. Altrimenti – e più plausibilmente – diremo che il liceo classico lascia liberi i propri studenti; li attrezza in maniera equilibrata per scelte future che nessuno può compiere meditatamente a 14 anni, e rispetta fedelmente quel patto formativo liceale di cui si diceva. Quanto al liceo scientifico, esso dà segno di produrre, specie nell'opzione scienze applicate, una più precoce canalizzazione delle scelte.

Teniamo però presente un elemento che complica il quadro: se passiamo dalle astratte percentuali ai numeri assoluti che esse sottendono, quel 20% circa di scelte «difformi» dopo la maturità scientifica ci apparirà per quello che è: una

160   *La scuola giusta*

massa piuttosto imponente di neodiplomati. Anche in tal caso il dato si può intendere *in bonam* o *in malam partem*: anche il liceo scientifico consente di rimeditare, con la maggiore età, le scelte compiute a 13-14 anni, ed è quello che ci attendiamo da una scuola fortemente equilibrata, almeno nel suo indirizzo tradizionale; oppure: diverse migliaia di neodiplomati scientifici affronteranno percorsi universitari (d'ambito letterario, linguistico, giuridico, sociale) per i quali sono meno preparati dei diplomati al classico; assai meno preparati, se l'indirizzo è quello di scienze applicate. Del resto, gli annuali rapporti AlmaLaurea ci consentono di osservare i fenomeni non dal punto d'ingresso (le scelte dei neodiplomati) ma dal punto d'uscita (l'incidenza dei diversi indirizzi secondari sui laureati italiani): se stiamo ai soli laureati triennali del 2016, i diplomati al classico costituiscono il 35,3% di chi ottiene una laurea del gruppo «letterario», e ciò non sorprende; ma i diplomati allo scientifico sono un ragguardevole 28%. Essi aumentano ancora nel gruppo «linguistico» (23%, contro il 15% dei diplomati al classico), nelle scienze della formazione (17,7%, contro l'8,7% dei diplomati al classico), nelle scienze giuridiche (24,1%, contro il 14,1% dei diplomati al classico), negli studi politologici e sociologici (27,7%, contro il 15,2% dei diplomati al classico), e ovviamente negli studi economici e statistici (45,8%, contro l'esile 9% dei diplomati al classico). Chiaro che ciò dipende dal loro numero assoluto, soverchiante rispetto al numero dei giovani classicisti. Ancora una volta: buon segno, perché vuol dire che il «patto formativo» liceale è rispettato anche allo scientifico, e che le scelte dopo il diploma restano alquanto libere. Segno meno buono, se si guarda alle riuscite universitarie, su cui torneremo fra un attimo.

Se poi osserviamo i percorsi universitari su una gittata più lunga (lauree magistrali e lauree a ciclo unico), altri dati colpiscono: per esempio, nel 2016 i diplomati classici – pur con i loro esili numeri in ingresso – rappresentano ben il 30,4% dei laureati a Medicina (dove i diplomati allo scientifico sono al 48,6%); e rappresentano il 40,4% dei laureati a Giurisprudenza: e però i diplomati allo scientifico li tallonano (35,4%). Quanto alle lauree magistrali – che, stante il sostanziale fallimento del «3+2», rappresentano per gran parte dei nostri studenti un séguito obbligato – i dati sono forse ancor più utili. Cosa fanno, in base a tali dati, i diplomati al classico? I filologi? Gli archeologi? Gli insegnanti di lettere? Qui conviene tradurre in cifre assolute le percentuali che AlmaLaurea ci mostra ben distribuite fra tutti i gruppi di laurea. Su un collettivo di circa 72.000 laureati (mi permetto di arrotondare un po'), i diplomati al classico sono circa 11.600. Quanti di questi hanno compiuto con successo – come la laurea mostra – percorsi che il latino e il greco avrebbero dovuto inibire in culla? O, a rovescio, quanti hanno conseguito quelle lauree d'ambito «umanistico» che Gavosto – ci figuriamo – augurerebbe solo come una sciagura? Per una risposta perentoria andranno sentiti i soliti cultori delle due culture, perché ci dicano come classificare le lauree in psicologia, e non solo. Certo, se «umanistici» in senso stretto si considerano, al solito, i gruppi di lettere, lingue e scienze della formazione, qualcuno potrebbe restarci male: appena 4100 studenti del collettivo mettono in cornice lauree di tal fatta, cioè circa il 35%. Queste sono le mele che non cadono lontano dall'albero, se si sta a una botanica elementare degli indirizzi. Ma ciò significa che una quota molto consistente di quegli 11.600 grecizzati e latinizzati – diciamo fra il 40% e il 50%, con psicologia o senza[19] – compie scelte che in nulla odorano di greco o di latino; e dal computo manca medicina, dove non risulta che il giuramento di Ippocrate sia letto in originale, e che porterebbe la quota dei classicisti degeneri ben oltre la metà.

È forse una nidiata speciale, quella del 2016, che include diplomati al classico collocabili *grosso modo* fra il 2008 e il 2010? Si consultino i precedenti rapporti AlmaLaurea e si verificherà che il quadro è stabile. Esso cambierà quando registreremo le sorti dei diplomati d'età gelminiana? Per ora, come abbiamo visto, le immatricolazioni dicono di no. L'insieme di questi dati – che l'esperienza quotidiana conferma, ma la retorica diffusa occulta – è sufficiente per garantire ai neoiscritti classici una cosa almeno: niente li destinerà a leggere Senofonte o Cicerone per tutta la vita. Loro e le famiglie loro – non so Gavosto, che del resto ha fatto il classico – su questo punto possono rasserenarsi. E come se la cavano, all'università, i diplomati al classico? Qui ci soccorre un'altra indagine AlmaLaurea, diffusa da Ivano Dionigi nell'autunno del 2016. Allora il «Corriere della Sera» (1° novembre 2016) titolò enfaticamente *Il Classico è meglio*, e nell'occhiello così sunteggiò: «Non è la scuola delle élite e prepara a tanti lavori con voti più alti alla laurea anche in ambito scientifico». Per molti classicisti fu un sollievo, e ben si comprende che nell'entusiasmo i dati siano stati recepiti con qualche semplificazione, sicché oggi capita di leggere che «gli studenti provenienti dal classico» sarebbero «primi per voto di laurea dappertutto, facoltà scientifiche comprese» (M. Napolitano). Non esageriamo. Quei dati – che qui impiegherò nella loro completezza –[20] evidenziavano le ottime riuscite universitarie dei diplomati al classico come dei diplomati allo scientifico. Le riuscite non stanno solo nei voti, ovviamente, che spesso variano per uno o due decimali, ma anche nei tempi di laurea: stimati ministri della Repubblica ci hanno ricordato con rudezza, anche di recente, che i tempi di laurea contano molto (più dei voti, secondo loro: onde entrare prima «nel notoriamente accogliente mercato del lavoro» [L. Canfora]). È vero che l'indagine – fondata su oltre 38.000 diplomati al classico e oltre 102.000 diplomati allo scientifico, tutti laureati nel 2015 – evidenzia nel suo complesso un voto di laurea lievemente più alto per i primi (105 *vs* 103), e una media più alta negli esami (26,8 *vs* 26,2). Più interessante che i dati relativi al voto di laurea siano confermati sia in ambito umanistico-sociale (104,8 *vs* 102), sia in ambito scientifico-tecnologico (105,4 *vs* 103,7), dove in molti non se lo sarebbero atteso. Ma in entrambi gli ambiti lo stacco davvero significativo si registra rispetto al voto di laurea dei diplomati tecnici (rispettivamente 99 e 100,6), che in più rappresentano un'esigua e selezionata minoranza proveniente da una scuola che solo nominalmente dà pieno accesso all'università (cfr. *infra*, pp. 228-229). Quanto a regolarità degli studi,[21] i dati aggregati evidenziano un lieve ritardo dei diplomati al classico (72,4% di studenti regolari, contro il 73,7% dei liceali nel loro insieme e il 74% dei diplomati allo scientifico); anche se negli anni questo ritardo si va restringendo: se paragoniamo i dati del 2015 con quelli del 2010 e del 2005 – il «Corriere della Sera» non ne teneva conto – registriamo un costante *trend* di accelerazione per i diplomati al classico, che a quanto pare hanno iniziato a farsi fretta, pur senza rinunciare a una media molto alta.[22]

Ancor più interessanti, ovviamente, i dati disaggregati per diverse tipologie di laurea, a oggi inediti. Possiamo fornirne qui almeno uno *specimen*, che talora conferma le attese, talaltra no. Per esempio, non stupisce che nei corsi di studio d'ambito letterario o linguistico i diplomati del classico abbiano un punto e mezzo o due di stacco, nel voto di laurea, rispetto ai diplomati dello scientifico, che in questo caso sono anche più lenti (a Lettere, fra trienni e bienni magistrali, 71,4% «regolari», contro il 74,6% del classico). Non stupisce nemmeno che analogo sia il quadro a Giurisprudenza (102,6 *vs* 100,2), in ambito politico-sociale (103,8 *vs* 102) o psicologico (104,3 *vs* 103,2). Ma colpisce di più che stacchi simili si registrino ad Architettura (106,5 *vs* 105,3) o in ambito economico-statistico (100,8 *vs* 99,5). Ancor più singolare, però, è che voti di laurea e medie d'esami degli ex classicisti siano più alti, rispetto a quelli dei loro colleghi «scientifici», ad Agraria (104,1 *vs* 103,3; 26 *vs* 25,9) e nei corsi di studio fisico-matematici (105,1 *vs* 104,1), dove peraltro la regolarità degli studi è pressoché identica;[23] e che risultino sostanzialmente pari – quando non lievemente superiori – in ambito chimico-farmaceutico (101,9 *vs* 101,8; 25,5 *vs* 25,6), geo-biologico (104,5 *vs* 104,2; 26,5 *vs* 26,4), medico (110,4 *vs* 110,1; 27,7 *vs* 27,6) e addirittura a Ingegneria (101,2 in entrambi i casi; 25,6 *vs* 25,8).

Insomma: quanto si ricavava dai dati aggregati si apprezza ancor meglio – e non senza sorprese – nell'osservazione dei dati disaggregati. Alcune postille sono però indispensabili, onde evitare semplificazioni. Innanzitutto, questi dati – che spesso evidenziano stacchi poco pronunciati – non devono ispirare empiti di *classical pride*, e men che meno incoraggiare stucchevoli gare fra i tifosi del classico e i tifosi dello scientifico; i due licei, peraltro, sono qui polarizzati nel confronto per una sola ragione, semplice e rattristante: a oggi sono questi i due principali accessi al mondo dell'università, né i dati di età gelminiana fanno sperare in miglioramenti (cfr. *infra*, pp. 222-231). In secondo luogo, questi dati non tengono conto di variabili rilevantissime: quelle di genere, per esempio. Dal classico escono soprattutto donne: e le donne, piaccia o no a chi la Gelmini ha vestito d'azzurro, all'università riescono meglio ovunque.[24]

Non solo: è obiezione facile, e sospetto legittimo, che le migliori riuscite degli ex classicisti dipendano dalle origini familiari, e *in primis* da classe sociale e titolo di studio dei genitori, che implicano fra l'altro più ampia disponibilità al recupero del *gap* formativo nelle aree tecnologiche e scientifiche (in termini di tempo per lo studio, ma anche di concrete disponibilità finanziarie). Questo è un tema rilevantissimo per chi ha a cuore il liceo classico, e ce ne occuperemo nel finale (cfr. *infra*, pp. 231-254). Una precisazione va però fatta fin da ora: i dati di AlmaLaurea consentono di paragonare i risultati anche al netto delle due variabili economico-culturali citate. Qual è il quadro se confrontiamo fra loro diplomati al classico e allo scientifico provenienti da due sole classi sociali (classe del lavoro esecutivo e classe media impiegatizia) e nati da genitori sprovvisti della laurea? Il quadro è pressoché immutato. La differenza complessiva nei voti di laurea e nelle medie regge (104,94 *vs* 103,10; 26,85 *vs* 26,25); così è anche nei dati ripartiti per macroambiti, cioè area umanistico-sociale (104,87 *vs* 102,12; 27,04 *vs* 26,29) e tecnologico-scientifica (105,11 *vs* 103,79; 26,43 *vs* 26,22). E così è nei singoli gruppi di laurea, dove a volte lo stacco lievemente sale, a volte lievemente decresce. Quanto alle partizioni geografiche della Penisola, si può notare che complessivamente il divario sale al Nord nei dati d'insieme (105,11 *vs* 102,55; 27,04 *vs* 26,24), ma specie per il contributo dell'area umanistico-sociale (105,32 *vs* 101,79; 27,29 *vs* 26,26), dove i diplomati allo scientifico sembrano faticare di più; mentre l'area tecnologico-scientifica (104,66 *vs* 103,07) è più in linea con i dati nazionali. I complessivi 2,56 punti di stacco nel voto di laurea al Nord si riducono al Centro (1,4) come nel Sud e nelle Isole (1,5).

Potremmo scendere ulteriormente nei dettagli, ma è preferibile non farlo, per molte ragioni: la coorte dei laureati è una sola, e tutta pregelminiana;[25] le griglie interpretative che stiamo considerando non sono sufficientemente fini (*e.g.*, le classi sociali si potrebbero raggruppare diversamente o analizzare partitamente; le variabili potrebbero e dovrebbero incrementare, ecc.), sicché questo va considerato un primo e ancora rudimentale filtraggio dei dati disponibili; soprattutto, non interessa qui il primato del liceo classico sullo scientifico, che del resto – lo ribadiamo – è questione talora di pochi punti, specie in àmbito tecnologico-scientifico.

Quel che davvero interessa è altro: è mostrare che il denigrato liceo classico, tutto futile umanità, o tutto ostiche lingue antiche, prepara egregiamente i suoi diplomati, pronti a competere con ottimi esiti sui terreni che parrebbero meno favorevoli. Che stravincano, vincano di misura o pareggino è del tutto secondario: l'importante è che possano scegliere quel che realisticamente determinerà – fra i loro 18 e 25 anni, durante la carriera universitaria – gran parte della loro vita futura. Possono farlo senza timore alcuno di fallire, e con ottime speranze di riuscire bene, benissimo, e in molti casi meglio di chi parte favorito. Ciò basta.

Ciò basta anche per rivolgere a tanti semplificatori odierni un cordiale, deciso invito: smettano di mentire.

E gli altri licei? I tanti, troppi altri licei? Come vedremo, il tasso di fallimento che essi registrano ben prima che l'università cominci è allarmante, e alle considerazioni qui fornite porta una conferma che preferiremmo non ricevere: cfr. *infra*, pp. 229-231.

Un'ultima osservazione. Fin qui, lo si sarà notato, nel discorrere del liceo classico più o meno «umanistico», più o meno votato – vorrebbe qualcuno – a divenire una catacombale scuola per specialisti, non si sono pressoché considerate motivazioni d'ordine cosiddetto «culturale». Diceva il saggio Bacone che

gli studi servono come diletto, come ornamento e come abilità. Come diletto, li usiamo principalmente nella solitudine e nel ritiro; come ornamento, nella conversazione; e come abilità, nel giudicare e maneggiare gli affari.

Abbiamo fin qui preferito concentrarci su quel che Bacone chiama «abilità», è vero, non perché è termine pedagogico in voga, ma perché è l'unico che non sappia di chiacchiera laddove il Regolamento gelminiano (art. 2, comma 2) detta i compiti ai licei e ne ribadisce il fine sostanziale, preparare all'università:

I percorsi liceali forniscono allo studente gli strumenti culturali e metodologici per una comprensione approfondita della realtà, affinché egli si ponga, con atteggiamento razionale, creativo, progettuale e critico, di fronte alle situazioni, ai fenomeni e ai problemi, e acquisisca conoscenze, abilità e competenze coerenti con le capacità e le scelte personali e adeguate al proseguimento degli studi di ordine superiore, all'inserimento nella vita sociale e nel mondo del lavoro.

Ma ora parleremo anche di «diletti» e «ornamenti». Gli uni e gli altri, a quanto pare, al liceo classico mancano. Ci si annoia a morte, al liceo classico: pretenziosa e supponente scuola che – oltre a essere figlia di fascisti e madre di umanisti – vessa i suoi studenti con gratuite crudeltà.

Così si dice in giro. E a dirlo – questo è il bello – sono specialmente certi classicisti, che invitano a considerare il liceo classico, anziché «umanistico», francamente disumano. Ma è così davvero?

UN LICEO DISUMANO?

(Troppa grammatica, ben poca *humanitas*)

«*Grammaticalista!*»

«Grammaticalista»: forse non pare, ma l'insulto è dei peggiori. E ce ne vuole di strada, dalla nobile *grammatiké* di età ellenistica, quando il termine era sinonimo di scienza letteraria o cultura *tout court*, fino alla grammatica che fa rima, per contrasto e dileggio, con «pratica». Se poi dalla grammatica si trascorre al «grammaticalismo», la degenerazione risulta completa e, c'è da temere, irreversibile: nel liceo classico odierno lo studio delle lingue antiche si trova miseramente ridotto a «una palestra ... gimnosofistica», a una «gimno-grammatica» (L. Berlinguer);[1] vi si pratica un «grammaticalismo oltranzista» (S. Novelli); vi si dispiega un «soverchiante apparato grammaticalistico» e vi impera il «logicismo grammaticalistico» (L. Serianni). A brutta cosa, brutte parole. Il vecchio Giovan Battista Pighi diceva più compostamente «degenerazione della grammatica», ma «grammaticalismo» suona meglio. È la potenza magica dei suffissi: «mnemonismo!», tuonava contro i suoi nemici Bottai.

È questa, dunque, la malattia mortale del liceo classico: lo si ripete con convinzione da decenni. Anzi, come vedremo, lo si ripete da secoli. Ma negli ultimi tempi l'accusa ha assunto un timbro nuovo, che va colto e apprezzato nella sua peculiarità.

Chi ha fatto il classico sa bene di cosa si parla, e può consentire sull'entità del malanno. Chi ha fatto il classico ha subìto – e chi lo farà, subirà – un numero esorbitante di vessazioni morfo-sintattiche, la cui contabilità si può tenere solo a spanna: ha subìto o subirà cinque declinazioni latine e tre greche (ma la terza greca ne vale almeno tre latine); ha subìto o subirà quattro coniugazioni latine, con verbi atematici a parte, e un numero variabile di greche (dove la materia si spartisce diversamente: ma è un numero altissimo, non ci si illuda); del verbo latino ha subìto o subirà sei tempi e otto modi, e peggio ancora gli è andata o gli andrà con il verbo greco: tocca studiare almeno un modo in più (l'ottativo), si classificano diversamente le forme verbali nominali, si deve capire il mistero del «medio», che è e non è un attivo, e poi il mistero dell'«aspetto», che è e non è un tempo; e così via, con smarrimento crescente. Ma non è certo finita: mancano ancora due classi di aggettivi – due per lingua, si intende – e un profluvio di pronomi; in greco, poi, c'è anche l'articolo; e le preposizioni, che sono tante in latino, in greco sono innumerevoli, e variano di significato con tale libertà che c'è da chiedersi come i Greci si intendessero fra loro. Ovviamente si moltiplichino nomi, aggettivi e verbi nominali per casi, numeri e generi (ben tre, in greco); e i verbi si moltiplichino per diatesi, persone, numeri (ben tre, ancora, in greco). Il tutto va mandato a memoria, e solo per cavarsela con la basilare morfologia: c'è ancora tutta la sintassi, il cui grosso si fa a parte, perché la morfologia è la parte facile. E specialmente in latino la sintassi è materia a sé, spaventosa: sentito l'aspro della *consecutio*, saggiato l'intrico normativo del periodo con le sue prime e già confuse designazioni, fatte apposta per sovrapporsi (infinitive, interrogative indirette, sostantive con *ut* e *quod*, ecc.), si è appena all'inizio, perché si rivedranno in prospettiva sintattica tutti i casi (tutti e sei), si studieranno concordanze e sconcordanze, si imparerà a rispondere a domande che nessuno ci farà mai (*unde? qua?*) e a chiamare «qualcuno» in quattro o cinque modi diversi (*aliquis, quidam,* ecc.); e poi ancora verbo e periodo, in nuova luce e con nuove regole e nuove definizioni.

Quanto al greco, la sua sintassi non ci si parrà mai di fronte con l'intimidatoria imponenza di una legione manipolare romana, ma non per questo sarà più amichevole: se il militaresco latino finirà per sembrarci tutto regole e ranghi, il creativo greco ci stordirà con la sua caotica libertà, che pare iniziare già dalla fonetica e dagli accenti, per culminare in una sintassi poverella, sì, ma insidiosissima, perché fatta di impercettibili sfumature.

E quel che avremo sudato mandando a memoria norme latine, lo suderemo cercando di intendere bizzarrie greche: posizioni attributive e predicative, negazioni plurime e in cumulo, valenze desiderative e potenziali, participi capricciosi e particelle in quantità intollerabile, di cui paiono chiare solo quelle confortevolmente traducibili come «da una parte» e «dall'altra»; ma che fare dei tanti «appunto», «invero», «effettivamente»?

E poi c'è il colpo di grazia: le eccezioni, che in latino specialmente occupano tanto spazio quanto le regole. Chi ha fatto il classico pensa ancora con orrore alle «eccezioni della terza» (si intenda: declinazione latina), e ora che è grande può confessare serenamente di non sapere cosa sia una «bure» o cosa si festeggi agli *Ambarvalia*. Del resto ha atteso cinque anni, probabilmente invano, per incontrare almeno un *Agamemnona*, o per imbattersi in un maiale all'ablativo plurale. Sul fronte greco, chi ha fatto il classico ha capito fin da subito che lì, fra i Greci geniali e renitenti all'ordine, tutto era eccezione e stranezza: dalle parole «properispòmene» alla baritonesi, dalle «leggi» che con nomi oscuri designano fenomeni oscuri (Vendryes, Grassmann, altri) fino alle ingovernabili forme delle contrazioni, degli aumenti, dei raddoppiamenti; e, di fronte ai verbi difficili, si è abituato a interpellare la sua grammatica o il suo docente con lo stesso scetticismo con cui Alice interpella Bindolo Rondolo. Che pensare, in fondo, di una lingua il cui verbo-guida è «libero» (*lýo*)? Non che in latino i verbi-guida siano più promettenti: «lodo», «ammonisco», «leggo», «ascolto». Il carcere scolastico in quattro parole.

E la tragedia fin qui descritta si consuma, tra l'indifferenza dei più, nell'arco di appena un biennio: mancano ancora tre anni di scuola. E la tragedia non è solo quella della grammatica in senso stretto, perché nel frattempo si sono mandate a memoria sesquipedali liste di parole per irrobustire il lessico; e poi i paradigmi, se l'insegnante è *old style*: schidionate di forme verbali da deglutire e ripetere secondo un ordine meticoloso. Chi i «paradigmi» li ha subiti sa bene di che si tratta; chi ancora non sa è meglio non sappia, ma se ha a mano parenti o amici più vecchi che abbiano subìto in giovane età l'infernale trattamento può provare il seguente gioco: dica *érchomai* e si sentirà rispondere, con puntualità pavloviana, *eléusomai êlthon elélutha*. Il gioco – a parte qualche cilecca, scusabile con l'età – dovrebbe funzionare almeno per una quarantina di forme, sia per il greco, sia per il latino. A riprova di un trauma pressoché indelebile: come la psicologia ci insegna, si ricorda ciò che è stato tormentoso («effetto Zeigarnik»), si dimentica ciò che è andato per il meglio.

Ora, a descrivere le cose in questo modo, ce n'è quanto basta per giustificare lo sfogo di Heinrich Heine, liceale al principio dell'Ottocento:

> I Romani non avrebbero trovato il tempo per conquistare il mondo, se prima avessero dovuto imparare il latino.

Sfogo evidentemente inascoltato. E ce n'è quanto basta per capire come mai un linguista del calibro di Luca Serianni abbia proposto di studiare solo tre declinazioni, perché la quarta e la quinta sono trascurabili; piuttosto, si legga al più presto la prima *Bucolica* di Virgilio, che alla lingua latina offre un *accessus* tanto essenziale quanto efficace.[2]

Certo, se le cose stanno come le si racconta, se il «grammaticalismo» del liceo classico può toccare simili vertici di sadismo, è naturale che da più parti, periodicamente, si invochi pietà per i ragazzi torturati, si affermi che «studiando l'aoristo non abbiamo rispetto del mondo classico» (L. Berlinguer), che «*humanitas, paidéia* e *philantropía*» non si ottengono con «lo studio dei verbi irregolari ... quando non costituisca il prodromo a qualcosa di più significativo» (M. Bettini). Si capisce bene che per rendere «interessante» lo studio dei venerandi classici – «interessante» è una parola-*refrain*, in queste odierne polemiche – si suggeriscano più letteratura e soprattutto più «cultura» e più «civiltà», più «usi e costumi» e più antropologia, un po' come Baudelaire suggeriva l'*haschich* (*Le poème du haschich*: «la grammatica, la stessa arida grammatica, diventa qualcosa come una stregoneria evocativa...»). Inutile, si dice, «spaventare (e demotivare)» i nostri giovani «con gli aoristi forti e fortissimi, i verbi semideponenti e tutto il terrificante armamentario delle grammatiche» (G. Pucci): c'è altro, nel mondo classico, e c'è di meglio. Ci sono cose più «interessanti».

E ad aggravare il quadro interviene un'altra dolorosa quanto imbarazzante constatazione: un simile apparato «grammaticalistico» (o «logicistico-grammaticalistico», se si preferiscono parole impervie) cosa produce, dopo cinque anni di stenti e patimenti? Produce diplomati pressoché ignari di greco e di latino. E questo è il colmo: dopo tante «gare di forme verbali, di eccezioni e di duali» (L. Spina), nemmeno la possibilità di intendere appieno e godere appieno una poesia antica in originale. Al proposito, è tornata di moda un'acidula requisitoria di Beniamino Placido, risalente al '96 e indirizzata contro i nostalgici ma ipocriti cantori del liceo classico *d'antan*; «persone rispettabili», scriveva Placido, che

dichiarano con faccia serissima: io al liceo traducevo all'impronta Tucidide, io al liceo traducevo agevolmente Omero. ... Questo ha indubbiamente del miracoloso. ... Però quello stesso glorioso liceo classico aveva (forse ancora ha) un'altra capacità, francamente mostruosa. La capacità di farli dimenticare immediatamente, completamente, il latino e il greco appresi nelle sue aule. Come potrebbero dimostrare quegli stessi nostalgici suoi ex-allievi, se esposti d'improvviso alla visione, sconcertante, di una frase greca, di una frase latina. Quasi che fossero stati costretti ad attraversare il fiume Lete, uscendo dal liceo. Si dirà: è che è passato tanto tempo. ... Ma che tempo e tempo. Chi da giovane ha imparato ad andare in bicicletta, anche da vecchio una bici sa inforcarla. Non parteciperà al Giro d'Italia, non si iscriverà al Giro di Francia, ma una passeggiatina sulle due ruote, fino al giornalaio, sarà sempre in grado di farla. ... I nostri nostalgici del liceo classico ... quando in vacanza incontrano una epigrafe antica, distolgono prudentemente lo sguardo, per non fare cattiva figura davanti ai figli (che mandano ovviamente al liceo classico). Sorge il sospetto che il nostro classico liceo classico abbia sempre insegnato non tanto il latino e il greco, quanto la presunzione di conoscere il latino e il greco. Non insegna ad amarlo, a custodirlo, a interrogarlo, a studiarlo sempre quel nostro prezioso patrimonio classico. Insegna a vantarsi di averlo studiato.

Insomma: i nostalgici del classico sono poveri ignoranti che riconoscono per obbligo una cultura che non conoscono; e per obbligo o per posa la venerano. Un caso particolare, e particolarmente patetico, di quello che Pierre Bourdieu chiamava «la buona volontà culturale».

All'argomento, che è facile e di sicuro effetto, negli ultimi dieci anni hanno fatto eco in tanti. Citiamo a caso: «oggi, nessun allievo di liceo dopo cinque anni di studio – salvo una minoranza statisticamente irrilevante – riesce a leggere ("d'impronta", "ad apertura di pagina", "a prima vista") un qualsiasi testo latino o greco» (R. Drago, tra i più ruvidi contributori all'inchiesta TreeLLLe); «quelli che vengono dal classico oggi capiscono pochissimo il greco e il latino, e praticamente iniziano da zero se scelgono lettere classiche» (M. Fusillo); «provate a fargli leggere [*scil.*: ai diplomati del classico] non dico Cicerone ma la lapide di un cimitero» (C. Giunta). E non è mancata nemmeno qualche macaronica esagerazione dell'addebito: «il latino può essere elegante, ma dubito che un adolescente arrivi a percepirlo come tale. Almeno, lo parlasse correntemente» (C. Bernardini); «siamo rimasti l'unico paese al mondo in cui l'élite degli studenti dedica il massimo delle energie a studiare latino e greco (senza peraltro imparare a dialogare in queste lingue)» (A. Ichino).

Come se non bastasse, al giorno d'oggi – si ritiene e si sostiene – saremmo di fronte a un'inaudita mutazione culturale che rende ancor più nocivo l'accanimento sul dato grammaticale, già in sé fatuo e inefficace: «le nuove generazioni non imparano a memoria neanche un numero di telefono. ... Per un ragazzo nato l'anno in cui sono state abbattute le Twin Towers, il nozionismo grammaticale e la tradizionale didattica frontale delle lingue "morte" appaiono veramente inutili» (C. Carpinato); «il ceto dei telefonini ignora tranquillamente la conversazione socratica» (C. Carena);[3] o più in breve e più bonariamente: «per quale motivo oggi un ragazzo dovrebbe interessarsi a cose del genere?» (M. Bettini, evidentemente memore dei tanti ragazzi che, in altra età, andavano matti per l'ablativo assoluto).

Insomma, *todo cambia*, ma oggi tutto cambia ancor più profondamente: o almeno così a molti pare, e pazienza se così è parso a tanti contemporanei d'altri tempi, che oggi chiamiamo passati. Negli anni Cinquanta, dopo il volo dello Sputnik, Gianni Rodari invitava simpaticamente a progettare una scuola «per i bambini di oggi, astronauti di domani». Ma è stato poi un crescendo di avvenirismi: «siamo ormai al punto», diceva Brocca, citando Margaret Mead, «in cui dobbiamo insegnare ciò che nessuno sapeva ieri, e prepararci a insegnare ciò che nessuno sa ancora, ma che alcuni dovranno sapere domani». Fino a Roberto Maragliano, l'archi-Saggio dei Saggi berlingueriani: e l'avvenirismo si è fatto allora visionario, in nome del cambiamento radicale che oggi vivrebbero bambini, adolescenti, adulti; donde la necessità di un cambiamento radicale di materie, metodi e scuola tutta. Al principio di questo 2018, ecco annunciato l'esito di tanto avvenirismo; un esito un po' deludente, a dire il vero: gli smartphone in classe. A riprova che tutto cambia, tranne il senso degli affari di chi trova nella scuola pubblica un ottimo mercato.

Ma facciamo il bilancio del disastro: al liceo classico si pratica una «gimno-grammatica» che non allena a nulla, e semmai fiacca i muscoli e sloga le giunture; un «grammaticalismo» esorbitante inflitto per cinque anni a chi («le nuove generazioni») ha perduto ogni memoria o mnemotecnica; alla fine del percorso, qualche nozione mal ruminata, che ingombra la mente ma non permette di leggere Cicerone, di decifrare un'epigrafe, o di cavarsela alla meno peggio quando si dà l'occasione di una chiacchierata in latino o in greco. Occasioni per le quali, c'è da augurarsi, i diplomati al classico avranno almeno indossato *comme il faut* la toga o il chitone.

Vecchie grammatiche, antichità simpatiche

Facili caricature, ma una domanda si impone: tutto ciò è vero? È così come lo si descrive, il liceo classico? Sono così i nostri studenti e i nostri docenti? La diagnosi, l'abbiamo visto, presso certi ambienti è unanime, anche se sono diverse le terapie: si va dalla contrazione delle materie classiche (opzionalità del latino e soppressione del greco, ricetta Berlinguer)[4] al «deciso abbandono del modo tradizionale di insegnare queste discipline», con profilattica inoculazione di contenuti più «interessanti» (ricetta Bettini). Ovviamente «il modo tradizionale» è quello, penosamente «grammaticalistico», di cui si è detto. Se poi le terapie siano così diverse vedremo fra poco.

Ora, se simili descrizioni dei fatti si enunciano con tanta enfasi e altrettanta levità, se si declamano in sedi autorevoli e dilagano per le scuole, c'è da stupirsi che qualcuno – svagato o dissennato – consideri ancora l'ipotesi di un'iscrizione al liceo classico, dove latino e greco sono evidentemente quel che sospettava il Kolja di Dostoevskij: una «misura poliziesca» e un mezzo «per l'inebetimento delle facoltà mentali». O, come diceva in Italia Ottone Brentari, nemmeno trent'anni dopo *L'idiota*, «un raffinato stromento di tortura», «un sistema d'incretinimento progressivo». Se così si pensava già sul finire dell'Ottocento, appare ben ragionevole, anche se villanello, il «collega classicista» di cui riferisce Claudio Giunta nel suo recente *E se non fosse la buona battaglia?*; un classicista che

> scrive una lettera all'insegnante di latino e greco della figlia ringraziandola «per non aver trasmesso neanche una goccia d'amore per quelle discipline: mi sarei ritrovato in casa una laureata in Lettere classiche disoccupata e frustrata».

Ci si felicita con la figlia per lo scampato pericolo, con il padre per la prodezza; quanto alla destinataria della bella missiva, sarà stata certo della specie cui apparteneva il professore del piccolo Winston Churchill, che all'allievo sconcertato spiegò così il vocativo «*mensa*, "o table"»:

«*O table*: questa espressione lei la può usare per rivolgersi a una tavola, per invocare una tavola». E, vedendo che non lo seguivo, aggiunse: «la userà parlando a una tavola».

Per fortuna in Italia decliniamo la rosa, che consente almeno apostrofi più ispirate. E a proposito di fiori: piacerà ai più sensibili la celebre denuncia del professor Giovanni Pascoli, anno 1896, per il quale

> la grammatica si stende come un'ombra sui fiori immortali del pensiero antico e li aduggia. Il giovane esce, come può, dal liceo, e getta i libri: Virgilio, Orazio, Livio, Tacito! dei quali ogni linea, si può dire, nascondeva un laccio grammaticale e costò uno sforzo e provocò uno sbadiglio.

O, con le parole di Gentile, quasi trent'anni più tardi:

> questa scuola ... si chiudeva a ogni soffio di entusiasmo e di sentimento del bello, del grande, del vero ... I migliori classici antichi ... si mutavano in materia di analisi e analisi, in pretesti di teorie grammaticali e di osservazioni lessicali e retoriche, tutte esterne e indifferenti all'arte e all'umanità degli scrittori. L'anima si inaridiva.

Eppure è quello stesso Gentile alla cui scuola classica, cinquant'anni dopo, si rimprovererà il culto della «grammatica falsificata», ridotta a «una sorta di prova del fuoco, un servizio di leva obbligatorio per le classi dirigenti» (M. Raicich). Potremmo proseguire a lungo. La battaglia contro coloro che Berlinguer, graziosamente, denomina «i chierici dell'apprendimento morfo-sintattico», dura da secoli; come da secoli dura la polemica contro la grammatica degenerante in «grammaticalismo»: «dal Rinascimento ai giorni nostri», ha scritto Françoise Waquet, «la letteratura pedagogica è disseminata di questi rimproveri»: per secoli ci sembra di udire «soltanto una variazione della medesima lagnanza». Chi vuole concedersi tirate d'effetto contro il «grammaticalismo» ha dunque un ampio repertorio al quale attingere, e non mancherà mai di strappare applausi alle sue platee.

Peccato, però, che in questo modo si produca almeno una duplice parodia: la parodia di istanze serie, che tali

sono quando mirano non a smantellare un patrimonio formativo, ma ad arricchirlo e vivificarlo;[5] e la parodia – ancor più semplicistica, ancor più offensiva – di quanto effettivamente fanno le docenti e i docenti di greco e latino
nei nostri licei.

Se lo scopo di queste parodie è colpire qualche attarda-
to manovratore di buri o officiante di *Ambarvalia*, se ne capisce l'intento, e lo si condivide; ma non si capisce l'enfasi né lo spreco d'energia, e men che meno la sensatezza:
il processo di massa è una pratica giudiziaria sconsiglia-
ta dai più saggi fin dal tempo delle Arginuse. Se lo scopo
è invece proporre innovazioni e migliorie, benissimo: ma
sarà il caso di spiegare con chiarezza ciò che si vuole, perché a oggi il punto è molto oscuro (cfr. *infra*, pp. 188-195);
e sarà il caso di partire da una più rispettosa descrizione dei fatti, senza indulgere a una retorica tanto povera
quanto velenosa. Chi non avversa il «nozionismo», parola vacua su cui torneremo a breve, e chi non vorrebbe una
scuola che «va verso la vita»? La bella espressione è del
fascista Bottai, a riprova di quanto siano facili, ma vuoti,
certi slogan. Nella versione che si discute qui, la retorica
è più fine nei toni, più briosa negli esempi, più alata negli ideali e meno infausta negli esiti sociali, perché orienta una popolazione studentesca realisticamente già avviata a un percorso liceale. Perciò, in toni più consoni alla
medio-alta borghesia, si possono opporre la noia e la passione, la versioncina e la cultura, la minuzia morfologica
e l'*humanitas*, la tediosa grammatica e l'«Antiquité sympa» (P. Judet de la Combe): un'antichità dove prevalgono
l'atipico, l'esotico, l'accattivante.

Sono però antinomie buone solo per gli imbonitori: chi
vi ricorre – magari trascinato dai propri argomenti – va
richiamato a maggiore responsabilità, perché l'argomento d'effetto non tarda a diventare credenza diffusa. È poi
piuttosto futile lamentarsi dei fraintendimenti, quando
invece occorrerebbe chiedersi: quanto deve l'attuale fuga
dal liceo classico a queste e analoghe caricature? Conviene davvero, per amor di causa, denigrare fino a questo

punto? È certo legittimo dirsi «imbarazzati» – così ancora Bettini – di fronte a

> la povertà teorica, la stanchezza, il carattere addirittura fossile che in certi casi marca l'insegnamento della grammatica e della sintassi nella nostra scuola.

E qui si dice «in certi casi»: meno male. Purtroppo, nel libro che ci mette a parte di tanto «imbarazzo», si trascorre allegramente, in poche righe, dal *quandoque* all'«assai spesso»: «il latino e il greco sono assai spesso insegnati in modo inadeguato». Non solo: vi si denuncia una «imbarazzante condizione, alquanto generalizzata»,[6] che consisterebbe nel fatto che «gli insegnanti si rassegnano all'idea di non insegnare queste materie o di farlo in modo superficiale»; peggio ancora: «gli insegnanti» accetterebbero «contestualmente che le traduzioni assegnate vengano scaricate da internet» (e questa, se non erro, si chiama «notizia di reato»). Non si starà esagerando? Ovviamente si riconosce che esistono «tanti bravi insegnanti», in «tanti licei», ma «purtroppo … si tratta di brillanti eccezioni in un panorama generale che a esse non sempre corrisponde». E qui si noti il tentennante «non sempre», che sfida la logica. Ma come? Se il «panorama generale … non sempre corrisponde», vuol dire che corrisponde spesso. Corrisponderà spesso alle «brillanti eccezioni»? Allora vuol dire che non si tratta di eccezioni. Lasciamo andare: qui ci si esprime a tentoni perché il bersaglio della polemica è fittizio. Si vuole colpire a tappeto, ma si sa bene che sarebbe ingiusto: e allora lo si fa senza averne l'aria, con sintomatica oscillazione fra l'insulto generalizzato («alquanto generalizzato»?) e la cortesia d'ufficio. Queste sparate d'effetto, queste battute a braccio possono sembrare divertenti a chi le fa, ma suonano insultanti a chi le subisce. Che dire? Un pensiero solidale alle colleghe e ai colleghi dei licei, obiettivo involontario di una retorica fine a se stessa.

Ma ritorniamo alla grammatica, che per fortuna – e per tranquillità di chi legge – non è ciò che simili caricature mostrano. E se è un «fossile», è un fossile piuttosto vispo. «Una grammatica», scriveva nel 1973 Alfonso Traina,

> non è che un modello più o meno approssimativo di una data realtà linguistica. Come nelle scienze esatte, il modello migliore è quello che dà ragione della maggiore quantità di fatti.

In quanto modello, è astratto. In quanto modello, si misura sui fatti concreti che pretende di spiegare: e si presta, quindi, all'uso migliore che si può fare di un modello, e cioè spiegare e testare il processo stesso di modellizzazione (cfr. *infra*, pp. 208-215). Infine, in quanto modello, ha una storia lenta, ma non è affatto immobile.

A volte il suo conservatorismo mostra una tenacia secolare, o millenaria, e se volessimo divertirci a mostrare la decrepita vecchiezza delle nostre grammatiche i modi non mancherebbero. Per esempio, ha osservato Henri-Irénée Marrou, nella sua *Storia dell'educazione nell'antichità*, che nei papiri scolastici antichi

> siamo sorpresi di veder figurare, accanto alle parole più in uso, alcune di quelle più rare, ... il cui senso sembra che sia stato sconosciuto agli antichi stessi (un poco come quel *travails* che la maggior parte dei Francesi non hanno mai trovato, se non nella lista delle eccezioni alla regola del plurale delle parole in -*ail*).

Fra gli esempi seguiva *klóps*, «ladro», che è in effetti parola non frequente, e comunque più rara di quanto faccia pensare la sua duratura canonizzazione nelle grammatiche greche odierne. Dunque è possibile che a un ginnasiale d'oggi, come agli allievi di quasi due millenni fa, capiti di impararne a memoria la declinazione senza incontrarne mai una concreta occorrenza. Ma basta saperlo: basta spiegare perché si fa ricorso a quell'esempio, se l'esempio regge ancora; e se no, rimpiazzarlo. Quanto al verbo *lýo* che si menzionava prima, anch'esso ha la sua bella età: *lýo* si manda a memoria dal 1813, quando Jean-Louis Burnouf lo adottò nella sua *Méthode pour étudier la langue grecque*; da allora, *lýo* ha tolto ai suoi contendenti – fra cui il più brusco *týpto*, «batto» – il privilegio di introdurre gli alunni alle prime giaculatorie morfologiche del ginnasio. Anche in tal caso basta saperlo: e giocare a carte scoperte, variare e complicare i modelli, come ogni buon docente fa. A volte, invece, le grammatiche cambiano. Si sa che a dire «*vis*» si potrebbe desumere l'età di un diplomato al classico, o allo scientifico: se risponderà «*roboris*», non è un giovanotto; la trovata manualistica che fa di *roboris* il genitivo di *vis* risale ai primi del Novecento, ma non ha fondamenti, ed è uno degli *idola scholae* di cui fece strage proprio Traina sul principio degli anni Settanta. Oggi «*vis, roboris*» è scomparso da (quasi) tutte le grammatiche, e dalla memoria degli allievi.

Ma le grammatiche conoscono di rado cambiamenti repentini, ed è ovvio che sia così: alle grammatiche serve per lo più uno «svecchiamento ragionato», come l'ha chiamato proprio Serianni, parlando d'italiano. Il rischio, altrimenti, è produrre più confusione che chiarezza. Di un modello importa denunciare la natura astratta e sempre provvisoria, più che mandarlo gambe all'aria per sostituirlo con un altro, magari più complesso.

E anche quando il modello è stabile, non significa che non cambino i suoi usi. Chi oggi polemizza con la vecchia, apparentemente eterna grammatica del greco o del latino, ignora o finge di ignorare una lunga storia di sperimentazioni, innovazioni, meditate sintesi. È la storia di ogni «grammatica», compresa l'italiana; è la storia di ogni «modello» impiegato in discipline di lungo corso scolastico, comprese matematica e fisica, delle quali – chissà perché – non si chiede mai l'abolizione perché le loro «grammatiche» sono a volte vecchierelle: qualche sporadico «abbasso Euclide!» – come suonò il grido di Jean Dieudonné nel '61 – produce discussioni e ripensamenti, mai proposte d'azzeramento.

In un bel libro recente (*Greco, che farne?*) Fabio Roscalla ha raccontato sotto specie grammaticale la storia dell'istruzione classica in Italia fra Sette- e Novecento: una storia che ebbe proprio nell'introduzione del greco, accanto al latino, l'impronta della sua modernizzazione. Questa storia di grammatiche – cioè di idee e progetti culturali – ci mostra quanto sia antico il contenzioso fra didattiche brevi e didattiche lunghe, corsi di greco o latino *sans pleurs* e grammatiche aspiranti alla massima completezza descrittiva e storica. È un «vecchio dissidio», una *palaià diaphorá*, avrebbe detto Platone, quello fra «vie brevi» e «vie lunghe»: un dissidio vecchio come la grammatica. Ancora una volta: è l'uso del modello che conta, e il beneficio che si può trarre dalle alternative disponibili, con salutare empiria, e senza mai smettere di chiarire le regole del gioco.

Altrettanto vecchio e altrettanto tipico – specie nell'ambito della glottodidattica latina, ma non solo – è il ricorsivo contrasto fra il metodo «tradizionale» e il metodo della «lingua viva»; quest'ultimo non nasce certo con la *Lingua Latina per se illustrata* (1954, con molte revisioni seguenti) del danese Hans Henning Ørberg, eponimo di quel «metodo naturale» oggi ben ambientato anche nei licei italiani, e addirittura canonizzato, almeno quale suggerimento didattico, dalle *Indicazioni* ministeriali: sicché stupisce che qualcuno ancora si sbracci per sostenerne il carattere rivoluzionario. E per proposte analoghe si potrebbe risalire almeno al John Locke di *Of Education* (1693), che oggi si cita spesso come avversario del latino *tout court*, mentre egli era semmai avversario dello «mnemonismo» (per dirla ancora con Bottai) e soprattutto del latino per il popolo. Sua, fra le altre cose, una delle prime proposte di «latino vivo», rigorosamente riservato ai signori («considero il latino come assolutamente necessario per un gentiluomo»). E del parlar latino per insegnarlo fu fervente cultore, in Italia, il ministro Guido Baccelli, perché «è tratto caratteristico dei retori proporre il latino vivo ... per sottrarlo alle aride anatomie dei filologi», ha ben detto Marino Raicich. E infatti il pallino fu poi del ministro dell'Educazione nazionale Cesare Maria De Vecchi: sul metodo Berlitz applicato a Cicerone fioccarono ironie feroci già in pieno fascismo. Anche in tal caso, non si tratta di sposare *in toto* un metodo e di rifiutarne *in toto* un altro: molti insegnanti dosano, variano, cercano l'equilibrio e la gradualità, e belle pagine in proposito ha scritto

Guido Milanese, invitando a salutari forme di ibridazione fra le tante tecniche glottodidattiche via via ideate e testate. Quanto agli appelli, oggi ricorrenti, a superare la troppo rigida partizione fra studio della lingua e studio della letteratura, è ben difficile dirli nuovi:

> Lo studio delle lingue e delle letterature classiche, latina e greca, è di vitale importanza ... Tale studio, però, non va visto nella sola prospettiva dell'acquisizione di uno strumento tecnico, pur fondamentale. Necessario è anche in questo caso affondare la conoscenza nei sistemi valoriali del mondo classico. Così, dopo lo studio dell'abbicì grammaticale, sintattico, metrico, etimologico, che mai andrà smesso, occorre mettere mano allo studio della migliore letteratura. Già nel ginnasio con le *Vite* di Cornelio Nepote, con le *Favole* di Fedro, con i *Fasti* di Ovidio, con il *De bello Gallico* di Cesare, delle *Lettere* di Cicerone, di qualche libro dell'*Eneide*, delle *Storie* di Livio ... Gli studi classici non solo debbono esercitare l'intelletto e la memoria e arricchire la mente di svariate cognizioni, ma accostumare l'alunno alle gioie spirituali della scienza e dell'arte, al sapere storico dell'umana civiltà, alle opere egregie della vita civile.

Fresche proposte di un audace innovatore? No: è quel che suggerivano i programmi Coppino, emanati nel 1867, e qui efficacemente riassunti da Gaetano Bonetta. E la «scuola del leggere» fu un cavallo di battaglia del principe della pedagogia fascista, Nunzio Padellaro. Ed è infatti con il tono di chi ridice il notorio che si esprimono i programmi del latino ginnasiale emanati da Mario Pedini nel 1978:

> Si vuole ... qui ribadire che lo studio della grammatica e la lettura degli autori non sono momenti distinti l'uno dall'altro: leggendo, non solo si verificano, ma anche si anticipano norme grammaticali.

E lo si ridiceva allora perché, tolto il latino alle medie inferiori, una contrazione della glottodidattica al biennio ginnasiale andava subito bilanciata dal ricorso alla lettura dei testi, secondo un ideale d'equilibrio che non deve attendere i riformatori del terzo millennio. Lo si sa. E lo

si fa: con tutte le difficoltà e i crucci del caso, che del resto
sono le difficoltà di ogni altra materia e i crucci di ogni docente, dacché un Orbilio insegna qualcosa e il suo Orazio
lo infama; ma certi classicisti, evidentemente, non conoscono i tormenti che in altri campi affliggono altri didat-
ti, e preferiscono l'autolesionismo o la polemica fratricida
(cfr. *infra*, pp. 194-195).

Corsi e ricorsi dei problemi, delle soluzioni, dei metodi:
tutto ciò e molto altro la scuola conosce, e assimila, e pratica,
con alterni successi e alterne mode, da molto tempo; semmai, a non conoscere la scuola, si corre il rischio di presen-
tare «come se fosse l'invenzione della penicillina ... quello
che i professori di liceo fanno da sempre» (W. Lapini). Lungi dall'essere la tetra e tetragona cosa che incautamente si
evoca per amor di polemica, la didattica delle lingue antiche – passata attraverso tante critiche e proposte, tante crisi e riformulazioni – mai come oggi appare aperta alla sperimentazione e all'equilibrio eclettico dei metodi; e non è
peccato veniale mettere in burla l'impegno profuso da chi
nella scuola ogni giorno lavora, sa quel che fa, e non tratta
la grammatica come suggeriva di trattarla *Il balilla Vittorio*
di Roberto Forges Davanzati: come un modo per mettere
in riga gli allievi, e farne buoni fascisti. Semmai, si può temere che l'ibridazione dei metodi produca, come già accaduto in altri momenti della storia liceale italiana, programmi o libri che paiono «un sacco» con dentro «un gallo, una
scimmia e una serpe», come lamentava Pasquale Villari nel
1872, evocando la truce *poena cullei*. Ma questo e altri rischi
si evitano con una più salda conoscenza della grammatica, non con la sua eliminazione; come ha osservato Anto-
nietta Porro, vale per la grammatica quel che vale per ogni
dottrina complessa: «più la si possiede, più si è in grado di
semplificarla senza banalizzarla». E il rischio paventato da
Villari si corre a maggior ragione quando, con la scusa di
innovare, si liquidano frettolosamente tradizioni consolidate e si propongono metodi impraticabili, se non al prezzo di aggiungere nozionismo al nozionismo.

E su ciò converrà soffermarsi un momento ancora.

Nozionismo del picchio

La parola «nozionismo» si ambienta definitivamente nella lingua italiana, pare, fra gli anni Quaranta e Cinquanta del Novecento. «Stuoli di pedagogisti predicano da decenni che le nozioni fanno male alla salute» (L. Canfora): in effetti, non si immagina un manuale di pedagogia che non spenda parole di fuoco contro il «nozionismo». Il Flaubert del *Dizionario dei luoghi comuni* se la sarebbe senz'altro cavata così: «Nozionismo: Sterile. Scolastico. Dirne male». I manuali di pedagogia sono in genere più effusi.

Un giorno andrà scritta una storia del «nozionismo», con retoriche e controretoriche annesse: sarebbe proficua, riserverebbe molte sorprese, e probabilmente dovrebbe cominciare con l'Eraclito fustigatore della *polymathíe* (dell'«enciclopedismo», si diceva ai tempi di Gentile) che «non insegna a sapere»; o con quel Margite che «sapeva tante cose, tutte male». Il Socrate dell'*Alcibiade secondo*, per parte sua, biasimava – oltre alla *polymathía* – anche la *polytechnía*. Ma oggi, non bastassero «nozionismo», «enciclopedismo» e il sempre biasimevole «contenutismo», duole avvisare che esistono anche il «disciplinarismo», il «trasmissivismo» e il «ricerchismo». Si intende che sono tutte cose pessime.

Spesso si imputa la lotta contro il «nozionismo» al Sessantotto, al quale si attribuisce di tutto, anche l'assalto alla gloriosa *paidéia* dei Maratonomachi (di cui troppo presto ebbe a dolersi Aristofane). Per dire la verità, sul punto i documenti delle facoltà occupate nel '68 non battono quasi mai, o comunque assai meno della pedagogia coeva: per esempio, al nozionismo come nemico mortale della «moderna pedagogia» dedicava pagine intense Guido Petter nelle sue *Conversazioni psicologiche con gli insegnanti*, che fu un *bestseller* educativo, ma giusto nel 1967. Semmai, conviene ricordare che, ben prima degli anni Sessanta, la lotta al «nozionismo» fu un tema portante della pedagogia fascista, e lo fu perché lo era stato dell'idealismo, e prima ancora di tanta cultura liberale secondo-ottocentesca, specie in funzione antigesuitica: a ciascuno la sua «scolastica» da aggredire e smantellare.

Non c'è quasi lotta che non si sia disputata, sul terreno della scuola, in nome del «nozionismo» (altrui) e dei conseguenti «antinozionismi»: sotto le stesse parole-chiave i contenuti politici e culturali variano al variare degli obiettivi. Oggi si può certo sostenere, con Girolamo De Michele, che

una scuola che rifiuti di «insegnare a imparare» e ritorni alla centralità dei contenuti è, oltre che profondamente arretrata e inadeguata, potenzialmente fascista.

Si può sostenerlo, e anche condividerlo, ma solo nella consapevolezza che l'argomento è un *passepartout*, e perciò si possono impiegare contro il «fascismo potenziale» slogan nati fascisti, e tutt'altro che «potenzialmente»: slogan, anzi, del più schietto «attualismo». Del resto, al primo sentore di contestazione, il nozionismo può tornare una linea difensiva della destra, in barba a Gentile: una «Bastiglia» da difendere contro «ondate di sanculotti e giacobini», come si esprimeva Giorgio Calcagno in pieno '77. E si ricorderà che il varo della Gelmini fu accompagnato da molti interventi di Giorgio Israel invocante un ritorno alle robuste «materie» d'un tempo (la «severità» d'un tempo, proclamava intanto la ministra).

Ma l'annosa lotta contro il nozionismo aveva ormai preso tutt'altra piega, in nome delle «competenze» contrapposte alle «conoscenze» (sterili, scolastiche, ecc.: *uno verbo*, nozionistiche). Proprio contro le «competenze» tuonava, dal «Giornale», Israel, perché il concetto sapeva di Brocca, di Berlinguer e di pedagogismo sinistrorso; e analoga battaglia, con sperpero di banalità, conducevano intanto Mario Giordana e «Libero»: in tal caso il ritorno al buon nozionismo antico equivaleva al recupero dell'austerità scolastica presessantottesca. Inevitabile, però, il cortocircuito ideologico, visto che le «competenze» erano state un cavallo di battaglia del duo Bertagna-Moratti; e visto che proprio con la Gelmini, di lì a poco, avrebbero avuto il loro scatenato baccanale. Come del resto con la «Buona Scuola», cinque anni dopo.

Donde l'elogio del nozionismo, o meglio la reazione all'antinozionismo indiscriminato, condotta sotto tutt'altra insegna politica: in nome di una scuola che, per essere autenticamente democratica, non deve rinunciare alla condivisione di saperi solidi e cognizioni sicure. Così fece per esempio Umberto Eco, nel 1992, in una sua spiritosa «bustina di Minerva»; così fece poi Lucio Russo in un pamphlet giustamente famoso (*Segmenti e bastoncini*, 1998), contro la «deconcettualizzazione» predicata da Maragliano; così ha fatto Giulio Ferroni nel 2015, contro «una didattica delle competenze che non si riferisce più a dati culturali vincolanti», e con conseguente rivalutazione della «vecchia parola "materia"», che «indica la materialità del sapere, la sostanza delle discipline». Così hanno fatto molti altri, certo politicamente lontani dal «Giornale» o da «Libero». Sulla stessa linea, fra il dicembre 2017 e il gennaio 2018, un vigoroso appello contro la scuola delle competenze, dell'alternanza scuola/lavoro e dell'INVALSI ha raccolto in un batti-baleno, e va raccogliendo ancora, firme a profusione,[7] nel convincimento che

> aggregare compiti e prestazioni degli allievi attorno a competenze predefinite e standardizzate annienti l'organicità dell'educazione, riduca la complessità del mondo ad un «kit di pratiche», che tali restano, anche con l'appellativo onorifico di «competenze di cittadinanza».

«Una scuola di qualità», rivendica l'appello, «è basata sulla centralità della conoscenza e del sapere costruiti a partire dalle discipline.» Dunque, sul nozionismo? Qualcuno a breve lo dirà, è sicuro. Gramsci avrebbe parlato invece di «corposità materiale del certo».[8]

Vecchie ambiguità, vecchie discussioni. Se oggi il test INVALSI può essere contemporaneamente elogiato come «antinozionistico» e impugnato come «ipernozionistico», così era già successo per la nuova maturità del '69: ideata come antidoto contro il gigantismo nozionistico dei programmi e degli esami gentiliani (nati a loro volta per combattere il nozionismo!), a molti essa parve subito più nozionistica che mai, con quel «quadrifoglio di materie» (B. Marzullo) da studiarsi mnemonicamente nell'ultimo quadrimestre. L'azienda Bignami, del resto, prosperò prima e dopo il '69 (cfr. *supra*, pp. 54-55); come oggi prosperano i prontuari per l'antinozionistico test INVALSI, che pure dovrebbe misurare «competenze» e non aride «conoscenze».

Questo andirivieni d'argomenti, questo rimbalzo d'accuse a volte stordente, si capisce assai bene. Quando si brandisce disinvoltamente una nozione (diciamo così) come «nozionismo», con relativi «antinozionismi» al séguito, si può sostenere quasi ogni ideale di istruzione o idea di scuola o ipotesi di programma. E la lotta contro il «grammaticalismo» è solo un altro episodio – non fra i più gloriosi, temo – di questo protratto gioco d'equivoci.

Per questo, di fronte alle imputazioni di «nozionismo», si tratta sempre di capire quale «antinozionismo» si proponga in cambio: quale idea alternativa si celi dietro la troppo facile accusa. Può essere istruttivo trarre un esempio dal dibattito sulla maturità del '69. È un caso di «antinozionismo» o «antigrammaticalismo» applicato che dobbiamo al ministro Ferrari Aggradi in persona:

> Durante gli esami il ministro ha girato di scuola in scuola. In un liceo del Veneto assistette al colloquio di greco. Il professore invitò il candidato «ad aprire il libro delle Orazioni di Demostene alla tale pagina, alla tale riga. E a ogni parola un interrogatorio sintattico di quarto grado». Il ragazzo era in difficoltà, ma il ministro intervenne, domandò al giovane se preferiva Demostene o Cicerone. «Il ghiaccio si ruppe e la maturità venne in luce.»

L'aneddoto, di cui il ministro si gloriò, suscitò il commento infastidito di Luigi Volpicelli (gentiliano critico, e poi ammiratore della scuola unica sovietica): «se non conosceva la lingua di Demostene come poteva fare un raffronto serio con Cicerone?». Si riconosceranno qui dubbi e controversie attuali: bruta grammatica o più liberi e personali pensieri? Ma non conosciamo la risposta del maturando, che forse fu geniale.

Ed ecco la ricetta di chi trent'anni prima suggeriva di privilegiare i testi romani, non la grammatica latina; e di privilegiare i testi per studiare non tanto la storia, quanto

> la vita romana. E diciamo «vita» non storia, per far pensare più ad una ricostruzione colorita e plastica dei costumi e degli affetti che ad una narrazione concettuale di grandi eventi.

Così Marco Agosti, pedagogista e cattolico oltranzista, nel suo commento alla *Carta della Scuola* di Bottai: ma sembra uno stralcio delle più recenti polemiche sulla cultura ridotta a letteratura, sulla letteratura ridotta a grammatica e versione, contro le quali valgono da rimedi «i costumi e gli affetti». E a proposito di versioni, ecco lo stralcio di una requisitoria che parrebbe di ieri, e data invece al '23, e viene da un libro canonico come *Scuola classica e vita moderna* di Augusto Monti:

> Il passo proposto al giovane perché lo traduca non ha più da essere una pagina di un libro intitolato così e così, scritto da un autore che fiorì nel tale secolo, ma basta che sia il numero tale della tal collezione; e codesto passo non lo si legge mica per curiosità di saperne il contenuto, per discuterne il significato, per assimilarne l'essenza, no; questo passo lo si «traduce», anzitutto per allenarsi a tradurre a suo tempo un altro «brano», l'ultimo se Dio vuole, quello che giunge da Roma, avvolto nella stagnola come un cioccolatino, e assicurato dai «sette sigilli».

Monti, per parte sua, alla grammatica ingurgitata per ingurgitare contrapponeva una sola, tenace pratica: «leggere, leggere molto, leggere sempre». Stando ai ricordi di Massimo Mila, la ricetta si traduceva in gesti estremi d'anticonformismo (o antinozionismo) come strappare di mano i fogli a ogni studente che prendesse appunti, e rimproverarlo peggio che «se l'avesse sorpreso a giocare a tre sette col compagno di banco».

E oggi cosa si propone? Luca Serianni, lo abbiamo visto, segue la via consolidata di Monti, e già di Coppino: la lettura. Bene: lo fanno tutti i giorni tanti docenti, ed è una vecchia tecnica per «rimettersi in grammatica» senza «uscire di poesia», come diceva Alfieri. Ma non si creda di evitare così il nozionismo: non per forza, almeno. Ci si può chiedere, per esempio, quanto sia avvincente trasformare la prima *Bucolica* in un rosario di etimologie, da *patulus* alla «patente», dal *tegmen* alla «tegola». E ci si può chiedere quanto sia saggio elargire anzitempo proprio un testo come la prima *Bucolica*, lasciando all'insegnante due possibilità: o banalizzarla e farne la favoletta del faggio e del flauto, la rassicurante filastrocca del *tìtiretù*, e così lo studente si convincerà definitivamente che i Greci e i Romani erano bambini bislacchi, non i «bambini normali» di cui sorrideva Marx; o infarcirla di note e notazioni tanto complesse quanto astratte (figure retoriche, fatti storici), che non diranno niente, e non parranno certo meno noiose di *res, rei*. «Se ripenso che al ginnasio superiore si fa leggere ai ragazzi Virgilio, e non soltanto l'*Eneide*, ma persino le difficili *Georgiche* e le alessandrinissime *Bucoliche*»: così annotava con sconcerto Giorgio Pasquali nei suoi *Paradossi didattici* (1930).

Quanto a Bettini, lo abbiamo visto, il suo «antinozionismo» non disdegna mezzo alcuno: le gite, i film in aula, il teatro; ma anche la *classical reception* in ogni forma, e ovviamente l'antropologia del mondo antico, disciplina da lui professata *ex cathedra*. Tutte cose belle, s'intende, miranti a tratteggiare «più vasti e generali orizzonti di cultura»; e tutte cose ovvie: così ovvie che quasi in ogni scuola hanno il loro spazio, o quasi in ogni manuale il loro colorato *box*.

Ovviamente non c'è nulla di inconsulto nell'impiegare questi o altri mezzi accanto alla grammatica, alla traduzione, alla lettura dei testi: basta non scivolare nel paternalismo, o nel giovanilismo ruffiano, dimenticando che gli studenti sono – diceva il solito Pasquali – «sitibondi di concretezza». Bettini ritiene però che questi «generali orizzonti di cultura» debbano trovare il loro posto anche nella prova di maturità, perché la didattica quotidiana sia forzata a valorizzarli più intensamente. E dunque si stenta a capire se si tratti (come lui dottamente e grecamente dice) di *aphormaí*, di «spunti» per «suscitare l'interesse dei ragazzi nei confronti dei classici, e in questo modo introdurli a essi», o di contenuti destinati a soppiantare, più che ad arricchire, l'insegnamento linguistico, letterario, storico. Bettini, lo sappiamo, si trincera dietro un «anche», e parla dal 2008 di uno «studio della lingua e della letteratura»

> inglobato all'interno di un progetto formativo più vasto, che comprenda *anche* questi aspetti della elaborazione culturale antica, ma non solo questi.

Ma nelle scuole, e nella vita sublunare in genere, il tempo ha le sue dure leggi, le ore di greco e latino sono poche, e con l'alternanza scuola/lavoro le ore utili sono sempre meno:[9] difficile pretendere che i docenti di greco e latino, trifauci come Cerbero, riescano a insegnare in simultanea (e bene) la lingua, la letteratura e l'antropologia del mondo antico, magari con un film *peplum* sullo sfondo. E qui risuona la vecchia domanda di Vitelli: «con tutto questo ben di Dio, cosa sarà soppresso e attenuato?». Molto più conseguente, rispetto alle sue perpetue polemiche contro il «grammaticalismo», quel Berlinguer che da anni propone la riduzione del latino e la soppressione del greco.

Ma qualcosa di più si comprende grazie all'unico caso in cui Bettini abbia voluto esemplificare la sua prova di maturità ideale, aperta ai «vasti orizzonti» di cui sopra. Era il giugno 2016, quando il MIUR, con saggezza, scelse un brano di Isocrate salutato con sollievo da tutti i maturandi italiani. Bettini fu invece sarcastico: con il MIUR, con la maturità attuale, e finanche con Isocrate.

> Commento di un amico e collega: il Movimento 5 Stelle vince in Italia, in Inghilterra si lotta all'ultimo voto per la Brexit – alla maturità, esce Isocrate. Esce cioè l'autore che rispecchia ciò che più banalmente si intende per «il greco»: un testo dalla sintassi elaborata e complessa – così vediamo come se la cavano! – un lessico abbastanza piano – così non debbono passare tutto il tempo sul vocabolario – dei contenuti che più standard non si può – tanto non contano nulla, l'importante è la lingua. Ed ecco che in questo brano si parla puntualmente di «giustizia», «virtù», «utile», «one-

sto», «saggezza», come se in Grecia non ci si fosse mai occupati d'altro. Per di più fornendo esortazioni epocali del
tipo «fai il bene, non badare ai bricconi, perché alla fine starai meglio di loro». Sarebbe questa la grande cultura greca?
Povero Isocrate. E povero Moses Finley, che nel suo splendido *L'eredità di Isocrate* spiegò perché proprio in quelle insidiose banalità va cercato il genio perfido dell'autore, e il senso
della sua fortuna, ivi compreso il suo prestigio nella *hit parade*
dei versionari moderni. Ma questa sarebbe *classical reception*,
temo, di specie un po' troppo storica, un po' troppo politica:
è cosa poco «interessante», e ai nostri ragazzi non piace; *maxima puero debetur reverentia*, dice il proverbio (e «il popolo è
bambino», aggiungeva Salvemini in una lettera a Gentile).
Ma lasciamo Isocrate – che si difende da sé – e vediamo
la «grande cultura greca». Ecco come Bettini tratteggia una
prova di maturità corredata da domande aperte, fomentatrici di passione; una prova di sei e non di quattro ore, che
ovviamente dovrebbe essere centrata non su un testo «dal
contenuto banale, come questo» (sempre il povero Isocrate),
ma su un testo che «affronta temi interessanti» (Platone?
Plotino? Flegonte? Chissà). A ogni modo, anche con un sonnifero Isocrate, dice Bettini, si potrebbe per esempio

citare il giudizio di Quintiliano, secondo cui (sintetizzando molto) Isocrate era «più adatto alla palestra che non alla
battaglia, ricercò tutte le bellezze e le grazie dell'eloquenza – e non senza ragione. Egli si era infatti preparato per le
scuole, non per i tribunali». E chiedere al candidato di dire
se è d'accordo o meno con questo giudizio, e perché.
Quanto alle possibili domande sui contenuti, il testo si
presta poco a questo esercizio, perché alquanto banale, ma
possiamo provarci. La giustizia, *dikaiosýne*, è una nozione
centrale nella filosofia greca: si può chiedere allo studente
di spiegare come articolerebbe questo concetto espresso da
Isocrate, magari ricorrendo a quanto ricorda di aver studiato in Platone. Ancora, gli si potrebbe chiedere di spiegare il
significato di *eusébeia*. Questo termine designa infatti la reverenza verso gli dèi e il rispetto per i genitori. Che cosa rivela, della cultura greca, la doppia pertinenza di questa pa

rola? Ancora, il testo si apre con il verbo *oráo* [*sic*], vedere, e sulla visualità si insiste anche nelle righe seguenti: che valore ha il campo del vedere nella cultura greca? Per rispondere si può parlare della «autopsía» degli storici, del teatro come «visione», delle «idee» platoniche, e così via. E ancora, l'imitazione degli antenati è presentata come un modello capace di creare consenso: perché? Qual è il ruolo degli antenati nelle culture antiche?

Basta avere un po' di fantasia, e qualcosa da far dire ai ragazzi, stimolando la loro preparazione e la loro creatività, si può trovare persino dopo aver assegnato un testo come questo.

Cosa impensierisce nella proposta? Non tanto il tasso di «fantasia» o di apertura a «vasti orizzonti», di cui ciascuno giudicherà come crede. Impensierisce l'esito, sicuro, che una simile proposta avrebbe a scuola, se si ha in mente la scuola reale, e non astratti «cambi di paradigma». È un esito che a questo punto possiamo chiamare con il suo nome: nozionismo; e nozionismo del più gramo.

Cosa penserà il candidato di ciò che Quintiliano pensava di Isocrate? Si ricordi Ferrari Aggradi e il maturando del '69. Come «articolerà» il concetto di *dikaiosýne* in Platone (quello della *Repubblica*? Quello del *Protagora*? Lo pseudo-degli *Amanti*? Quale?) e magari in tutta la filosofia greca? E come, partendo dall'*eusébeia* o dal «ruolo degli antenati», misurerà la pressione a tutta la «cultura greca», se non alle «culture antiche» in blocco? E come scorrazzerà fra l'*historía* (che viene da *id-*, si sa), le «idee» platoniche, il «teatro»? Se è un candidato intelligente scriverà in poche righe quel che a naso i commissari si aspettano. E se è molto intelligente, scriverà che le domande sono mal poste. O magari farà come il giovane d'Annunzio, che quando gli assegnarono per tema l'aforisma «la felicità è sempre sull'altra riva», scrisse solo: «beato chi ci arriva».

Ma ancor più importante: «tutto questo ben di Dio» come orienterà la didattica dell'ultimo anno, se non dell'intero triennio? Un simile questionario può tirare in ballo a piacere – come si vede – argomenti trattati nei diversi anni scolastici; e dunque sarà bene dedicare almeno l'ultimo a ripassare l'intera letteratura e storia e «cultura greca»; anzi, fino alla scelta ministeriale dello scritto, sia la greca che la romana, perché al posto dell'*eusébeia* potrebbe capitare la *pietas*.

Senza dire che il Ministero, «con un po' di fantasia», potrebbe chiedere di tutto: dalle «leggi non scritte» al «demone di Socrate», dall'*alétheia* alla *phýsis*, dal giudizio di Cicerone su Demostene alla terminologia della parentela in Atene e a Roma o ai valori simbolici della donnola o del picchio (per citare due temi cari a Bettini), e via fantasticando. Come ci si preparerà? Con liste di *Wertbegriffe* e concetti-chiave imparati a memoria? Con elenchi di curiosità sul mondo antico? Con quale altra forma di *polymathía* in polvere?

Peraltro, una prova del genere – una prova in cui il candidato sia chiamato a tradurre bene, e poi a commentare in lungo e in largo ogni aspetto del testo tradotto – esiste già, anche se va scomparendo in molte sedi universitarie: è lo scritto d'ammissione al dottorato. Chi conosce per esperienza l'esito di tali prove sa che raramente i candidati riescono ad «articolare» commenti più che scolastici. E si tratta di commenti liberi: figurarsi se fossero quiz sullo scibile tutto. Non c'è verso: una prova del genere, alla maturità, gioverebbe solo all'azienda Bignami. E pratiche intellettuali ardue come il comparativismo culturale o letterario – che è difficile mettere a frutto anche a livelli inoltrati degli studi, perché implicano conoscenze e competenze molto estese – diventerebbero infarinature di nozioni elementari, passatempi per sottrarsi alla noia delle declinazioni. «"Ah, nell'antichità facevano così? Interessante!"»: ecco come Judet de la Combe ha sintetizzato quel che è lecito attendersi dall'«antichità simpatica». E almeno, in Francia, la tradizione che dirama da Louis Gernet privilegia ancora un insegnamento di «civiltà» centrato su oggetti politicamente scabrosi (la schiavitù nel mondo antico, gli stereotipi del femminile, ecc.); la più arcadica e gesuitica Italia rischia sempre di preferire bellurie e buoni sentimenti.

E così si confermano due cose almeno. Primo: chi confusamente propone certe riforme ha in mente, o inconsapevole sostiene, un liceo classico sempre più classico ma sempre più superficiale, dove, per far posto ai «vasti orizzonti», tutto si deve contrarre. Secondo: non c'è innovazione didattica aliena dalla deriva nozionistica, ivi compresa l'antropologia del mondo antico. Diceva amaramente Adorno che la sociologia, nata per fare critica della società e promuoverne il cambiamento, si era ridotta a raccogliere interviste nei circoli di caccia. È il rischio e talora il contrappasso di ogni sapere nato antagonistico. L'antropologia del mondo antico non fa eccezione, specie in certi suoi esiti scolastici: nata (anzi rinata) nel secondo Dopoguerra per rinnovare gli studi classici, e per tratteggiare un'immagine radicalmente nuova dell'antichità, contro ogni classicismo, contro ogni esemplarismo, contro ogni culto delle radici; nata per contrapporsi (sommariamente e rozzamente, come accade nelle polemiche) a tutta la «scienza dell'antichità» tedesca, a tutti gli studi classici anteriori o addirittura a tutto «ciò che si chiama umanesimo tradizionale» (J.-P. Vernant), l'antropologia del mondo antico non ha tardato a diventare, in molte sue propaggini, affabulazione mitografica e collezione di curiosità esotiche. Di qui il rischio di trasformare gli antichisti in «innocui narratori di favole» (A. Corcella); di qui un esito che sorprende più di altri: oggi un antropologo del mondo antico può parlare con serenità, come abbiamo sentito, di «cultura greca» o di «culture antiche» senz'altri *distinguo*, e invitare gli studenti a fare altrettanto; ne segue un esemplarismo al contrario che non è meno classicistico per il fatto d'essere attento agli aspetti inconsueti di questa «cultura greca», o «romana», o «antica». Del resto, «i Greci» e «i Romani» sono entità semimitiche che popolano specialmente certe trattazioni dette «antropologiche», e pazienza per la longevità millenaria e per la differenziazione sociale dei «Greci» e dei «Romani»; eppure mai, oggi, un antropologo oserebbe dire «i Trobriandesi», come diceva Malinowski: sarebbe radiato su due piedi dalla sua tribù disciplinare, come se dicesse «gli Africani» o «gli Italiani».

Ogni «antinozionismo» produrrà, se esasperato, il suo speculare nozionismo. E il nozionismo del picchio o della donnola non sarà migliore del nozionismo grammaticale *vel* «grammaticalismo», non sarà migliore dell'«esecrato aoristo passivo» (L. Canfora) che sempre si cita per stigmatizzare l'imperio infausto della morfologia.

Ma ancor più in generale: perché, in questo attacco scomposto alla didattica liceale, si riservano ironie e accuse di nozionismo solo all'insegnamento del greco e del latino? Forse perché a lanciare le accuse e a bearsi di tanta ironia sono alcuni classicisti. Ma sfugge al nozionismo la matematica, se ridotta – per dirla con Giovanni Villani – ad «abbaco e algoritmo»? Sfuggono al nozionismo la fisica o le scienze naturali? Mandare a memoria liste di varietà botaniche o codici d'enzimi è più istruttivo e più «interessante» che studiare le eccezioni della terza declinazione? I classicisti che amano dare, del liceo classico, un'immagine così falsata, dovrebbero prestare ascolto alle lagnanze che si levano da altre parrocchie disciplinari: altissime e pietosissime, per esempio, quelle che da secoli intonano i matematici, che hanno in comune con i classicisti una lunga tradizione scolastica e una nutrita letteratura didattica. E non meno si lagnano i fisici. Durante le chiacchierate dei Saggi berlingueriani, nel '97, fu Tullio De Mauro a ricordare che proprio negli anni in cui Guido Calogero rimproverava al latino ginnasiale e liceale il suo «eccesso di grammaticalità», Enrico Persico rimproverava all'insegnamento scolastico della fisica il suo «eccesso di matematicità»; anzi, a dire il vero, Calogero se la prendeva in pari misura con la sintassi latina mandata a memoria senza leggere nulla, e con gli «estratti sistematici di trigonometria o di fisiologia o di cristallografia» che non insegnano a diventare «colti rispetto alla scienza», ma solo ad accettarla «come pericolosa stregoneria o come ancor più pericolosa rivelazione di arcane verità»; e Lucio Lombardo Radice ricordava che le scienze naturali si possono imparare «a grammofono» proprio come «le eccezioni latine». De Mauro, per parte sua, seguitava con una lunga lista di discipline inguaribilmente «nozionistiche», perché «il problema riguarda tutte le materie». A ciascuno le sue lagnanze, dunque. E se non si vogliono scomodare gli esperti, i classicisti in vena di maldicenze prestino orecchio alle lagnanze degli studenti: non risulta che tradurre Isocrate li torturi più del risolvere disequazioni. Tante focose tirate contro il «grammaticalismo» si risolvono nella scoperta, già nota ai più, che a scuola si possono anche studiare cose noiose, astratte o inutili. Bene. Anche a catechismo si possono mandare a memoria virtù che non si ha sempre l'occasione di praticare. Si impone una salutare rinuncia a quest'arte della caricatura o autocaricatura, sviluppata con inconsulta euforia da alcuni classicisti. Altrimenti, anche quando le intenzioni sono buone, si darà manforte a chi dell'istruzione classica si augura lo smantellamento, e del liceo classico la chiusura. Sommata alla retorica delle «due culture» (cfr. *supra*, pp. 131-154), l'indiscriminata polemica contro il «grammaticalismo» produce i risultati che vediamo: a parità di noia, a parità di nozionismo, meglio la matematica che il greco, perché quella almeno è una materia «utile»; il greco è per gente futile, anche se lo si impara.

Del non sapere il greco, né il latino

E poi non lo si impara nemmeno, il greco; come non si impara il latino. Discipline inutili, sia pure; inutili come tante «cose belle», come «i fiori e i tramonti», ebbe a scrivere Beniamino Placido, convinto di fare un complimento (cfr. *infra*, p. 220). Ma almeno, di fronte a un tramonto, che un diplomato classico sappia citare correttamente Saffo, visto che non saprà calcolare la rifrazione atmosferica.

No, nemmeno quello: dopo tanta grammatica e tante versioni, le splendide letterature antiche non si intendono. L'addebito è costante, l'abbiamo visto, e commuove che al problema sia arrivata a interessarsi addirittura Confindustria. Osservò Cesare Callieri, al tempo dei 44 *sophoí* berlingueriani, che

> spesso nella nostra scuola si insegnano la grammatica e la sintassi del Latino ma non a saper leggere e capire un testo classico.

E oggi, a quanto si vocifera, il problema è sempre più grave: oggi i diplomati al classico sanno il greco e il latino assai meno di una volta. «Oggi» quando? Sull'esatta determinazione cronologica si preferisce essere vaghi. «Oggi», nell'età del ferro che età auree o almeno argentee hanno per forza preceduto. A dire il vero, Beniamino Placido sembrava pensare a un problema che antedata il ferrigno «oggi»: ce l'aveva con i padri «nostalgici del liceo classico» che – ricordiamo le sue parole – «quando in vacanza incontrano una epigrafe antica, distolgono prudentemente lo sguardo, per non fare cattiva figura davanti ai figli»; hanno scordato il greco e il latino perché evidentemente ne sapevano poco. Sulla stessa linea si poneva Umberto Eco, che così testimoniò nel 2014:

> I maturandi dei miei tempi uscivano dal classico senza essere capaci, in genere, di leggere Orazio a prima vista, e talora neppure un'epigrafe su un monumento antico, per non dire una enciclica.

Dunque il problema non è dell'«oggi»: Placido e Eco sembrano condannare qualche altra generazione di diplomati al classico, tutti ugualmente incolti. Se poi ci si chiede perché, in tante testimonianze, ricorra l'esempio delle «epigrafi» o «lapidi» (i diplomati al classico non sanno leggere nemmeno «la lapide di un cimitero», C. Giunta),[10] si scopre la probabile fonte comune, cioè Guido Calogero, nel suo celebre *Il panlatinismo*:

> A seconda della sua carriera scolastica, il giovane italiano (con la sola eccezione di coloro che il gentiluomo poi ammazzato da padre Cristoforo chiamava «vili meccanici») studia latino per tre, cinque, otto, dodici anni, e non di rado anche per più di dodici, quando va fuori corso in qualche Facoltà di Lettere per reiterate bocciature all'esame di latino scritto. Comunque, se dopo simile cura gli si mette davanti, non dico Orazio o Virgilio, ma la Bibbia, o anche una semplice iscrizione che si incontri in una chiesa, è rarissimo che sappia leggerla e capirla con quella decente rapidità con cui pure un buon portiere d'albergo capisce il turista che gli parla in inglese o in francese.

Calogero scriveva nel 1955, più o meno quando Eco si laureava, ma ce l'aveva con tutta la mitizzata scuola gentiliana. Poco prima, accuse analoghe erano venute da Guido Gozzer, pedagogista fiancheggiatore del ministro Gonella, e da tanti altri coinvolti nel dibattito sulla scuola media unica o plurima, con o senza latino: le statistiche, le testimonianze, le lagnanze sulla perdurante ignoranza del latino – e dunque sull'inutilità del suo insegnamento – furono allora materia corrente. E se a uscirne pesto era il liceo di Gentile, sul liceo *ante* Gentile basta leggere Gentile medesimo («s'era giunti a tale che la licenza liceale mandava alla università giovani incapaci di leggere due periodi di latino»), o il citato Monti di *Scuola classica e vita moderna*, che è del '23 tondo e pensa alla scuola fra tardo Ottocento e inizio Novecento:

> Erano i tempi che, dopo aver tradotto per cinque anni filati quella segatura di latino ... giungevi in liceo magari promosso senza esami, e qui passavi agevolmente dall'una all'altra classe, imparando a memoria, volta per volta, la traduzione di 10 capitoli del *De Oratore* e di 100 versi dell'*Arte Poetica* ... Arraffata la licenza, capitavi, trepido e ingenuo matricolino, all'università: e lì, per prima cosa, ti sentivi dire che per fare profitto nel latino e nel greco l'unica cosa che dovevi sapere era la lingua tedesca: salvo poi, smaliziato cogli anni, a scoprire da te che, a saper ben fare, potevi benissimo sbarcar la tua laurea senza sapere, nonché di latino e di greco, neanche di tedesco.

E con ciò abbiamo fatto fuori diverse altre generazioni di liceali classici. Ma potremmo risalire assai più indietro: per esempio al canonico Pascoli, alle relazioni spedite al ministro della Pubblica istruzione da Villari nel 1880 o da Taburrini nel 1881, all'Inchiesta Scialoja del 1872. Fermiamoci, invece, perché siamo a un passo dalla nascita della scuola casatiana. Viene da chiedersi: hanno mai imparato le lingue classiche, i diplomati al classico? Hanno mai saputo leggere il loro Orazio, o la loro Saffo, o le loro amate lapidi? Mai, evidentemente. E se si vuole allargare l'orizzonte geografico e storico, analoghe e consentanee attestazioni di ignoranza, per le scuole franche o britanniche, ha raccolto Françoise Waquet nel suo *Latino. L'impero di un segno.*

Si dirà: se il problema è di sempre, non di oggi, il problema è ancor più grave; decidiamoci a tagliare queste materie «come un albero che non dà frutto», scriveva Carlo Tincani nel 1894, riferendo opinioni correnti ai tempi suoi. Ma a fare un fascio di queste testimonianze, e a trarne così spicce conclusioni, si commetterebbe un certo numero d'errori.[11] A partire dal fatto che queste testimonianze – in apparenza consonanti – si fondano su concezioni molto diverse del «non sapere il greco e il latino»; e diverse erano infatti le soluzioni suggerite. Da classicisti intransigenti ragionavano Monti o Gentile, in nome di un liceo d'*élite* destinato a formare classicisti intransigenti, o almeno umanisti d'alta specialità. Quanto a Calogero, che oggi viene tirato per la giacca da molti nemici del latino, si scorda che la sua satira del «panlatinismo» aveva per bersaglio la versione in latino, ma ciò non impediva a Calogero di suggerire «maggiore estensione e severità nella prova di versione dal latino». E così via, con idee assai diverse d'istruzione classica, e diversi metri di giudizio, per conseguenza. Chi oggi diagnostica ignoranza di greco e di latino, invece, ha troppo spesso di mira la grammatica in sé, e sogna un classicismo *soft* che avrebbe fatto inorridire molte delle autorità qui citate.

È poi buon senso minimale ricordare i numeri in gioco: su studentesche di quale variabile entità si misura l'ignoranza diffusa (del greco, del latino, dell'italiano, d'altro ancora) in epoche così diverse? Già Salvemini ironizzava sull'abitudine di biasimare le scuole del presente paragonando la media di un'epoca con le eccezioni di un'altra. Se poi la media si calcola su numeri di ben diversa estensione, il *bias* – come direbbero gli «scienziati» – è vistoso. Oggi, circa 140 studenti giungono alla finale delle annuali *Olimpiadi classiche*; e qualche migliaio partecipa ai certami o agoni regionali: sono evidentemente ottime studentesse, ottimi studenti di greco e di latino; sono molti, pochi? Quanti sarebbero stati ai tempi di Gentile? Non si sa, ed è comunque un passatempo inane il rimpianto del liceo classico che fu (cfr. *supra*, pp. 52-55), perché non aiuta in alcun modo nella politica scolastica odierna.

E ancora: se per attestare la fondatezza di questo o quel sapere a scuola ci fondassimo su test specialistici della loro conoscenza, condotti a debita distanza d'anni, che ne sarebbe di matematica o fisica? Placido, lo abbiamo visto, si concedeva un ruspante paragone con l'«andare in bicicletta»: perché non un paragone con le funzioni circolari o con le equazioni di Maxwell? Quanti diplomati allo scientifico reggerebbero alla prova? E, in caso di fallimento, trascinerebbero con sé il liceo scientifico tutto? Quanto a chi cita Cicerone, o Tucidide, o le «lapidi» (come che siano), quali ideali testi-test da leggersi al volo per saggiare la sensatezza scolastica del latino o del greco, si dovrebbe sottoporli seduta stante agli stessi testi e test. Un po' come suggeriva di fare Calogero per dimostrare l'insensatezza della maturità gentiliana su tutte le materie, e su tutto di tutte: si interroghino

senza preavviso il Presidente della Repubblica, il Capo del Governo, il Presidente dell'Accademia dei Lincei, il Presidente dell'Istituto Nazionale delle Ricerche, il Rettore dell'università di Roma, il Preposito Generale della Compagnia di Gesù e il Segretario del Partito Comunista.

Altrove egli aggiungeva, irriverente, anche il Papa. Del resto, trent'anni prima, Pasquali protestava che «Cicerone in Italia sarebbe forse bocciato alla maturità classica». È bene non scherzare con le «verifiche», nemmeno per gusto retorico. C'è da credere che nessuna materia delle superiori durerebbe intatta: né il greco, né il latino, né la fisica, né la matematica, né il diritto. Nemmeno la religione cattolica, sospetto. Forse sì, invece, l'arte della bicicletta, che almeno è parola semilatina e semigreca.

E così si viene al punto fondamentale, e all'equivoco di fondo: che cosa ci si aspetta che insegnino il greco e

il latino del liceo? A leggere testi greci e latini? A legger-
li «all'impronta», «senza preavviso», a spasso per chiese o
cimiteri o musei? A tradurli? Come? E se il greco e il latino
non servissero a imparare il greco e il latino? O non sempre, o quasi mai? Uno che su ciò aveva le idee molto chiare
era Antonio Gramsci, che scriveva nel 1932: il latino «non
si impara»; il latino «si studia» (cfr. *infra*, pp. 246-252). Oggi
sul punto regna un po' di confusione.

La Virginia Woolf cui abbiamo tolto il titolo esordiva,
nel suo *On not knowing Greek* (1925), con un perentorio «è
vano e sciocco dire di sapere il greco», anche se concludeva che «è inutile leggere il greco in traduzione». Il suo orizzonte era ovviamente tutto etico e letterario: la letteratura greca «come letteratura di capolavori»; la Grecia come
sede «dell'essere umano stabile, permanente, originale».
Clichés tardoromantici che non sorprendono. Oggi che riemerge prepotente un certo classicismo, riemergono anche
certi *clichés*: le letterature classiche si studiano per educarsi alla *philanthropía* e all'*humanitas* (e il «grammaticalismo», si soggiunge, le ammazza); si studiano per imparare l'«alterità» di queste culture, fondative della nostra ma
dalla nostra così diverse, e in questo modo ci entrerà in testa, finalmente, che «io è un altro», come disse uno che de-
testava la grammatica latina, ma scriveva filze di esametri
neolatini; si studiano come antidoto al mercantilismo e all'a-
ziendalismo imperanti; si studiano per diventare buoni cittadini, come tutte le *humanities*, secondo Martha Nussbaum.
Eccetera, eccetera. Sono argomenti ben noti, soffusamente
moralistici, soavemente sentimentali, e abbastanza generici da sottrarsi alla critica – ma non, credo, alla proposta di
alternative concrete: anziché fare antropologia del mondo
antico, non sarebbe meglio qualche robusta dose di antropologia culturale?

Senza dire della «concezione cosmetica dei classici antichi» (G. Cambiano) che simili linee pedagogiche presup-
pongono: è allora un tonico correttivo insistere, con Canfora,
sul fatto che attraverso i classici antichi

vediamo meglio ciò che, aggirandoci nel presente, non sempre capiamo: e cioè, tra l'altro, la integrale politicità di ogni espressione intellettuale.

Ora, non si discute sul fatto che il greco e il latino siano lingue morte – anche se la *political correctness* odierna impone altre denominazioni – delle quali noi studiamo preferibilmente le parti morte meglio, cioè le letterature; ma è inaccettabile ridurre l'istruzione classica a una forma particolarmente raffinata di educazione letteraria, specie se oggi – a differenza di quanto riteneva Woolf – non si osa più affermare che «è inutile leggere il greco [o il latino] in traduzione». Anzi, come ha scritto Milanese,

> se si deve prendere posizione tra *ravis sitis tussis buris amussis* da una parte e le traduzioni dall'altra, io non ho dubbi, proprio perché amo il latino: solo traduzioni, e divenga il latino fratello del tocario e dell'ittita.

Giusto. Basterà assicurarsi che resti qualcuno capace di farle, quelle traduzioni. Ma per fortuna l'alternativa non si gioca fra i classici-per-i-classici e la grammatica-per-la-grammatica; e quanto all'idea che la grammatica si studi per garantire un accesso diffuso ai classici antichi in originale, è evidente che l'idea non tiene, per ragioni così ovvie che non vale quasi la pena menzionarle: perché le ore di greco e di latino, in un quinquennio classico, non formeranno né classicisti professionisti né buoni dilettanti; perché, anche se formeranno buoni o ottimi studenti di greco e latino, o i loro studi proseguiranno almeno in ambiti limitrofi, o le competenze specialistiche apprese si dimenticheranno, come si dimenticano le disequazioni: ed è normale che sia così, *pace* Placido. Il massimo scopo che ci si può proporre, in questa prospettiva, è quello che una volta espresse con sobrio realismo Sergio Romano:

> La grande maggioranza degli allievi non sarà mai in grado di leggere nell'originale un intero poema greco o latino. Ma lo studio della lingua e gli esercizi di traduzione rendono l'opera meno lontana nel tempo, più amica e comprensibile.

Dunque, o si ha il coraggio d'essere elitisti fino in fondo, come coerentemente erano Monti o Vitelli o Gentile al principio del Novecento: e allora si vorrà un liceo più classico, più linguistico e letterario, più storico e filologico, ma per pochi o pochissimi; o si rinverdiranno certi *clichés* classicistici, ma solo in ciò che hanno di peggiore: e avremo l'elitismo involontario o inconfesso su cui ci siamo già soffermati, e l'avremo però illanguidito nei contenuti linguistici, storici, filologici, con tanta *humanitas* e tanta «alterità», ma senza la speranza di formare, in prospettiva, un'*élite* di specialisti solidi, e forse nemmeno cittadini realmente provvisti di senso storico (non di generica bontà). «Le scuole debbono servire a far teste per la Repubblica, non grammatici, né disputanti per gli caffè», scrisse l'abate Antonio Genovesi nel 1766: ma a forza di classicismo melliflue, «grammatici» non avremo di sicuro, «teste per la Repubblica» non so; potrebbe restarne una sola: *flâneurs* semicolti.

È il caso di dire l'ovvio, allora: il liceo classico non può insegnare bene il greco e il latino a tutti i suoi allievi, a meno che non gli si augurino pochi o pochissimi allievi, e fermo restando che occorre sempre intendersi su quel «bene». Il liceo classico non può: e non deve nemmeno. Se fosse *solo* questo il suo scopo, è chiaro che saremmo di fronte a un equivoco secolare. Del resto, abbiamo già ricordato i numeri effettivi di diplomate e diplomati che, all'università, si avviano ad altra carriera, con egregi esiti (cfr. *supra*, pp. 154-166).

E allora perché tanta grammatica? Perché tanta traduzione? E perché proprio dal greco e dal latino? Non ci si sottrarrà alle domande. Ma si avvisa fin da ora che le risposte saranno banali; e parranno ad alcuni, forse, un atto di resa al peggior conservatorismo. Proviamo.

«*Traduci!*»

Oppure «legga e traduca» (esame universitario, col «lei» di rigore); oppure «il candidato legga e traduca il seguente brano» (esame di maturità, con impersonalità di rigore). E così via: l'imperativo o esortativo pare comunque il coronamento dello studio «grammaticalistico», e come ci si fa beffe di quest'ultimo, ci si fa volentieri beffe della versione. C'è un punto che però colpisce: in anni di discussione (spesso vacua) su studio grammaticale *vs* alta cultura e alte virtù, in anni di dibattiti sulla seconda prova di maturità con quiz annessi o senza quiz annessi e con contestualizzazione e/o avantesto e/o post-testo, della traduzione in sé non si è parlato quasi, o si è parlato troppo poco, dandone spesso per scontata la natura. Con l'imbarazzante conseguenza di lasciare a fisici o medici il compito di ricordare che la versione non è la scusa con cui docenti sadici impongono di mandare a memoria infilzate di regole. Meglio di tutti l'ha fatto Guido Tonelli:

> Sei lì che combatti con il vocabolario per cercare di dare un senso compiuto ad un gruppo di frasi e ti sembra di avere trovato la chiave. Soltanto che non riesci a sistemare un piccolo, infimo dettaglio. Ed ecco che di colpo, per risolvere l'incongruenza, dovrai capovolgere tutto e abbandonare definitivamente quella che un istante prima ti sembrava un'ipotesi molto ragionevole. È la logica, bellezza, è tutto soltanto questione di logica. Non saprei trovare un'attività più vicina al lavoro scientifico concreto che viviamo quotidianamente. Capita molto spesso, in fisica, che per accomodare un piccolo particolare, apparentemente insignificante, siamo costretti ad abbandonare la congettura che ci aveva guidato fino a quel momento. E ogni tanto, questo stesso meccanismo apre le porte ad un nuovo paradigma.

«È la logica, bellezza»: forse qualcuno tremerà all'idea che trapeli qui il mito del latino «lingua logica». Nient'affatto, mi pare, ma è senz'altro vero che sulla traduzione dalle lingue antiche, attività somma del liceo classico, rischia di riversarsi molta della confusione che impera sullo scopo stesso degli studi greco-latini.

Si sa che, nel corso del Novecento, molti dei più tradizionali argomenti a difesa delle lingue classiche a scuola sono stati fatti a pezzi ora dai nemici dell'istruzione classica, ora dai classicisti stessi. Un bel regesto ne fece per il latino, nel 1980, Peter Wülfing, ma molti degli argomenti censiti valgono anche per il greco: dal «motivo delle origini» al «motivo del patrimonio culturale», dal beneficio per l'apprendimento delle lingue romanze, o indoeuropee tutte, all'utile funzione di introdurre al lessico tecnico di tante discipline, e così via; senza dimenticare la pura e semplice funzione «ginnastica» e in qualche modo iniziatica (sono discipline ostiche), mnemotecnica (sono piene di regole), morale (insegnano lo studio disinteressato). Altri studiosi hanno fornito altri regesti, e non sarà qui il caso di indugiarvi, anche se un giorno un regesto dei regesti andrà fatto, e sarà utile per censire variazioni e costanti.

Oggi, almeno quattro quinti di tali argomenti appaiono risibili, o comunque nient'affatto validi per le sole lingue classiche. E non perché oggi gli esseri umani abbiano finalmente aperto gli occhi – come ogni tanto si tende a suggerire, per compiacersi della raggiunta lucidità – ma perché condizioni storiche obiettive hanno mutato funzioni e statuti delle discipline, redistribuendo gli oneri fra le une e le altre, e perché metamorfosi profonde delle società hanno reso improponibili radicamenti culturali a senso unico, e perché la scuola superiore ha dismesso in generale la sua funzione di soglia iniziatica. E per altre ragioni, tutte storiche, che niente hanno a che fare con astratti progressi dello Spirito.

L'annichilimento di tante leggende ha fatto un gran bene. Come diceva Wülfing al termine della sua rassegna, l'eccesso di argomenti utilizzati può dare l'impressione che «nell'insegnamento del latino tutto sia importante salvo il latino stesso». Ora, smontate le leggende, rimangono appunto «il latino stesso» e «il greco stesso», che si rivendicano come valori in sé (cfr. *supra*, pp. 149-150), perché altri argomenti a mano non restano. Solo che a volte questi «valori in sé» paiono un po' miserelli, e allora gli argomenti tradizionali risorgono sotto altra forma, com'è il caso dei più vecchi e logori: l'educazione alla bellezza, l'elogio dell'inutilità, la manfrina dei «valori», e per queste vie il latino e il greco ci vengono riproposti come sublimi studi estetici, come studi deliziosamente disinteressati, o come forme subliminali di educazione civica; l'abbiamo visto e ci torneremo (cfr. *infra*, pp. 216-222). Ma sarebbe più semplice, e credo più corretto, ammettere che nella strage delle illusioni ci si è spinti talora un po' troppo oltre. Ed è particolarmente facile accorgersene, per esempio, quando si arriva a trattare come argomento infondato l'idea che la conoscenza delle lingue classiche, e specialmente del latino, possa portare benefici nella conoscenza della lingua materna; e così si rischia di riservare a certi indirizzi un «umanesimo» in minore (cfr. *supra*, pp. 152-154).

Prendiamo il pigro slogan del latino «lingua logica», al quale in Italia ha inferto un colpo mortale un logico (Guido Calogero), dopo le già dure bordate di Giorgio Pasquali. Oggi nessuno si sogna più di ricorrervi, e meno male.[12] Risorge semmai il mito del greco «lingua geniale», consegnato ora al simpatico ma non innocuo *bestseller* di Andrea Marcolongo (2016); libro bistrattato o trattato con sufficienza dai classicisti, per via di singoli – certo non negabili – scivoloni linguistici; libro che alla traduzione dedica pagine di bella concretezza e limpida immediatezza, ed è uno dei suoi meriti maggiori; libro che è però minato da una concezione pericolosa: l'autrice crede, e induce a credere, nello «spirito delle lingue». Pessima idea che è sempre a un passo da un'altra, lo «spirito dei popoli», che a sua volta è sempre a un passo da un'altra ancora, le «razze dei popoli». In altri tempi passi simili – che paiono lunghi – si sono compiuti in una generazione o due, e dunque è bene che certi concetti si maneggino per quel che sono: bombe con spolette a tempo. O si finirà come quel linguista dileggiato da Edward Sapir, che rabbrividiva all'idea di una «donna flessiva» sposata a un «uomo agglutinante». Niente di simile in Marcolongo, sia chiaro: alla peggio, certe sue ispirate considerazioni lessicali incoraggeranno sempre più l'idea di cui già rideva Pasquali, e cioè che «il greco sia, unico fra tutti i linguaggi, non univoco ma plurivoco»; o che le singole, evocative paroline del greco abbiano sempre un *surplus* di senso che l'italiano non cattura mai, per quanti sforzi si facciano;[13] e alcune sue pagine ricordano a volte, pur alla lontana, certe tirate che alla «lingua dei Greci» dedicò Jacob Burckhardt («questa lingua è già filosofia»!). Ma il greco non ha nulla di «geniale» in sé, tocca ammetterlo: a parte il fatto d'essere servito per scrivere dialoghi platonici, oltre che per acquistare sardine o cipolle nei mercati di Atene; e infatti di tanti fenomeni linguistici che Marcolongo passa poeticamente in rassegna – dal sistema degli aspetti al neutro al duale all'ottativo – potremmo divertirci a trovare esempi copiosi in romanesco, in veneziano o banalmente in italiano. L'errore prospettico di Marcolongo è istruttivo, tuttavia, e a suo modo illuminante: perché proietta sul «greco», quale presunta lingua in sé, alcune caratteristiche della tradizione grammaticale che ne veicola l'insegnamento. E qui c'è un sintomo di cui approfittare per fare un po' di chiarezza su certi miti o slogan o pseudo-argomenti a favore del greco e del latino; e anche per scoprirne, dietro l'insensatezza apparente, il senso.

Notoriamente, è in virtù di pochi e concreti motivi che latino e greco possono sembrare tuttora, a molti diplomati del classico, l'uno «lingua logica», l'altro «lingua geniale». Tra i più ovvi: il brusco *dépaysement* procurato, in parlanti e scriventi italiano, da alfabeto, fonetica e lessico del greco, l'unica disciplina scolastica che oggi costringa un quattordicenne a ripetere i traumi della scolarizzazione primaria, mentre in latino si può passare subito o quasi subito alla morfologia e alla lettura; gli autori del canone con i quali si viene primariamente in contatto, sicché il latino rischia di sembrare sempre cesariano o ciceroniano, tutto logica e *consecutio*, e il greco sempre omerico o erodoteo, tutto eccezioni e postille storico-linguistiche; e, soprattutto, la diversa impostazione delle «grammatiche» di riferimento, frutto di dinamiche culturali ben diverse per scopi, origini, durate: l'una preferibilmente normativa, l'altra preferibilmente storica; l'una tendenzialmente attenta all'analogia, l'altra all'anomalia; l'una frutto di classificazioni secolari miranti a enucleare regole, l'altra frutto del comparativismo linguistico mirante a isolare singoli fenomeni, spesso trasversali alle lingue indoeuropee; e così via.

Di qui la sensazione – comune nei diplomati al classico, specie d'altri tempi – che il latino si adatti ai secchioni studiosi, e il greco invece ai genietti intuitivi. Questa sensazione, che ancora si può verificare fra gli studenti, è in fin dei conti l'eco non spenta dello *choc* storico che procurò la *Grammatik* di Curtius piombata sul *ron ron* di una scolastica latina già secolare, già derisa da Erasmo o parodizzata da Merlin Cocaio. L'eco lontana, però: perché da tempo le due tradizioni didattiche, anche a scuola, sono salutarmente intrecciate, a riprova che le grammatiche non sono modelli immobili; anzi, la disponibilità di modelli plurimi, se talora può disorientare, può anche e soprattutto fornire l'occasione per moltiplicare i punti di vista, e per denunciare i modelli in quanto modelli: in quanto ipotesi, cioè, e atti potenti d'astrazione.

Ma queste considerazioni, della cui trivialità ci si scusa, introducono al punto cruciale: le discipline in sé, le concrete «materie», contano spesso assai meno delle tradizioni didattiche di cui tali «materie» sono eredi. In questo senso si diceva sopra che latino e greco, nel corso della loro lunga e accidentata storia scolastica, hanno calamitato e fatto propri metodi altrui, finendo talora per esercitare funzioni «abusive»: o «vicarie», se si preferisce. Quanto al latino, lo ha detto benissimo, una trentina d'anni fa, proprio Bettini, e sono le sue parole che fa piacere citare:

> Il fatto è che per molti secoli si è detto che si studiava la grammatica del latino, ovvero il latino: invece si studiava semplicemente linguistica. Il latino è stato la linguistica dei nostri nonni e antenati. ... Il latino è diventato una sorta di laboratorio di riflessione teorica sul linguaggio. Privo di una parte consistente della sua funzione linguistica, la sua funzione viva, il latino ha potenziato quella meta-linguistica: fino al punto che non si riesce più a separare queste due nature. Si dice spesso che il latino è una lingua logica, ma non è più logica d'altre lingue. Lo è invece la sua terribile grammatica, la quale può sì trasformarsi in un odioso strumento di pedanteria, ma è anche qualcosa che fa del latino un oggetto culturale di tipo unico.

Si può essere certi, peraltro, che Bettini non abbia smesso di crederlo, e proprio per questo stupiscono certe sue compiaciute caricature dell'insegnamento linguistico. Del resto, non la pensava diversamente Calogero, di cui oggi si ricordano gli sberleffi sulle «regole del periodo ipotetico» («tutta la civiltà antica mi appariva espressa in termini ipotetici … All'indicativo non succedeva mai niente»), più raramente gli elogi della traduzione dal latino, che egli voleva ampliata in modi che oggi parrebbero da oltranzista. E così pensava, più di così proponeva Pasquali, di cui va di moda citare – perché fa effetto e serve a tutti gli usi – il sarcasmo sulla «congiuntivite professoria», ma non gli unguenti proposti per curarla, che oggi in buona parte ci parrebbero pericolosi.[14]

È proprio questa funzione «vicaria» del latino – ben nota ai suoi docenti, ben nota ai suoi studenti – che spesso fa guardare con sospetto ai «metodi naturali», e li rende avversi a chi teme che, per migliorare l'uso, si smarrisca lo scopo. Ma anche su ciò basta intendersi: basta sapere a quali fini si impieghi un modello, e con quali altri modelli si possa farlo fruttuosamente interagire. A scuola «niente si crea *ex nihilo*», ricordava Monti: e quando ci si prova si fanno disastri. E le tradizioni educative lunghe hanno questo vantaggio, fra gli altri: una più lunga esperienza di fallimenti, che si possono quindi più facilmente evitare; e una più lunga esperienza di successi.

Viene di qui la difficoltà di strappare a certe tradizioni disciplinari le funzioni «vicarie» che hanno a lungo esercitato, e delle quali esse menano giustamente vanto; e viene di qui la scarsa opportunità di farlo, se non si ha qualcosa da offrire in cambio. E tali funzioni non si limitano certo a quella or ora citata, di cui il latino «logico», il latino «che insegna a ragionare» o «apre la mente», è solo la comica *detorsio*, sicché riderne è un po' troppo facile. E allora ciascuno potrà elencare le funzioni che ritiene più importanti (e il cui dosaggio dipende del resto dal singolo docente, e dai modelli che prediligerà); tra le tante: portare nell'educazione linguistica una nomenclatura che non è affatto fine a se stessa, ma è fondamento dello scarto metalinguistico;

o educare alla dimensione storica della lingua muovendo dai dati empirici più immediati e quotidiani; o insegnare a comparare sempre, per metodo, chiedendoci magari se ciò si ottenga più facilmente per via di lingua o per via di usi e costumi, e quali vantaggi abbiano le due vie; o infine – e a me personalmente questo scopo pare fra i più importanti – educare a riconoscere i «modelli» in quanto tali, le ipotesi e le congetture in quanto tali, cercando sempre il dato che vi si sottrae, e il beneficio dei modelli o delle ipotesi alternative. Ma ogni docente allungherà o scorcerà l'elenco a suo gusto. Queste funzioni abusive o vicarie non portano necessariamente a «sapere il greco e il latino», e ciò può deludere i classicisti; ma talvolta esse esercitano effetti che durano più del greco e del latino appresi – magari bene – al liceo classico. Oggi per definirle si scomodano volentieri i termini tecnici del pedagogismo o aziendalismo più spinti, ma vedano gli esperti fra quali *soft skills* trovare i nomi idonei di queste vecchie cose, e come spartirle fra «capacità», «abilità» o «competenze», una volta che il senso di questi termini risulterà chiaro agli stessi pedagogisti; Ovidio, piuttosto sinteticamente, diceva *abeunt studia in mores.*

In questa prospettiva, più sopra, si sosteneva che chi oggi insiste sui saperi in apparenza più tecnici, sulle pratiche in apparenza più specialistiche dell'istruzione classica, non desidera affatto un liceo classico «per classicisti», e anzi si augura di insegnare pratiche durevoli, metodi generalizzabili ben al di là dei confini disciplinari (cfr. *supra*, p. 93); e in questa prospettiva si è invitato a non considerare greco e latino materie strettamente umanistiche (cfr. *supra*, pp. 150-151). La domanda tanto banale quanto cruciale che si impone è un'altra: le funzioni che greco e latino hanno esercitato, quasi per delega, nel corso della loro storia scolastica, sono oggi equamente redistribuite fra altre discipline? Era la domanda che, tormentosamente, si poneva Gramsci di fronte alla riforma Gentile; e a me pare che la risposta rimanga negativa (cfr. *supra*, pp. 151-154 e *infra*, pp. 246-252).

È badiale far osservare che ciascuna di tali funzioni «vicarie» si presta alla distorsione. Ogni educazione linguistica produce il suo «grammaticalismo», ogni allenamento alla classificazione o all'astrazione il suo triste tomismo, ogni ricerca dello scarto metalinguistico le sue regole da mandare a memoria, ogni verifica concreta dei modelli la sua frigida lista d'eccezioni. Del resto, l'educazione alla storicità dei fatti linguistici può tralignare in quella mistica dell'etimologia di cui gli studenti di greco e latino sono un po' troppo spesso afflitti: una mistica che a volte ispira «giochi verbali giullareschi», come diceva Marrou di Heidegger, e a volte invece quel «culto della parola isolata» che per Benvenuto Terracini era il più clamoroso e insieme il più frequente fra gli errori di traduzione; una mistica, quella dell'etimologia, che più in generale rischia di riportare l'educazione linguistica a fasi presaussuriane, con comica sopravvalutazione della diacronia sulla sincronia, del «senso originario» sull'uso.[15] Insomma: per ciascuna delle funzioni elencate, e per tante altre si vorranno elencare, è sempre possibile evocare la forma degenerata, come nelle sinossi degli ideal-tipi politici stilate da Platone o da Aristotele. Ma loro non erano senza secondi fini, nel farlo; e non è senza secondi fini chi, con la scusa di deridere il «grammaticalismo», finisce per aggredire e marginalizzare la grammatica o lo studio linguistico tutto; con la scusa di denigrare la versione, o le frasette insipide scodellate ai tirocinanti del greco e del latino – quelle, diceva Calogero, in cui «Pippo bacia Marianna» o «Marianna è baciata da Pippo», ma non succede mai che Marianna baci Pippo – finisce per marginalizzare la traduzione.

E rieccoci al «traduci!», l'odioso imperativo in cui sembra condensarsi tutto il *training* grammaticale praticato al liceo classico e ovunque il latino abbia ancora un ruolo. Certo, come alla grammatica sta il «grammaticalismo», al tradurre stanno forme di immiserimento molteplice: dalle frasi dei nostri eserciziari, che troppo raramente sono tratte da testi antichi e troppo lentamente si bonificano da stereotipi di genere e di classe (quante «ancelle» ancora!) fino al feticismo della fedeltà letterale e della «traduzione unica e vera» (L. Canfora); per non dire della pervasività odierna di quel-

la «pseudo-lingua» o «anti-lingua» che altrove ho chiamato «traduttese classico» e ho cercato di analizzare in alcune
sue caratteristiche salienti. Ma è del tutto indebito valoriz-
zare certi fenomeni per aggredire la traduzione scolastica in
quanto tale,[16] quando anzi se ne dovrebbe trarre l'incoraggiamento per l'unica azione sensata: tradurre di più.

Su ciò, un breve indugio, perché il punto è capitale, e la
leggerezza con cui si ride del tradurre a scuola risulta a dir
poco urtante. «Quanto tradurre! I peggio sono i professori
e i professori di greco segnatamente», scriveva Valgimigli
a Quasimodo nel '49. Può anche darsi che Valgimigli avesse ragione, e non proverò a difendere la categoria. Certo, si
intravedeva appena, allora, quell'editoria classica di massa
– scolastica, universitaria, divulgativa – che è una peculiarità italiana, che ha mille e non discutibili pregi, e che però
ha portato a generalizzare, piuttosto che a sradicare, certe caratteristiche della traduzione scolastica: al punto da
farci perdere sensibilità di fronte all'innaturalezza e alla
meccanicità di tante scelte traduttive che, se effettuate da
traduttori di «lingue vive», ci parrebbero intollerabili. È tri-
stemente vero che noi oggi, troppo spesso, leggiamo e facciamo leggere i classici greci e romani voltati in una lingua
affatto artificiale quanto a lessico, sintassi, stile. Noi siamo
ormai curiosamente inclini a tollerare, anche nelle traduzioni professionistiche, ingenuità e durezze diffuse. Non
troviamo niente di troppo strano nella resa stereotipata di
pressoché tutti i «complementi» sanciti (alla grossa) dalle
grammatiche: perché, come si sa, lo strumentale vuole il
«con» e il partitivo vuole il «fra», mentre il vocativo vuole l'«o» e il dativo vuole l'«a» o il «per», e così via. Siamo
inclini a trovare normale che siano assecondati oltre il dovuto i modi della sintassi antica, fra subordinate implicite
cui corrisponde spesso un goffo gerundio, finali che si possono introdurre solo con «affinché» o consecutive che non
ammettono altra resa se non «cosicché» o «tale da»; siamo
inclini ad accettare un lessico impoverito o standardizzato
in virtù di corrispondenze dizionariali invalse che descri-
vono un mondo classico abitato per lo più da «fanciulle» e

«fanciulli», o afflitto da crimini terribili come la «tracotanza» (di che si tratterà mai?); un mondo classico dove non si «critica» mai, ma si «biasima»; dove non capitano mai «disgrazie», ma sempre «sciagure»; dove non «si arriva» mai: «si giunge»; dove non si «pensa»: si «ritiene»; dove non si è «presi»: si è «colti»; dove non si è «capaci»: si è «valenti»; dove non si «umilia»: si «disonora»; dove non si «imbroglia»: si «inganna»; dove non si «chiede»: si «interroga»; dove non si «scappa»: si «fugge». E via elencando, in una lista di automatismi che potrebbe non aver fine, e che certo chi ha fatto o fa il classico riconoscerà al volo.

Ora, che su ciò influisca la prassi scolastica della traduzione è indubbio: ma guai a dimenticare che il tirocinio traduttivo – in ogni lingua – passa per forza attraverso queste o altre forme di «letteralità primitiva» (A. Ronconi). Certi mezzi o mezzucci sono inevitabili quando si impara a tradurre, e insieme si impara a intendere, una lingua estranea nel tempo o nello spazio; è inevitabile radunare, codificare e memorizzare gli elementi di quella che Terracini chiamava una «grammatica di equivalenze»: un sistema chiuso di omologhi invalsi, sia sul piano del lessico, sia sul piano dei costrutti sintattici. In questa luce molti «traduttismi» scolastici non sono propriamente traduzioni: sono «segnalatori morfologici», sono segni convenuti fra discente e docente, sono notifiche di analisi grammaticale e logica ben fatta, come lo sono molti calchi dell'*ordo verborum* originale, anche laddove esso rasenta l'inammissibilità nella lingua d'arrivo. Che poi questa prassi traduttiva elementare sia indifferente a peculiarità d'epoca, di genere, di stile, è del tutto ovvio: il «traduttese» uniforma tutto; eleva quel che è infimo, umilia quel che è sublime, come lo Zeus di Esiodo; fa parlare Virgilio come Eutropio, Lucrezio come Vegezio, Saffo come Isocrate, e Isocrate come Virgilio o Eutropio e Vegezio; e lo fa perché non è traduzione d'opere, né di testi: è traduzione di *langue*. E altro non può essere.

La valenza propedeutica di questi esercizi, con le loro astratte «equivalenze», non è in discussione: e un bell'elogio delle «letterali versioni», per le quali si deve per forza «passare», si troverà anche in Benedetto Croce, presunto nemico della traduzione e teorico dell'intraducibilità. Il problema sorge quando certi usi travalicano il tirocinio traduttivo, e invadono il «mercato della cultura» di cui la traduzione è un'importante «"voce" merceologica» (F. Fortini), anche in ambito classico; quando a scuola sono scritte in «traduttese» non solo le versioni, o le soluzioni delle versioni, ma anche i testi letterari che corredano le storie della letteratura: e allora vanamente si tenterà di convincere gli allievi che Pindaro o Orazio fossero grandi lirici. Ma qui non c'entra la scuola: qui c'entra la pigrizia degli editori scolastici. La scuola, anzi, è il luogo perfetto dove giocare una meditata, fruttuosa revisione del «traduttese», attraverso un'attenta graduazione dei livelli traduttivi e un gioco condiviso, a carte scoperte, fra docenti e discenti.

Il «traduttese» è una degenerazione del tradurre solo quando prospera indisturbato a livelli avanzati dell'educazione traduttiva (o addirittura affligge la traduzione professionistica); che esso prosperi ai suoi esordi è normale: esattamente com'è normale che la grammatica, ai suoi principi, abbia tratti ostici e noiosi. Ma come per evitare le degenerazioni della grammatica non c'è mezzo migliore che studiarla di più, per problematizzare i suoi modelli, per ricondurli sempre alla verifica dei testi e dei fatti linguistici concreti, per insegnare a completarla laddove è manchevole, a decostruirla laddove è troppo rigida, a ricostruirla partendo da dati più ricchi, così è della traduzione: traduciamo di più, per sfruttare della traduzione tutte le potenzialità.

Dicevamo che sulla traduzione, che con la grammatica fa nodo e dell'educazione linguistica è il coronamento, rischiano di riversarsi confusioni permanenti in merito agli scopi della stessa educazione linguistica greco-latina. Se si ammette che «sapere il greco e il latino» – cioè conoscerli da professionisti, o da amatori sopraffini – non è e non può essere né l'esclusivo né il primo scopo dell'istruzione classica; se si ammette che molti e benefici effetti collaterali, o funzioni vicarie, rimangano connessi all'istruzione classica e ne costituiscano il lascito postscolastico più duraturo; se si ammette questo, allora è chiaro che nella traduzione – e dunque in tutta l'educazione linguistica che la traduzione presuppone – si concentrano potenzialità eccelse che vanno valorizzate come una delle più distintive e importanti caratteristiche del liceo classico.

E non si tratta di ripetere definizioni d'effetto («la traduzione come ascolto dell'altro», secondo la formula di Ricoeur, la «traduzione come ospitalità», o consimili); sono definizioni suggestive, ma diranno qualcosa – se hanno davvero qualcosa da dire – a traduttori d'età. Nella sua pratica, la traduzione è qualcosa di molto più concreto e complesso, e anche la peggiore delle traduzioni scolastiche è migliore di certe formulette oggi di moda. Così come si invita a intenderla, la traduzione è l'occasione per tentare induzioni e deduzioni a partire dalle regole date; per valutare la distanza fra il modello e il fatto linguistico; per verificare la tenuta dei modelli, e per capire – alla luce dei fallimenti – i processi di modellizzazione che li hanno generati; per apprezzare la pluralità delle soluzioni possibili, con un adeguato e consapevole bilancio dei vantaggi e degli svantaggi, delle perdite e dei profitti; per educarsi alla formulazione delle ipotesi, e per costringersi a rimangiarsele quando il dato si oppone: «spropositando, costruendo, indovinando, e sbagliando», diceva Alfieri. Poi, se ne avremo il coraggio, sarà l'occasione per molte altre operazioni, altrettanto e più complesse. Tra le molte possibili: il confronto fra le plurime traduzioni che abbiamo tentato e scartato,[17] con un continuo lavoro che demolisca il feticcio della «fedeltà», perché «non esiste la fedeltà a un testo», ma la fedeltà a una o più «delle non infinite ma numerosissime funzioni di quel testo» (V. Magrelli); oppure il confronto fra le ipotesi nostre e altrui: la traduzione collettiva è una pratica da generalizzare, per trasformare l'incubo della versione in mutuo e maturo confronto; oppure – e di conseguenza – la riflessione sugli errori: perché gli errori di traduzione possono essere inciampi preziosi, e una vera e propria «didattica dell'errore» è possibile grazie al tradurre come grazie a poche altre discipline scolastiche. Anzi: sarebbe ottima pratica iniziare a mostrare che quasi tutte le traduzioni «canoniche» o «autorizzate» hanno i loro errori, le loro imperfezioni: non per legittimare in sede di versione lo sbaglio – che è l'unica cosa salda, in materia traduttiva – ma per educare a un lavoro congetturale fatto di approssimazioni all'accettabile, al verisimile, al migliore, non certo di trionfali approdi all'ottimo. Con il tempo – e non troppo tardi, negli adeguati dosaggi – la traduzione dal greco o dal latino può diventare un ottimo esercizio per le proprie competenze nella lingua italiana, e anche nella lingua letteraria italiana.

Ma lasciamo andare gli esempi, che qui si abbozzano, che richiederebbero ben altro spazio, e che comunque vanno affidati alla libertà di chi insegna e al suo equilibrio di giudizio. Il punto essenziale sarà chiaro. Che per rimediare a certe storture dell'istruzione grammaticale o della scuola classica – inevitabili in ogni scuola, in ogni disciplina – si possa sognare di smantellarne l'impianto, o di svuotarlo a suon di nozioni più fascinose, ma non meno esposte al nozionismo, è semplicemente incosciente. «"Levatemi di torno la grammatica!", / diceva un tempo il signor Stupido», scrisse saggiamente Goethe, ripensando a propri tormenti giovanili. E nel depotenziare e deprimere proprio l'educazione linguistica praticata al classico si rischia di prendersela con una delle poche discipline scolastiche che abbia in sé un così potente contravveleno al nozionismo: la traduzione, appunto.

Evidentemente, una scuola, un'istruzione classica che abbia a suo fondamento queste e altre simili pratiche intellettuali non è né classica né umanistica né a qualche titolo specialistica; men che meno è «grammaticalistica»; men che meno può essere per pochi: per quei pochi ai quali interessano solo i classici, gli splendidamente inutili classici, così belli e così interessanti, perché così disinteressato ne è lo studio.

E questo ci conduce all'ultimo e più importante tema: è ancora una scuola per pochi, il liceo classico? Lo è per natura, e addirittura deve esserlo?

UN LICEO DI CLASSE?

(Qui è il punto più importante)

«Scholé» e «inutilia»

È difficile che a un essere umano fra gli 11 e i 19 anni sia evitato, prima o poi, un fervorino che fa appello all'etimologia di «studio» (che notoriamente viene da *studium*, e vuol dire «passione») e a quella di «scuola» (che notoriamente viene da *scholé*, e vuol dire «tempo libero»).

C'è da supporre che di norma gli studenti non se la bevano e ascoltino annoiati. Se poi, per difendersi dalle virtù narcotiche dell'etimologia, mettessero mano a un vocabolario, potrebbero osservare che *studium* vuol dire anche, banalmente e meno suggestivamente, «esercizio» e «studio»; quanto al greco, *scholé* vuol dire anche «pigrizia», anche «menefreghismo». E vuol dire anche «scuola», altrettanto banalmente, almeno dai tempi in cui un sistema semistrutturato di istruzione si è imposto nell'*élite* greca, fra V e IV secolo. E se *studium* vuol dire insieme «passione» e «studio», se *scholé* vuol dire insieme «tempo libero» e «scuola», è perché stiamo parlando di lussi riservati a classi pasciute e doverosamente sfaccendate, per le quali l'alternativa all'ozio studioso non era in genere il lavoro, ma la vita politica. (Ciò spiega un punto che a scuola si richiama di rado: perché gli intellettuali antichi campassero così tanto, spesso doppiando o triplicando la media di vita dei tempi loro, salvo morti violente; miracoli che non si devono certo all'aria buona di Atene o di Roma, o alle buone letture dell'epoca.)

Il fatto che *studium* e *scholé* siano stati a lungo, di fatto o di diritto, cosa di lusso, spiega il fenomeno osservato da John Dewey: i diversi gradi dello *studium* e della *scholé* – scuole dell'infanzia e della preadolescenza, scuole superiori e università – sono nati, nell'Occidente moderno, in ordine per così dire inverso. Prima il vertice, cioè, e poi la base: prima l'università, poi le scuole superiori, infine le scuole primarie.[1] Figlie di una millenaria ineguaglianza, le scuole e gli studi hanno meritato a lungo il nome alato che tuttora portano: nome che evoca «passioni» e «tempo libero»; per le stesse ragioni, tutto sommato, il «lavoro» ha meritato i nomi franchi e brutali con cui lo nominano le lingue antiche («sofferenza», «fatica»). Poi il nome alla «scuola» è rimasto, e per nostalgia se ne rinverdisce l'etimo; quanto al «lavoro», l'etimo si è preferito dimenticarlo: e, quando si parla di scuola, o sulla scuola si legifera, gli si riservano elogi che Aristofane trovava idonei solo in bocca a una maestra di sofismi come la dea Povertà del *Pluto*.

Se ci si sofferma su *studium*, *scholé* e relativi etimi non è solo per invocare sommessamente una moratoria su simili argomenti, almeno in sede scolastica, e almeno per loro infondatezza storica; è anche per mostrare con quanta tenacia sopravviva, nei nostri discorsi su scuola e studi, un'impenitente idealità che sembra obbedire a quella che per Propp era la legge di tutte le favole: riprodurre il modello di un sistema economico-sociale da tempo tramontato; di qui re, principi e principesse nelle nostre favole; di qui *scholé* come «tempo libero» nei nostri fervorini sull'istruzione.

Se tradotta in argomentazione a favore degli studi umanistici, una simile concezione dètta apologie che definire autolesionistiche è poco. Ed è ciò che da qualche anno accade con frequenza allarmante: l'aziendalismo dilaga, l'utile impera? Bene: viva gli studi umanistici, che sono splendidamente inutili. Tutto si piega alla produzione e al mercato? Bene: viva gli studi umanistici, che sono orgogliosamente improduttivi. E viva, in particolare, gli studi classici, inutili e improduttivi *quam maxime*. Questa sorta d'apologia è oggi così fortunata che pare superfluo darne esempi. L'ultimo a me noto che abbia battuto su questo logoro tasto è un teologo, Vito Mancuso, che così ha pensato di celebrare la «Notte del liceo classico» 2018:

> Il greco e il latino dispiegano veramente il loro senso per l'oggi, solo se, conformemente alla grande intuizione della civiltà classica di cui essi sono la voce, si esce dalle categorie dell'utile e del necessario, cioè da quella sfera che con una parola sola i latini chiamavano *negotium*, e si entra nella sfera contrapposta denominata *otium*. Il che significa: alla domanda a cosa servono il greco e il latino la risposta più onesta e più convincente è: a nulla.

Ma è una tirata fra le mille. Scriveva alcuni anni fa Luciano Canfora:

> La via meno convincente per caldeggiare la sopravvivenza degli studi detti «umanistici», o più specificamente classici, ... consiste nel vantarne, con innocua volontà provocatoria, l'«inutilità».

E qui importa «innocua»: centratissimo giudizio, perché chi fa sua una simile linea difensiva non sembra avvedersi che i suoi argomenti, anche se branditi con energia, non provocano più nessuno e si rivolgono per lo più contro nemici immaginari. Nessuno, oggi, nell'esclusiva arena intellettuale dove si svolgono queste schermaglie, rimprovera espressamente l'inutilità a studi umanistici che hanno da tempo perduto ogni egemonia. E perché mai farlo? Oggi non c'è quasi ingegnere che non sia pronto a levarsi il cappello di fronte alla maestà dei classici o delle *humanities*: un «sacrificio alle Grazie» – per dirla con Montaigne – che si fa volentieri, perché non costa niente. Senza dire che, come appuntava Adorno nel 1945, «l'isolamento dello spirito dal commercio fornisce una comoda ideologia al commercio dello spirito»: e rende anzi la merce più preziosa, se non altro in un circuito di nicchia. Perciò chi mira a depotenziare i saperi cosiddetti «umanistici» concede di buon grado a chi li pratica il ruolo che spetta ai cultori dell'inutile, specie se questi ultimi ne vanno fieri. La polemica su «studi inutili» e «utili» ha fatto il suo tempo: oggi è un rumore di fondo, è l'eco di vecchie battaglie che nessun avversario ha più bisogno di fomentare, lasciando semmai che certi *clichés* funzionino a livello popolare, dove sono da tempo sedimentati e fanno più danno.

E qui le rivendicazioni di orgogliosa inutilità o non giungeranno mai, e dunque non serviranno a niente; o, se vi giungeranno, rinfocoleranno certezze consolidate e orienteranno all'*otium* solo chi può permetterselo. E così, da innocuo, l'argomento diviene nocivo (cfr. *infra*, pp. 222-223).

Di recente, commentando il successo di libri come *Non per profitto* di Martha Nussbaum (2011) e *L'utilità dell'inutile* di Nuccio Ordine (2013), Maurizio Ferraris ha ricordato che riflessioni e apologie di questo tenore accomunano un nutrito «Walhalla filosofico» che va almeno dal primo romanticismo a Husserl. E potremmo andare ben oltre il Walhalla tedesco di XIX-XX secolo, dove spesso si reagiva a temi di ascendenza illuministica. L'argomento degli studi «disinteressati» ha avuto i suoi fasti nel corso del XVIII secolo, contro idee avanzate e ancora isolate come quelle di Locke, Helvétius o Diderot: ma si era ai primi, timidissimi germi di una scolarità diffusa, e la discussione si svolgeva in seno a una comunità esclusiva.[2] «Oggi l'opinione più comune è che lo studio del greco e del latino sia una perdita di tempo», scriveva non un corsivista dell'altro ieri, ma Jonathan Swift, anno 1728; e per parte sua si impegnava a illustrare le virtù degli studi classici e letterari per i «giovani di buoni natali» e per gli «eredi di grandi patrimoni»: bella apologia, ma tutta interna a una piccola *élite*, in parte aristocratica, in parte alto-borghese.

L'argomento ha poi mietuto successi – e si è travasato in proclami pubblici e programmi scolastici – nel corso del XIX secolo, quando diversi Stati-nazione hanno dovuto davvero e impetuosamente progettare forme di istruzione più estesa, per integrare in un comune progetto ideologico e identitario strati sociali emergenti e affatto privi di cultura nazionale. Come abbiamo ricordato, l'Italia postunitaria è un caso-tipo piuttosto limpido, e l'adozione di una *paidéia* umanistica nazionale vi è andata di pari passo con la creazione di un sistema scolastico duale: studi inutili da una parte, studi «utilitari» – per dirla con Casati – dall'altra. Di tale dualismo si è perduto presto il controllo, sotto un bisogno d'istruzione crescente, sotto una crescente differenziazione sociale: di qui la reazione classistica, più che classicistica, che sappiamo, e che ha in Gentile il suo primipilo. Allora la retorica dei saperi umanistici inutili, disinteressati, spirituali ebbe i suoi ultimi e intensi fuochi, in funzione ormai reattiva e con dichiarati intenti di «sfollamento». Ma allora l'Italia non toccava – e non toccò fino ai primi anni Trenta – i 400.000 iscritti alle medie inferiori e superiori insieme. Oggi che l'Italia ha circa 2.600.000 studenti alle sole scuole superiori (oltre 4.300.000 con le medie inferiori), sentire riproposto con serenità l'argomento del «bello inutile», del «bello disinteressato», in parte fa sorridere, e in parte raggela.

Certo, nulla vieta di scrivere interi libri per spiegare che l'*Eneide* è bella e fascinosa, che gli scrittori romani se la cavavano tutti piuttosto bene, e che le «lingue inutili» sono il sale della terra, come ha fatto Nicola Gardini; nulla vieta di sostenere che i Greci e i Romani non «servono» (parola antipatica), bensì «giovano», perché insegnano la *philanthropía* e l'*humanitas*, come rivendica ora Maurizio Bettini, credo citando occultamente Concetto Marchesi;[3] nulla vieta di ripetere con plauso l'imbarazzante tirata che Beniamino Placido confezionò nel 1989 per lanciare una delle prime iniziative pubbliche sul liceo classico dell'allora rettore dell'università di Siena, Luigi Berlinguer:

> Può anche darsi … che la ricorrente, perentoria domanda: «a che serve?» (a che serve il latino, a che serve il greco?) nasconda un inganno. Perché moltissime, innumerevoli, anzi, sono le cose di questo mondo che non servono a niente – apparentemente a che serve un fiore? a che serve un tramonto? – e che tuttavia ingentiliscono la vita. C'è chi sostiene addirittura che tutte le cose belle di questo mondo sono paradossalmente inutili.

Nulla lo vieta, ma c'è da chiedersi se ciò «giovi», e a chi in particolare «giovi»: un liceo classico, un *curriculum* umanistico ridotto a esangue bellettrismo o a innocuo civismo darà fastidio a pochissimi, di sicuro, ma soprattutto a pochissimi sarà destinato. Possiamo ben tornare a elogiare «l'insegnamento classico, onde l'animo prende generosità e gentilezza», come diceva il ministro Coppino quasi un secolo e mezzo fa; ma sulla base di beltà e idealità assortite sceglierà i suoi studi solo chi ha certezze economiche non discutibili; e un liceo classico pieno di fiori attirerà al massimo svagati fuchi. Simili apologie a base estetica o morale non celano quanto vorrebbero l'elitismo che le ispira; o di tale elitismo non sono consapevoli, rischiando d'alimentarlo con generosità. Proprio questo elitismo di ripiego, lo abbiamo visto, è forse la più sinistra costante di molte odierne apologie o proposte di riforma.

E il quadro non cambia se a questi reattivi elogi dell'inutile si aggiunge la grinta della polemica anticapitalistica, o antimercantile, o antiutilitaria *tout court*, che agli studi umanistici vorrebbe affidare titanici compiti di emancipazione, e che rischia invece di riportare il dibattito a fasi preindustriali. Gentile diceva di lottare contro «gli automi dell'industria e le volpi del commercio». Ma Gentile maneggiava con consapevolezza certi slogan, e sapeva a quali ceti rivolgersi. I suoi seguaci odierni non so. Certo, quel che oggi si salta a piedi pari è una minimale riflessione sulla natura politicamente ambigua, e a dir poco versatile, di certe rivendicazioni. E così, se crediamo al libro-antologia di Ordine, Platone la penserebbe come Gramsci, Ovidio come Cioran, Petrarca come Heidegger, in una festosa adunata di spiriti magni; e l'utilitarismo (*vel* materialismo) sarebbe una malattia eterna dell'animo umano, da curarsi con buone letture, ovviamente umanistiche.

Viene in mente, al proposito, una pagina famosa, che tocca appunto questi importanti temi:

> È nel carattere del nostro tempo materialistico che l'istruzione ... si rivolga sempre più ... alla matematica, alla fisica, alla chimica, ecc., e solo a queste. Esse sono, certo, necessarie in un tempo in cui la tecnica e la chimica regnano e

sono rappresentate nella vita quotidiana dai loro segni visibili; ma è pericoloso fondare la cultura generale ... unicamente su queste. Questa cultura, al contrario, deve sempre essere ideale, deve fondarsi più sulle discipline umanistiche e offrire solo le basi di un'ulteriore istruzione scientifica speciale. Altrimenti si rinuncia a forze più importanti di ogni sapere tecnico ... In particolar modo, nell'istruzione storica non si deve abbandonare lo studio degli antichi; ... anche l'ideale della civiltà ellenica deve esserci preservato nella sua esemplare bellezza.

La pagina però non mi risulta messa a frutto dagli euforici dell'inutile. Forse perché viene dal *Mein Kampf* di Adolf Hitler.

Di utile e inutile si può svagatamente discorrere da troppi punti di vista politici e ideologici, simulando unanimità d'intenti laddove visioni del mondo e sistemi di valori sono i più disparati; e finendo per nutrire, involontariamente o no, quella retorica dei saperi di lusso che si attaglia a scuole di lusso e studenti di lusso.

Orientamenti

Mentre ci balocchiamo con categorie come «utile» e «inutile», nella grama realtà la selezione scolastica avviene come Marco Romito ha denunciato nel suo stupendo e tremendo *Una scuola di classe* (2016). Dopo diverse ricerche sul campo presso scuole medie lombarde, dopo aver ascoltato studenti prossimi a scegliere le superiori, docenti prossimi a emettere il loro verdetto d'orientamento, consulenti professionisti impegnati a dialogare con gli uni e con gli altri, Romito riassume a questo modo gli argomenti ricorrenti:

> Licei: solo teoria; più sul culturale; c'è molto bla bla; tanto tanto studio; è necessaria la costanza; non ti dà niente in mano; devi avere in mente di andare all'università; è per chi si vede sui libri per tanti anni.
> Tecnici: c'è teoria ma in area tecnica, non culturale; si studiano materie più relative al mondo del lavoro; ti dà una qualifica subito spendibile; certe aziende ti chiamano anche a casa; puoi comunque andare all'università.

Professionali: studi di tipo teorico, ma anche pratico; meno studio; ... puoi comunque andare all'università!; uno chef guadagna più di un professore!

In queste forme d'orientamento va a finire, se non la si controlla, la retorica dell'utile e dell'inutile;[4] in queste forme d'orientamento va a finire, soprattutto, l'art. 34 della Costituzione, al quale sembra applicarsi in Italia il consiglio che un ambasciatore spartano diede a Pericle, quando egli si rifiutò di cancellare una legge: «non cancellarla, voltala dall'altra parte».

Del resto, siamo nel Paese in cui nel 2010, per rilanciare i nuovi istituti tecnici e professionali, il MIUR di Mariastella Gelmini produsse una sgargiante *brochure* nella quale – su sfondo di Frecce Tricolore in volo – si poteva leggere:

> Lo sapevate che: chi studia negli Istituti Tecnici e Professionali ha più probabilità di trovare un lavoro, prima degli altri... meglio retribuito...

Seguivano dati di questo tenore: fra i diplomati ai tecnici e ai professionali, rispettivamente 61% e 45,3% di occupati a un anno dal diploma; fra i diplomati ai licei, appena il 26,7%. E così l'enunciazione delle cifre rasentava la truffa: serenamente si taceva che quei dati occupazionali per tecnici e professionali erano pessimi, e addirittura peggiori rispetto al drammatico tasso di disoccupazione giovanile che l'ISTAT stimava proprio in quel periodo (29,5%); e altrettanto serenamente si taceva che i diplomati liceali erano quasi tutti all'università, non alla disperata ricerca di un lavoro. «Istruzione = Disoccupazione»: questo lo slogan che usò Confindustria durante i dibattiti sulla scuola dei primi anni Settanta. Era falso allora come ora; chiare erano le intenzioni, allora come ora.

C'è un elemento che mai emerge nella colluvie dei servizi giornalistici dedicati al mondo della scuola, specie nei momenti solenni (campanelle di settembre, notte prima degli esami); un elemento che quasi mai emerge nel più ampio discorso pubblico e nel dibattito politico. Eppure è un elemento pressoché ovvio per la ricerca scientifica sull'istruzione, a prescindere dalle sue matrici culturali; così ovvio che un medio studente universitario di sociologia lo apprende da ogni medio manuale di sociologia, e ne fa tesoro per i suoi esami. Ma ciò che per la ricerca è un'ovvietà, per il discorso diffuso rimane un tabù tenace. Si tratta della puntuale correlazione fra l'origine familiare degli studenti e i loro destini scolastici, tanto in termini di rendimento, quanto in termini di livello raggiunto negli studi. Una correlazione che non è solo puntuale, ma anche di precocissima efficacia e di precocissima evidenza, come mostrano statistiche nazionali e internazionali di non sospetta ispirazione marxiana. È un dato costantemente messo in luce dalle rilevazioni OCSE ed EUROSTAT, in Italia dai rapporti di AlmaLaurea e di AlmaDiploma, in tutto l'Occidente dalle migliori ricerche d'insieme e di dettaglio: e in Italia il quadro sconforta più che altrove, in termini di dispersione scolastica, di scarso accesso all'istruzione terziaria, di scarsa mobilità intergenerazionale. I nostri *early school leavers* (coloro che entro i 24 anni non sono andati oltre la scuola dell'obbligo) sono prossimi al 14%, ancora molto lontano dal 10% che è obiettivo europeo per il 2020; e al Sud superano il 16%, in Sicilia il 23%. Abbiamo il 18% dei laureati, mentre la media OCSE è al 37%. Quanto a mobilità intergenerazionale, restiamo al palo. In Italia, la percentuale di persone che sopravanzano i genitori per titolo di studio è ferma al 34%; e il 10% ha addirittura fatto un passo indietro.

Così, con sobrietà, si è espresso l'ultimo rapporto AlmaLaurea (2017):

> Considerando congiuntamente i livelli di istruzione dei padri e delle madri dei laureati analizzati da AlmaLaurea, si osserva che il 29% dei laureati ha almeno un genitore con un titolo di studio universitario. Tale quota varia tra il 26% dei laureati di primo livello, il 30% tra i magistrali biennali e il 44% tra i magistrali a ciclo unico ... I giovani di origine sociale meno favorita, ossia i cui genitori svolgono occupazioni esecutive (operai e impiegati esecutivi), nel 2016 sono il 22% (23% fra i laureati dei corsi di primo livello, 21% fra i laureati magistrali biennali, solo il 14% fra i laureati ma-

gistrali a ciclo unico). Di converso, i figli e le figlie di estrazione sociale elevata (i cui genitori sono imprenditori, liberi professionisti e dirigenti) incidono per il 22% (20% fra i laureati di primo livello, 22% fra i magistrali biennali, ben il 34% fra i laureati magistrali a ciclo unico). Pur nella loro sintesi, questi dati rispecchiano efficacemente il peso dell'origine sociale sulle opportunità di completare un percorso di istruzione universitaria ...

Il contesto sociale di origine dei laureati magistrali biennali è tendenzialmente più favorito rispetto a quello dei laureati di primo livello (una quota maggiore di figli/e di genitori laureati e/o delle classi elevate). Ciò è dovuto al fatto che nel passaggio tra i due livelli di studio si registra un'ulteriore selezione socio-economica: in sintesi, proseguono la formazione più assiduamente i laureati che hanno alle spalle famiglie culturalmente avvantaggiate e più attrezzate a sostenere gli studi dei figli.

La scolarizzazione di massa camuffa le disuguaglianze perché alza il livello generale dell'istruzione; ma la diminuzione delle «disuguaglianze assolute» lascia intatte le «disuguaglianze relative», per ricorrere a due tecnicismi invalsi; ovvero: sempre più studenti salgono, sì, ma salgono per vie diverse, che riproducono su altro piano le iniquità di partenza. I sociologi oggi misurano nel dettaglio il fenomeno; ma lo diagnosticava con chiarezza estrema, nel '32, Antonio Gramsci, osservando gli esiti della riforma gentiliana e la progressiva moltiplicazione degli indirizzi scolastici; in apparenza la dualità basilare casatiana (scuole «di cultura» e scuole «utilitarie») era saltata, ma la crescente democrazia scolastica si rivelava un miraggio:

> L'aspetto più paradossale è che questo nuovo tipo di scuola appare e viene predicata come democratica, mentre essa non solo è destinata a perpetuare le differenze sociali, ma a cristallizzarle in forme cinesi.

E così è oggi. Le origini familiari determinano le scelte scolastiche, le origini familiari e le scelte scolastiche determinano i successi scolastici, i successi scolastici – con le origini sociali a monte, ma anche a costante sostegno delle carriere via via avanzanti – determinano i successi professionali e personali dei singoli. L'incidenza dei diversi fattori in gioco è variamente calcolata, al variare dei contesti, come è ovvio: origine familiare, tasso e tipo d'istruzione, posizione occupazionale intrattengono una dialettica che non si risolve mai in forme rigide di determinismo, né si possono lasciare in ombra variabili come genere, provenienza geografica, etnia. Se l'origine familiare orienta con decisione le scelte scolastiche, le scelte scolastiche possono correggere in parte gli effetti delle origini familiari: solo che queste ultime si mostrano sempre condizionanti, e con drammatica precocità. Per dirlo con le parole, sobrie come al solito, degli analisti AlmaDiploma (2016):

> L'ambiente familiare influenza il percorso scolastico degli studenti ben prima del loro ingresso nella scuola secondaria superiore. Fra i diplomati nel 2016, il 18% dei ragazzi con almeno un genitore laureato aveva concluso la scuola secondaria di I grado con 10 o 10 e lode; questa percentuale si riduce al 10% fra i figli di genitori con al più il diploma di maturità e al 5% fra i figli di genitori con gradi di istruzione inferiore. Molto probabilmente, se si disponesse di informazioni sul rendimento scolastico di questi ragazzi nel corso del primo ciclo degli studi, si potrebbe concludere che gli effetti del contesto familiare si manifestano anche nell'ambito della scuola primaria.

Parole sobrie, sì, ma di dolorosa sostanza: si traducano le percentuali in numeri, e i numeri in vite. E se, *sub voce* «origini familiari», l'impronta culturale e l'impronta propriamente censitaria possono intrattenere rapporti complessi, troppo spesso i due fattori vanno insieme, e a vicenda si rinforzano,[5] in un circolo vizioso – o virtuoso, se si è classisti sereni – pressoché inestricabile. Un suggerimento didattico: il fenomeno si potrebbe utilmente menzionare, al liceo classico, quando si illustrano certe strane idee dell'arcaismo greco sulla trasmissione intergenerazionale della colpa. Difficile trovare un fenomeno che più limpidamente le inveri. I «morti uccidono i vivi», si ricordava – con Eschilo e Marx – molte pagine fa.

Sono banalità indigeste, queste, e tacerle pare bello. Il fatto che la maggior parte dei sistemi scolastici odierni abbiano subìto, nel corso del Novecento, una «trasformazione in sistemi scolastici aperti, privi, cioè, di indirizzi a carattere terminale» (A. Schizzerotto, C. Barone), non significa che non permangano indirizzi «pseudo-aperti», o «cripto-terminali», come si preferisce. Anche se ammetterlo dispiace, noi siamo ancora gli eredi di quel dibattito primo-novecentesco in cui il rude Salvemini ricordava ai sostenitori della «scuola unica» che era del tutto ipocrita fingere che i membri delle diverse classi avessero identiche *chances* d'istruzione; tanto valeva preparare buone scuole subalterne per le classi subalterne, onde consentire ai loro membri una preparazione minimale (si intende: per il lavoro), e riservare ai pochi fortunati la scuola ottima, e cioè classica. La posizione non era rara in seno ai socialisti; e nel Dopoguerra non la pensava troppo diversamente quel Concetto Marchesi che oggi passa per nobile martire del latino in quanto oppositore alla riforma del '62 (cfr. *supra*, pp. 48-52). E dispiace che ancora oggi scappino a qualche classicista parole contro «geometri, ragionieri, periti industriali e così via» ai quali l'Italia colpevolmente permette di «accedere alle facoltà umanistiche»: «dove vuole andare, di questa carriera, la nostra cultura nazionale? Viene da chiederselo» (M. Bettini). Ma la «cultura nazionale» pare al sicuro: i «geometri», i «ragionieri», e certo anche i «così via», sono precocemente espulsi o precocemente canalizzati («incanalati», diceva Gentile), oggi come generazioni fa.

Tutta la storia della scuola italiana è la storia del compromesso – ora al rialzo, ora al ribasso – fra una domanda d'istruzione non sopprimibile, perché sollecitata dalle esigenze di un mercato che impone qualificazioni estese e specializzazioni crescenti, e il mantenimento delle differenze sociali; anzi, con Gramsci, la loro «cristallizzazione», che vanifica quanto nella domanda d'istruzione è genuina domanda di democrazia. Di ciò si tratta quando parliamo di riforme scolastiche, non di dosaggi disciplinari più o meno riusciti, che inducono a discutere con foga dei dettagli («l'organamento dei programmi», diceva Gramsci) e fanno perdere di vista le questioni di fondo.

Ma la specificità del sistema scolastico italiano odierno, rispetto ad altri sistemi occidentali, è a suo modo notevole: ed è tale proprio perché l'Italia, in un certo senso, non si è mai decisa, oscillando dubbiosa fra i due possibili estremi di un dualismo netto e manifesto, capace di orientare i destini scolastici fin dal periodo post-obbligo, e di un sistema «comprensivo», di protratta indifferenziazione e forzosamente «generico». L'occasione di questa scelta si è perduta, nel nostro Paese, fra gli anni Cinquanta e gli anni Settanta, fra la discussione sulla media unica e le riforme fallite degli anni Settanta. Questo fa del sistema scolastico italiano un sistema misto, ma un po' com'era mista per Polibio la Costituzione romana: la prevalenza del fattore aristocratico è netta. Di qui la presenza di un binarismo marcato («licei» *vs* «non licei»), e come tale da tutti riconosciuto, convivente però con una gamma di plurime possibilità che rendono internamente così differenziati i due grandi tronconi della scuola post-obbligo; possibilità che danno l'illusione, appunto, di un sistema «aperto». Tutte le riforme o mezze riforme del nuovo Millennio hanno variamente rielaborato lo schema di partenza, come sappiamo (cfr. *supra*, pp. 48-77). La tentazione di un dualismo più deciso è stata forte ai tempi di Moratti e Bertagna; ma l'insieme degli interventi promossi nella linea che da Berlinguer conduce, *via* Gelmini, fino a oggi, ci restituisce un panorama frastagliato nel quale l'istruzione tecnica continua a rimanere sospesa fra l'istruzione professionale (dichiaratamente di classe, perché dichiaratamente «terminale») e l'istruzione garantita dai licei, a loro volta – però – soggetti a una consistente moltiplicazione.

E che in questo prisma d'indirizzi alcuni siano «aperti» solo in apparenza è dimostrato da imponenti dati. Talora si tratta di dati facilissimi da reperire, e noti ai più, benché l'enfasi comunicativa mai li accentui (e si capisce bene perché): per esempio, degli immatricolati all'università censiti dall'*Anagrafe Nazionale Studenti* per il 2016/2017, appena il 22% viene dagli istituti tecnici; da percorsi professionali, il 5,9%. Indirizzi «aperti»? E si vorrà credere che chi manca all'appello sia stato calorosamente accolto dal mercato del lavoro? E che, dopo la festosa accoglienza, troverà lì i mezzi per fronteggiare con prontezza gli scossoni di quel mercato? La creazione e lo sviluppo degli ITS (Istituti Tecnici Superiori), percorsi biennali post-diploma espressamente programmati come lauree in minore, non farà che rendere via via più rigido il dualismo «morbido» del nostro sistema. «Pedagogia ortogenetica», per citare ancora Bottai: quella che mette i «lavoratori ... al loro giusto posto d'esecuzione o di comando». È appena trascorso – fra pochi clamori, in verità – il cinquantennale della *Lettera a una professoressa*. Qualsiasi cosa si pensi di don Milani e della sua idea di scuola, un punto non si può discutere: i «Pierini» e i «Gianni» esistono ancora. Certo, gli umanisti eterei possono sempre cavarsela pensando che agli istituti tecnici «di norma accedono i ragazzi che, pur volenterosi, hanno una minore attitudine ad affrontare un percorso di studi lungo e complesso» (L. Tomasin); «attitudine»: il termine va pericolosamente tornando in auge, e sulla «mancanza di attitudine» in molti studenti di Lettere si è soffermato recentemente, e non senza livore, Claudio Giunta; come ai tempi di Gentile, il termine incipria il classismo di evasivo innatismo. Attitudini, vocazioni, inclinazioni: «entità astratte come il flogisto», le ha definite di recente Christian Raimo. Gramsci andava alla radice: le «attitudini» sono quelle cose che «in una serie di famiglie, specie dei ceti intellettuali, i ragazzi assorbono dall'aria».

Fin qui cose note, anche se spesso taciute. Altri dati si raccolgono più a fatica, ma conoscerli conviene. Se si ha la pazienza di interrogare più e più volte un oracolo ostico qual è l'«Eduscopio» della Fondazione Giovanni Agnelli, è possibile ricavare non solo dati di confronto tra singole scuole nella modesta gittata spaziale che la Fondazione ha deciso di considerare,[6] ma anche dati più generali, regionali e nazionali. Per esempio: quanti degli iscritti ai quattro principali indirizzi liceali (classico, scientifico, linguistico, scienze umane) proseguono i loro studi all'università? Molti, ci si attenderebbe: si tratta di licei, e dunque di scuole «aperte» per vocazione e per mandato; chi le sceglie, le sceglie evidentemente, in parte grande, perché si propone di perfezionare la sua preparazione dopo il diploma. La realtà però è un'altra, e sconforta.

Stando agli ultimissimi dati «Eduscopio» (2017),[7] il 18,42% dei diplomati classici non si è immatricolato all'università o l'ha abbandonata nel corso del primo anno. Molti? Sulle prime pare. Ma la percentuale sale al 20,89% fra i diplomati allo scientifico. Essa giunge al 34,78% fra i diplomati al linguistico, e all'agghiacciante 44,36% fra i diplomati al liceo delle scienze umane.

Questi i numeri degli «insuccessi universitari» (mancate immatricolazioni e repentini abbandoni) su base nazionale, in scuole che per scopo e impianto dovrebbero guidare all'università. Se i dati si guardano a distanza più ravvicinata, alcune variazioni risultano molto significative. Per tutti gli indirizzi considerati, gli insuccessi sono inferiori al Nord: per il classico, scendono al 17,14%, per lo scientifico al 18,28%, per il linguistico al 32,57% e per il liceo delle scienze umane al 39,42%. Beninteso: queste ultime due cifre restano atrocemente alte. Ma nulla a paragone di quanto avviene, per il linguistico, al Centro (37,5%) o per il liceo delle scienze umane al Sud (Sicilia compresa), dove si arriva al 49,28%: dieci punti in più rispetto al Nord.

Ancor più interessante distinguere, entro gli insuccessi universitari, fra le mancate immatricolazioni e gli abbandoni al primo anno. In sostanza, quanto ad abbandoni, gli indirizzi liceali si equivalgono: il classico è al 9,47%, lo scientifico al 9,36%; va un po' meglio il linguistico, che è all'8,89% (e ciò dipenderà verosimilmente dalla marcata preferenza dei suoi diplomati per indirizzi in continuità rispetto alla scuola), mentre il liceo delle scienze umane è al 10,84% (nonostante tale continuità). Ma le differenze risaltano quanto a mancate immatricolazioni: qui il classico è all'8,94%, lo scientifico all'11,52%, il linguistico al 25,89%

e il liceo delle scienze umane al 33,5%. Ciò conferma una costante ben nota: più si sale, meno le posizioni di partenza appaiono determinanti. Restano importanti, però; e comunque l'apparente uniformità dei dati deriva solo dalla cruenta selezione anteriore. Risparmiamo altri dettagli. Qui siamo di fronte a un macro-fenomeno d'insieme che richiederà analisi (e che, in attesa d'analisi, richiede allarme): oltre un quarto dei diplomati al linguistico e oltre un terzo dei diplomati al liceo delle scienze umane non tenta nemmeno la via dell'università. Anche loro tutti calorosamente accolti dal mercato del lavoro? Per questo, sopra, si parlava di indirizzi «cripto-terminali». Per questo, non è improprio dire che scuole autenticamente «aperte» appaiono, oggi, soprattutto il liceo classico e il liceo scientifico.

Ma si gioca in qualche modo una battaglia d'equità, in quei due licei, e al classico in particolare? O, come sarebbe legittimo sospettare, le condizioni familiari di partenza hanno in gran parte predeterminato i successi che le due scuole possono vantare?

Più crudamente: quanto è di classe, il liceo classico?

«*Colti per eredità*»?

Domanda a voce di un docente, o quesito affidato a un foglio che passa fra i banchi: «che cosa fanno i tuoi genitori?». Non era un'esperienza rara, al liceo classico di qualche tempo fa. E senz'altro non si trattava di un omaggio al *bon ton* omerico, che impone di chiedere all'estraneo: «tu chi sei? Dove hai la tua città, i tuoi genitori?».

Il classico di qualche tempo fa: ma di quanto tempo fa? A me, ginnasiale, toccò la domanda a voce: era il tardo '87. Ma ho raccolto le più recenti testimonianze dell'uso – lo registro con tristezza – da studenti universitari poco più che ventenni. Vizi residui e periferici, viene da pensare (e sperare). Rimane un punto che non si evita, e un'imputazione che non si liquida: in che misura il liceo classico resta tutt'oggi non solo una scuola per pochi – lo dicono i numeri – ma anche una scuola classista, programmata e riprodotta come tale? È questo sospetto, senz'altro legittimo, che contribuisce ad alimentare la leggenda del liceo classico come scuola originariamente fascista: cioè *naturaliter* fascista. Una sciocchezza, l'abbiamo visto, sul piano storico; ma ciò non esime dall'affrontare la questione sul piano sociologico.

È impossibile misurare gli usi. Vale per l'uso sconcio appena ricordato. Vale per mille altri, che sono materia di aneddoti e non di statistiche. Per esempio: quanto è comune che al classico si iscrivano, per tradizione di casata, le figlie e i figli di chi esibisce con orgoglio lo stesso diploma? È una fedeltà ereditaria, la fedeltà al liceo classico, e passa di generazione in generazione come i vocabolari di greco e di latino? «*Les héritiers de la culture*», gli «eredi della cultura» o i «colti per eredità»: così, nel 1968, Edgar Faure – il ministro dell'Educazione cui la Francia deve l'abolizione del latino in *sixième* – bollò gli studenti del percorso classico. Il fenomeno è comune? Certo, esso è riferito con frequenza: aneddotica e stime a spanna – come c'è da attendersi – convergono. Ma quantificare è impossibile, e occorre guardarsi dalla generalizzazione di singole esperienze o personali sensazioni. Non solo: anche ammesso che l'ereditarietà sia dimostrata, resterebbe da dimostrare il punto chiave, e cioè il carattere socialmente discriminatorio di tale ereditarietà. Nulla esclude che siamo di fronte a un'ereditarietà di natura prevalentemente culturale, determinata da convinzioni personali – giuste o sbagliate, non importa – più che da prestigio acquisito o posizione sociale. Su ciò torneremo a breve.

Un altro elemento che concorre alla nomea elitistica del liceo classico è la sua natura di fenomeno eminentemente urbano: i licei classici – specie se di radicata tradizione – sorgono nei centri cittadini. Verso la periferia, verso la provincia, sorgono scuole d'altro indirizzo. In diversi capoluoghi italiani la mappa delle scuole secondarie disegna, a partire dal centro città, quella che troppo vistosamente sembra un'*anticlimax* di rango e di reputazione. Non si dimentichi che il fenomeno ha spesso documentate ragioni storiche:

i licei istituiti con la legge Casati furono programmaticamente scuole cittadine, spartite in triplice classe a partire dalla dimensione, ma anche dal prestigio, della provincia interessata; la classe della scuola determinava, *inter alia*, la classe stipendiale dei docenti, sicché non di rado la carriera dei professori corrispondeva al progressivo spostamento verso le scuole centrali delle città maggiori, contribuendo ad accrescerne il credito.

Non solo: come fu programmaticamente urbana la «licealizzazione» del territorio italiano postunitario, così fu programmaticamente municipale e localistica l'istituzione delle scuole professionali, radicate in precisi territori che ne determinavano in buon grado la specificità. Di qui distribuzioni territoriali che riflettono – e circolarmente alimentano – gerarchie di prestigio. L'autonomia e la regionalizzazione delle scuole professionali ha incrementato a dismisura il fenomeno.

Anche su questo punto vanno evitate considerazioni semplicistiche. Innanzitutto, la «centralizzazione» cittadina dei licei storici è all'origine di un processo che Scotto di Luzio ha descritto, meglio di altri, come esperienza costitutiva della cultura nazionale. E sarebbe facile, credo, mostrare che i riverberi di tale esperienza storica giungono – pur a condizioni molto mutate – fino a generazioni recentissime. Il provinciale che accede, accedendo al liceo, a un nuovo cosmo sociale e simbolico, e compie così un passaggio insieme traumatico e iniziatico, è una figura ancora familiare alla letteratura e alla cronaca dei nostri anni. Ed è una figura nella quale si riconoscerà ancora più di un attuale quarantenne o cinquantenne. Il passaggio dalla provincia al centro è stato, per questa via, il segno visibile di altri e più profondi cambiamenti, di cui andranno valutate portata e durata in termini di effettiva promozione sociale. In secondo luogo, centralità e monumentalità imponente di tanti licei urbani non devono far dimenticare la presenza strategica, in molte aree del Paese, di licei che popolano le piccole province, o il perimetro delle grandi città metropolitane. Il liceo della cittadina – figlio talora dei ginnasi municipali, o dei licei che la legge Casati assegnò al secondo o terzo rango – è divenuto nel tempo una realtà autonoma e prospera, che nulla ha da invidiare, quanto a efficacia formativa, a licei più blasonati. È semmai in tempi recentissimi, e particolarmente dopo la riforma del 2010, che questo tessuto liceale diffuso ha dato segni di progressiva sofferenza: chiusure di sezioni o rapide conversioni di indirizzo dettate ai dirigenti-manager – dirà il tempo quanto avveduti – da ragioni di opportunistico marketing, rischiano di ripristinare una geografia scolastica di età protounitaria; di lasciar sopravvivere, cioè, solo i licei storici dei centri storici, monumenti vistosi di prestigio, sempre meno permeabili. Ma ciò dipende da precise decisioni politiche, nazionali e locali: non dalla sostanza del liceo classico.

Insomma: quanto a tradizioni – più o meno aberranti – e quanto a componenti simboliche, è bene guardarsi dalle generalizzazioni. E tuttavia l'accusa di classismo periodicamente rivolta al liceo classico ha basi statistiche che non consentono di scantonare. Al contrario: è bene osservare i dati nella loro crudezza.

I dati più ricchi e attendibili ci vengono ancora una volta da AlmaLaurea. Il Consorzio ha il merito di raccogliere e fornire dati di carattere economico-sociale sui quali *databases* altrettanto ricchi ma assai più pudichi, come l'*Anagrafe degli Studenti* MIUR, sorvolano. Tali dati parlano molto chiaro. Mettiamo a frutto ancora una volta quelli del 2016 (cfr. *supra*, pp. 162-165), fondati sui questionari di 235.992 laureate e laureati nel 2015, di cui 38.122 provenienti dal liceo classico, 102.337 dal liceo scientifico, 46.854 dagli istituti tecnici.

L'indagine AlmaLaurea determina l'«origine sociale» degli intervistati sulla base di due indici: il titolo di studio dei genitori e la loro appartenenza a una delle quattro classi sociali definite dal diffuso modello Cobalti-Schizzerotto. Eccone gli esiti: fra i diplomati al classico, il 20,9% ha entrambi i genitori laureati, contro il 12,7% dei diplomati allo scientifico e il 2,6% dei diplomati al tecnico; il 45,4% ha almeno un genitore laureato, contro il 33,6% di chi proviene dal liceo scientifico e l'11,9% di chi proviene dall'istituto tecnico. Di conseguenza, il tasso di genitori con il solo diploma è inferiore al classico (42%) rispetto allo scientifico (50%) e al tecnico (48,5%). Quanto alle classi sociali, proviene dalla classe elevata il 33,8% dei diplomati al classico; circa nove punti in più rispetto ai diplomati dello scientifico (24,9%), e un rapporto di quasi 3:1 rispetto ai diplomati degli istituti tecnici (11,7%). Se guardiamo all'ultima delle classi sociali definite dal modello scelto, quella del lavoro esecutivo, essa è rappresentata al 13,7% fra chi viene dal classico, mentre sale al 18,5% fra chi viene dallo scientifico e addirittura al 31,8% fra chi viene dal tecnico. La classe del lavoro autonomo, infine, appare più rappresentata allo scientifico (19,5%, contro il 16,7% del classico).

Per gli anni precedenti (laureati del 2010 e del 2005) AlmaLaurea non ha raccolto dati espressamente riferibili alla classe sociale dei genitori, ma solo al loro titolo di studio; la tendenza, sulla base di questo indicatore, pare costante: nel 2005 e nel 2010, i diplomati del classico con almeno un genitore laureato erano (rispettivamente) il 44,1% e il 46,8%; le percentuali scendevano (rispettivamente) al 31,1% e al 34% per i diplomati allo scientifico, e precipitavano all'8,6% e al 9,8% per i diplomati all'istituto tecnico.

I dati AlmaDiploma 2017 (su diplomati dello stesso 2017) confermano il quadro: fra chi esce dal liceo classico, il 59,4% ha almeno un genitore laureato (per lo scientifico tradizionale si scende al 44,2%), il 35,5% proviene da una famiglia dove il titolo di studio più alto è il diploma (si sale al 47% per lo scientifico), il 4,5% da genitori che si sono fermati alla scuola media inferiore (7,5% per lo scientifico). Ben il 47% proviene dalla classe elevata, il 30% dalla classe media impiegatizia, il 13,5% dalla classe media autonoma, e appena l'8,4% dalla classe del lavoro esecutivo.[8] Lo scientifico tradizionale registra una ben più bassa percentuale della prima categoria (36,1%) e una più alta percentuale dell'ultima (13,1%). Il liceo linguistico avvicina ulteriormente le due componenti (26,5%, 20,2%); al liceo delle scienze umane prevale la seconda (21,3%, 25,4%). Negli istituti tecnici, appena il 13,8% ha almeno un genitore laureato, appena il 17% proviene dalla classe elevata. Percentuali ancor più basse fra i diplomati professionali (10,5%, 13,6%): vertiginoso lo stacco rispetto al liceo classico (ma anche rispetto al liceo scientifico).

Se si incrociano questi dati con quanto abbiamo ricordato, pur così sommariamente, sui destini universitari dei diplomati italiani, appare evidente che al liceo classico entra di norma una percentuale molto consistente di giovani persone favorite da *status* sociale e culturale d'origine; e appare evidente che la fortuna favorirà i fortunati durante tutta la loro carriera successiva, come li ha favoriti nella vita scolastica anteriore.

A ciò si aggiungano gli esiti dell'autonomia in quanto hanno di più nocivo e deflagrante: l'istigazione alla sistematica concorrenza fra le scuole. In teoria – pura teoria – l'autonomia dovrebbe avere il suo contraltare in una costante verifica di qualità degli istituti, chiamati a render conto dei loro risultati; in italiano contemporaneo la si dice *accountability* (ad Atene la chiamavano *eýthyna*): essa dovrebbe garantire standard nazionali diffusi, a compenso delle scelte autonome delegate alle scuole. Non è così, né si intravede possibilità che sia così: l'*accountability*, il «render conto», da una parte ha rovesciato sulle scuole oneri burocratici defatiganti e spesso meramente formali, dall'altra non ha fatto che estremizzare gli aspetti concorrenziali dell'autonomia; e così la valutazione e l'autovalutazione, che dell'autonomia sono teorici contrappesi, si sono trasformati in suoi generosi alimenti. L'«Eduscopio» della Fondazione Agnelli è un esito lampante di questo circolo vizioso. E le ricadute del fenomeno, sul liceo classico e non solo, sono evidenti: all'elitismo degli indirizzi rischia di aggiungersi l'elitismo dei singoli istituti, così da disegnare un panorama entro il quale ogni scuola «d'eccellenza» richiama *a fortiori* alunni «eccellenti», in un processo selettivo sempre più vorticoso. Il passo successivo – degenerazione ben nota in Paesi dove autonomia e *accountability* vigono da tempo – è il *cream-skimming*: la corsa delle scuole ad accaparrarsi gli studenti «migliori», cioè capaci di garantire all'istituto i risultati migliori in sede di «rendiconto». Ciò rende anche i sistemi *de iure* «comprensivi» soggetti a una stratificazione informale estremamente spinta.[9]

Sono scenari ancora di là da venire, in Italia, ma già si intravedono, ed è bene avere presenti i rischi. Come è bene avere presente che oggi la composizione sociale del liceo classico non consente in alcun modo di negare i suoi privilegi entro il sistema scolastico attuale. Sul punto torneremo a breve, ma l'ammissione preliminare è doverosa. E proprio al liceo classico, direi, conviene che il punto sia compreso, chiarito, discusso. Tende a prevalere invece – ho notato in più occasioni – una minimizzazione del quadro, specie da parte degli studenti. E ciò si capisce bene: la taccia di scuola elitaria genera reazioni difensive, specie in chi si va misurando con una scuola di notevole difficoltà; il resto fanno la giovane età e ciò che Hegel spiegò piuttosto bene nella sua «dialettica di servo e padrone». Ma proprio nei licei classici, e con gli studenti *in primis*, merita d'essere approfondito il problema dell'iniquità scolastica complessiva, riflesso di una più ampia e strutturale iniquità sociale: perché proprio in quella scuola – come sempre accade, dacché l'istruzione classica esiste – il problema si percepisce con maggiore nettezza.

Una cosa è importante: non cavarsela mai con lo zuccheroso argomento dell'elitismo fondato esclusivamente sul merito. L'*escamotage* fu di Gentile («gli studi secondari sono di lor natura aristocratici, nell'ottimo senso della parola»), e oggi i suoi minuscoli epigoni ne ripetono il trucco:

> basterebbe tornare a Giovanni Gentile e al «buon vecchio Liceo» severo e aristocratico nel senso etimologico della parola.

Così il giornalista-classicista Miska Ruggeri, in un pamphlet dichiaratamente «reazionario» del 2017 (*Giù le mani dal Liceo Classico*). Ma è un trucco, appunto, e un trucco puerile: può farselo bastare solo chi ignora o finge di ignorare – oltre al «senso etimologico» di «aristocratico», che in tutto il greco a noi noto è di classe e basta[10] – anche e soprattutto i concreti meccanismi della selezione scolastica fra scuola primaria e istruzione universitaria. È puro idealismo (ma nel pessimo senso della parola, per dirla alla Gentile), se non è disonestà sfacciata, suggerire l'idea che merito del censo e merito dello spirito possano con agio distinguersi; e che il secondo possa emergere da sé, lampante, e imporsi per forza propria in barba a condizioni di partenza stabilmente e profondamente inique. Attribuire una simile stupidaggine a Gentile, peraltro, è fargli un torto: il suo classismo era lucido e fu lucidamente posto in opera. Oggi non è peccato veniale trastullarsi con l'idea di un «elitismo buono», mondo di implicazioni censitarie. Possiamo ben proporci di «tassare il cervello», come diceva D'Ovidio, nel 1895, contro chi proponeva tasse scolastiche più alte: ma è vano, perché la selezione si compie in età assai precoce; e comunque, per sicurezza, le spese per l'istruzione intanto aumentano notevolmente, come ha ribadito nel gennaio 2018 una fonte non sospetta come «Il Sole-24 Ore». Possiamo ben credere, se ci consola, alla favola del talento che frutta da sé. Ma anche nella parabola evangelica, l'abbiamo ricordato, si parte con una distribuzione diseguale.

Ma al «gentilismo gentile» che oggi risorge e s'ammanta di argomenti «culturali», all'ipocrita o languida illusione dell'«elitismo buono», un altro mito va aggiunto, non meno insidioso: quello della scuola «difficile» come valore in sé. Il tema è spesso riecheggiato nelle più recenti apologie del liceo classico, e non senza ottime ragioni: del rischio di promuovere un liceo classico *soft*, ma ancora o ancor più elitario, si è parlato a iosa nelle pagine precedenti. Occorre però ricordare che le lodi del «difficile» sono un esercizio vuoto, se non le accompagna una riflessione realistica sulle iniquità di partenza: e possono al massimo produrre stucchevoli anamnesi della bella scuola che fu, dei seri esami che furono (cfr. *supra*, pp. 53-55). Nei primi anni Settanta, quando la media unica mostrava già vistose falle, un intellettuale e politico rigoroso come Marino Raicich osservava con sconforto che «si è agito … in direzione della facilitazione come metodo più comodo e più demagogico per fare una riforma "sociale" da facciata». Parole in cui risuona limpido il timbro gramsciano: «occorrerà resistere», scriveva il recluso nel '32, «alla tendenza di render facile ciò che non può esserlo senza essere snaturato». Ma Raicich opponeva alla «facilitazione» e alla «riforma da facciata» non il ripristino dell'antica severità, bensì adeguate misure di sostegno in ingresso e in corso, che avrebbero dovuto nutrire di sostanza il progetto – del tutto tradito, egli accusava – della «scuola unica». E questa è ben altra cosa rispetto a ogni astratta venerazione della scuola *difficilior*, che è argomento da impiegarsi con meditata cautela; il «difficile» è un lusso, quando la scolarizzazione è di massa: costa, e va sostenuto.[11]

Quanto si è osservato qui sul liceo classico non vale meno, ovviamente, per ogni altro indirizzo che ambisca a insidiarne il ruolo e il prestigio, *in primis* lo scientifico. Del resto, serve appena ricordare che indirizzi come il classico e lo scientifico – gli unici davvero «non terminali», come abbiamo visto – implicano *ipso facto* programmazioni d'investimento improponibili per molte famiglie, anche in termini di costi-opportunità; o ricordare che i costi nominali di una scuola non sono mai i suoi costi reali, e che le spese a carico delle famiglie vanno esponenzialmente crescendo in ogni indirizzo scolastico, si tratti di pagare le attività *extra*, la LIM, o addirittura l'alternanza scuola/lavoro; o che i costi additivi sono tanto più alti laddove – come al classico e allo scientifico – più frequente è il ricorso al sostegno delle lezioni private.[12]

Ci si rassegna a ricordare tutto ciò perché simili elementi non siano rimossi in un dibattito che troppo spesso – e contro la lezione dei classici, così realistici e terrigni – prende la via del cielo.

Di classe, dunque, il liceo classico? Sì: come tutta la scuola italiana e la società di cui è il riflesso. Sì, ed è solo un punto di partenza. Altrimenti, ci si poteva fermare all'etimo. Altrimenti, ci si potrebbe accontentare di paralogismi in stile Andrea Ichino, che – spericolato fino all'incoscienza – nel *Processo al liceo classico* del 2014 ha svolto il seguente ragionamento: il liceo classico è figlio di Gentile e della sua iniqua riforma; la mobilità intergenerazionale, in Italia, risulta oggi inferiore addirittura a quella degli Stati Uniti; tale iniquità è colpa di Gentile, e dunque del liceo classico. Già si resta stupiti a vedere Ichino svolgere, per l'occasione, l'inedito ruolo di chi difende l'equità scolastica («Gracco che si lamenta dei disordini», avrebbe detto Giovenale). Se poi la tenuta del sillogismo è questa, lo stupore si fa sconcerto.

Non per pochi

Il liceo classico: scuola che mantiene indubbi tratti d'elitismo, si diceva, e nella quale è percentualmente più alto che altrove il tasso di studenti fortunati per capitale economico e culturale. L'ammissione preliminare è doverosa, ma doverose sono alcune postille.

Cominciamo con la cosa più ovvia. Convertiamo in cifre assolute le percentuali fornite sopra, o altre analoghe che si volessero trarre da fonti diverse. Che cosa ne ricaviamo, vista la consistente difformità numerica dei campioni considerati? Ne ricaviamo che oggi la maggioranza delle famiglie avvantaggiate per titoli di studio e/o per censo si orienta verso il liceo scientifico. Se prendiamo a riferimento i dati AlmaLaurea 2016, in numeri assoluti il rapporto risulta circa 2:1 per quanto concerne sia i diplomati con almeno un genitore laureato, sia i diplomati provenienti dalla classe elevata. In altri termini: è vero che al liceo classico risultano percentualmente più numerosi i figli di genitori laureati e appartenenti all'alta borghesia; ma è altrettanto vero che questi ultimi iscrivono più spesso i propri figli al liceo scientifico: in misura pressoché doppia.

Ovviamente ci si può chiedere se ciò derivi dall'accresciuto e sempre crescente prestigio del liceo scientifico, o – almeno in alcuni casi – dal perdurante prestigio del liceo classico, con conseguenti effetti intimidatori; e molte altre variabili si dovrebbero considerare, se fossero a disposizione i relativi dati: c'è qui materia per auspicabili ricerche future. Una cosa è certa: al momento, quale meccanismo per la riproduzione dei privilegi, il liceo scientifico

funziona a regime più intenso del liceo classico, e produce risultati numerici di ben altro rilievo. Se ragionassimo
al modo di Ichino, dovremmo augurare al liceo scientifico
ogni male possibile. In compenso, è evidente che il liceo
scientifico è oggi una scuola socialmente più differenziata, perché le diverse componenti socioculturali vi si me-
scolano in misura più forte.

Ma il liceo classico è davvero così omogeneo sotto il profilo sociale ed economico? Lo parrà senz'altro, se si considera che in numero più ridotto vi sono rappresentate categorie di studenti palesemente svantaggiate per classe o livello
culturale di partenza. Ma è importante ciò che ha osservato
Ivano Dionigi, muovendo proprio dalla ricerca AlmaLaurea, e sottolineandone alcuni aspetti in parte sorprendenti:

> Oggi è ancora vero che chi viene dal Classico gode di un
> contesto socio-culturale più avvantaggiato, ma il dato del
> 33,8% proveniente dalla classe media impiegatizia, sommato
> al 13,7 della classe del lavoro esecutivo, smonta l'equazione.

In effetti, la provenienza dalla classe media impiegatizia – che segna percentuali pressoché equivalenti al classico (33,8%) e allo scientifico (34,9%), con scarti non così
alti rispetto al tecnico (27,7%) – merita massima attenzione. Sappiamo quanto sia internamente difforme, sotto un
profilo reddituale, la cosiddetta «classe media», concetto
volatile già quando Euripide ne tesseva l'elogio. È lecito
presumere, per esempio, che nei licei classici e scientifici
l'insieme comprenda una fitta rappresentanza di insegnanti
– le cui ricche buste-paga sono notoriamente un vanto del
Paese – e altri dipendenti pubblici o privati di alta o medio-alta professionalità, ma di magro censo; ciò è del resto
suggerito dalla forte incidenza, specie al classico, di studenti che hanno almeno un genitore laureato (45,4%, contro il 33,6% dello scientifico): incidenza che è di ben dodi-
ci punti superiore al tasso di studenti provenienti dall'alta
borghesia (33,8%). Quanto ai «lavoratori autonomi» – che
forniscono al liceo classico il 16,7% degli iscritti, allo scientifico il 19,5% – l'*excursus* interno della categoria risulta

senz'altro ampio, perché va dall'artigiano o commerciante all'imprenditore. Già a questo elementare livello, è chiaro che l'omogeneità sociale del liceo classico, in termini strettamente censitari, risulta tutt'altro che indiscutibile, e almeno a una buona metà dei suoi iscritti è del tutto imprudente attribuire condizioni di vantaggio economico. Del resto, non dimentichiamo la presenza, nient'affatto trascurabile, di studenti le cui famiglie sono ferme al diploma della superiore (42%): e sappiamo quanto siano alte le loro *chances* di giungere alla laurea. Altre e più fini indagini, ci si augura, verranno, ma non è affatto improbabile che esse evidenzino l'omogeneità più forte laddove l'esperienza suggerisce di cercarla: non tanto nei dati reddituali, quanto nella condivisione di un orizzonte intellettuale e valoriale (se si preferisce la crudezza di Bourdieu: nei gusti e consumi culturali); e forse, in alcuni casi, anche politico. Nella preistoria del liceo classico italiano, ancor prima dell'Italia e ancor prima della legge Casati, nel 1850, mentre si discuteva quel progetto Boncompagni che della Casati fu l'antefatto, Domenico Berti scrisse che la nuova scuola classica doveva avere «per oggetto l'educazione delle classi meno disagiate della società». In un certo senso, è ancora così: se l'espulsione o segregazione scolastica delle classi più disagiate si gioca assai presto, il liceo classico si rivolge ancora alle «classi meno disagiate», per capitale materiale e ancor più per capitale immateriale, nella loro variegata gamma.

Ciò introduce ad altre considerazioni. Una recente, preziosa ricerca di Fiorenzo Parziale (*Eretici e respinti*, 2016) suggerisce di analizzare i tassi di successi scolastici nelle diverse classi sociali – e dunque le relative potenzialità di mobilità intergenerazionale – tenendo ben presenti le discrasie fra posizioni economiche e credenziali culturali, che spesso, per impiegare i termini dello studioso, mostrano una «relazione chiasmatica»: posizione economica più prospera, ma più bassi titoli di studio; e viceversa. Se si tengono sotto osservazione, come Parziale ha fatto su un campione significativo di diplomati del 2007, non quattro ipotetiche «classi sociali», ma più articolate frazioni di classe, il quadro appare complesso e vivace. Le frazioni di classe «consolidate» e le frazioni «incongruenti» (quelle, cioè, dove le credenziali scolastiche risultano difformi rispetto alla posizione economica) mostrano comportamenti diversi e spesso divergenti, sicché membri culturalmente più deboli di classi sociali economicamente più forti sono talvolta esposti agli insuccessi scolastici più di coloro che, pur svantaggiati sul piano economico, trovano nel loro ambiente familiare stimoli sufficienti, e sufficienti motivi di rivalsa sociale, per affrontare con successo il loro percorso di studi:

> I diplomati provenienti dalle frazioni istruite delle classi subalterne sono portati a seguire lunghi percorsi formativi. Fanno meglio di loro solo i figli delle frazioni superiori, dotate sia di un alto capitale economico sia di un alto capitale culturale.

Detto altrimenti: l'istruzione, e specie l'istruzione superiore, può ancora giocare uno specifico ruolo nel riequilibrare disparità d'origine talora consistenti, per quanto la segregazione scolastica risulti comunque preponderante nel determinare le sorti di chi paga – con puntualità eschilea – le colpe delle generazioni anteriori. Come diceva Raicich nei primi anni Settanta, contro ogni teoria massimalistica della «descolarizzazione», esiste ancora «uno specifico terreno di lotta nella scuola».

Il che riporta a un punto rilevante, che Parziale chiama – senza giri di parole – «complicità tra sistema scolastico e classi sociali»; la complicità, spesso involontaria, trova nell'orientamento la sua *humus* più fertile, come emerge dalle già citate ricerche di Romito, e come chiariscono ora, in uno studio pionieristico del 2017, Gianluca Argentin, Gianna Barbieri e Carlo Barone. I tre ricercatori hanno incrociato per la prima volta i dati dell'*Anagrafe Nazionale Studenti* e i dati INVALSI, che comprendono informazioni sulle origini familiari degli studenti; e sono così riusciti a misurare, su scala molto ampia, il peso dell'orientamento scolastico nel passaggio cruciale fra le scuole medie e le superiori, che, pur non rappresentando più lo snodo fra l'obbligo e il post-obbligo, continua a essere il bivio decisivo. Queste le preoccupanti conclusioni:

Le analisi condotte hanno messo in luce che il consiglio orientativo degli insegnanti è più spesso indirizzato verso studi liceali quando gli studenti provengono da famiglie con elevata istruzione. Abbiamo prodotto evidenza empirica che suggerisce l'esistenza di una distorsione nelle indicazioni degli insegnanti, che orientano verso il liceo molto più spesso i figli di laureati rispetto ai figli di genitori con la sola licenza media (+20%) anche a parità di rendimento scolastico, *performance* nei test INVALSI e voto di condotta.

Questo scarto può essere interpretato come la tendenza degli insegnanti ad attribuire maggiori probabilità di successo al liceo a studenti che, a parità di *performance* educativa, potranno comunque contare su un supporto familiare più elevato e, forse, anche ad anticipare scelte future di studi verso i percorsi terziari. Meno bonariamente, si può però anche pensare che, almeno in parte, gli insegnanti determinino inconsapevolmente discriminazioni a favore degli studenti di più alta estrazione sociale, magari anche solo per evitare la conflittualità che può derivare dal dare a genitori con alta istruzione consigli di studio non in linea con le loro aspettative e aspirazioni future per i figli.

Dunque, l'orientamento molto spesso disorienta. E va da sé che agli effetti distorsivi dell'orientamento riescono a sottrarsi con più facilità le famiglie culturalmente più robuste; ma in Italia, non dimentichiamolo, il livello di scolarizzazione rimane bassissimo: e ciò espone un numero più alto di giovani a effetti di canalizzazione precoce che spesso prescindono dai loro concreti esiti scolastici nella fase dell'obbligo. Ciò contribuisce a spiegare quello che è stato chiamato il «rompicapo italiano»: il paradosso, cioè, per cui l'Italia, nelle indagini internazionali sui livelli di apprendimento, «emerge come uno dei Paesi dove i condizionamenti delle origini sociali sono tra i più deboli in Europa»; ma «se consideriamo i titoli di studio conseguiti, l'Italia spicca come uno dei Paesi europei più iniqui» (C. Barone, L. Ruggero).

«Siamo un paese medioevale dove l'orientamento lo fanno le famiglie», ha denunciato di recente Ivano Dionigi. Pare vero in due sensi: le famiglie culturalmente ed economicamente forti decidono le sorti scolastiche dei loro figli anche a prescindere dai risultati scolastici; i genitori e gli studenti più deboli sono spesso soli, se non soggetti a forme di lesivo «disorientamento», di fronte al bivio che più duramente determinerà il loro futuro di studio e lavoro.

È chiaro che questa penosa situazione chiama a rimedio risorse di due ordini: risorse economiche centrate innanzitutto sul sostegno precoce e costante, fin dalle fasi primarie dell'istruzione, mentre – come lamentava già Raicich di fronte al fallimento della scuola media unica – «l'Italia si è sempre contraddistinta ... per la scarsa diffusione degli asili nido, per l'esiguità dell'offerta scolastica pomeridiana nell'istruzione di base e per la presenza scarna di programmi di recupero e potenziamento delle competenze» (C. Barone, L. Ruggero); e, accanto alle risorse economiche, risorse informative, che compensino per quanto possibile il *deficit* di capitale culturale che costringe molte famiglie a scelte poco consapevoli.

Ed è qui che si fa massima la responsabilità etica e sociale affidata a chi parla di scuola. È evidente che il liceo classico ha tutte le caratteristiche per costituire ancora un efficace strumento di equità culturale e sociale: e uno strumento fra i più efficaci. Lo dicono, fra l'altro, la presenza di frazioni classiali «incongruenti» che intersecano le rigide partizioni di «classe media» e «autonoma», e l'alto tasso di studenti i cui genitori si sono fermati alla secondaria superiore. Il liceo classico attrae studenti privilegiati, certo, e in misura maggiore rispetto ad altre scuole; ma continua ad attrarre studenti le cui *chances* di sopravanzare i genitori sono fra le più alte, visti i dati dei successi universitari che caratterizzano i diplomati al classico, e vista la natura sempre più fortemente «credenzialistica» del nostro mercato lavorativo. Solo che questi studenti sono ancora pochi, perché sono pochi in generale gli iscritti al liceo classico: e dunque, possiamo dire, il sistema scolastico italiano *sfrutta troppo poco uno dei suoi migliori strumenti – almeno potenziali – di equità sociale e mobilità intergenerazionale.*

Perciò appaiono irresponsabili tutti coloro che, con più o meno chiara consapevolezza, del liceo classico falsano l'identità raccontando fandonie, o – peggio – si adoperano per plasmarla nella direzione di una scuola sempre più esclusiva, sempre più oziosa, sempre più classica e di classe. E se equa, in una società iniqua, nessuna scuola potrà mai essere, prioritario deve essere l'impegno per rendere ogni scuola meno iniqua possibile: e tanto più una scuola come il liceo classico, che oggi come oggi, pur sottoposta a una propaganda distruttiva e a riforme marcatamente peggiorative, continua a mostrarsi tanto solida nel suo impianto, tanto aperta nei suoi esiti, tanto efficace nell'assolvere ai suoi compiti. Sono compiti costituzionali: vale la pena ricordarlo.

«Bisognerà...»

Siamo alla conclusione. E la conclusione sarà nel nome di chi, sulla scuola classica, si è espresso con insuperata ricchezza circa un secolo fa, quando i processi di cui oggi vediamo gli esiti erano appena agli inizi. Più di un lettore se ne sarà accorto: molte delle considerazioni offerte nelle pagine precedenti altro non sono state che una protratta parafrasi di pagine che Gramsci prigioniero scrisse nel 1932, nel *Quaderno XXIX* (12 Gerratana). Sono pagine famosissime, e qua e là si sono evocate. Ora è il caso di citarle e commentarle espressamente. Non sarà una digressione.

Pagine famosissime, sì, ma piegate a tutti gli usi. E oggi, quando si parla di liceo classico, troppo spesso fraintese. Fra i primi a metterle a frutto fu Concetto Marchesi, durante la discussione sulla scuola unica che spaccò il suo partito: i *Quaderni* erano ancora una novità sensazionale, e Marchesi schierò Gramsci a difesa del latino nelle scuole medie. Nel '72, da quelle stesse pagine ripartì Marino Raicich, ma per giungere a tutt'altro esito: per proporre – sempre a nome del

PCI – un progetto di scuola unica senza latino prolungata fino ai 16 anni. Esegesi opposte, entrambe forzate? Simmetrici abusi di pagine ambigue? Qualcuno se l'è cavata giudicando Gramsci «contraddittorio» (A. Semerano). Quando Luciano Canfora, in *Noi e gli antichi* (2001), diede nuovo risalto alle pagine gramsciane, lo fece soprattutto per evidenziarne il carattere problematico, tormentato, arduo. Ma il concetto non è passato, a quanto pare, perché oggi di quelle pagine si continua a citare (male e fuori contesto) l'eterno «non si impara il latino e il greco per fare i camerieri», con la conseguenza di attribuire a Gramsci un disprezzo di classe che appartiene, evidentemente, a chi lo cita.

Quali sono i concetti portanti di quelle ostiche riflessioni? Vi si parla di greco e di latino, certo. Ma tali riflessioni non si possono disgiungere da quelle che per Gramsci sono le loro premesse logiche e storiche. Primo: l'«intellettualità diffusa» come caratteristica della società capitalistica avanzata; un'intellettualità diffusa per gradi, per specializzazioni progressive, per destinazioni professionali diverse, ora burocratiche e ora tecniche, ora «umanistiche» e ora «scientifiche». Secondo: la scuola intesa come «strumento per elaborare gli intellettuali di vario grado», per fornire all'impresa i suoi tecnici, allo Stato i suoi funzionari, alla società tutta i «commessi» dei diversi gruppi sociali in gioco, in un processo di specializzazione sempre più spinto e sempre più complesso. Terzo: la crisi, conclamata, di qualsiasi scuola volta a fornire una «cultura generale», *in primis* «la cultura generale fondata sulla tradizione greco-romana»; un modello educativo, questo, insidiato dal bisogno di «scuole particolari di vario grado, per intere branche professionali o per professioni già specializzate e indicate con precisa individuazione». Di qui la diagnosi di Gramsci sulla reazione gentiliana e sulla sua inevitabile, caotica crisi:

> la crisi scolastica che oggi imperversa è appunto legata al fatto che questo processo di differenziazione e particolarizzazione avviene caoticamente, senza principii chiari e precisi, senza un piano bene studiato e consapevolmente fissato.

È l'analisi lucidissima di quanto oggi i sociologi considerano l'irrisolta peculiarità del sistema italiano: la sua perenne sospensione fra «sistemi comprensivi» e selezione preadolescenziale delle «attitudini», fra la sua pletora d'indirizzi nominalmente aperti e la sua comprovata iniquità, che si traduce in un «effetto *tracking*» (canalizzazione precoce) apparentemente morbido, ma efficacissimo.

La reazione di Gentile e del fascismo – proseguiva Gramsci – era il vano tentativo di resuscitare una scuola classica ormai insostenibile, un «indirizzo spacciato» da tempo per l'impetuoso mutare del contorno socio-economico; o meglio di

> lasciarne solo un esemplare ridotto per una piccola élite di signori e di donne che non devono pensare a prepararsi un avvenire professionale,

che è ancora oggi il sogno carezzevole di tanti, ai quali difetta però il classismo franco di Gentile.

E qui Gramsci, assodata la crisi, passava al programma: al disegno di una «scuola unica iniziale di cultura generale», «di formazione umanistica (inteso questo termine di umanismo in senso largo e non solo nel senso tradizionale)», capace di compensare e insieme preparare la specializzazione a venire; una scuola obbligatoria fino ai «15-16 anni», di rigida gestione statale, «organizzata come collegio, con vita collettiva diurna e notturna, liberata dalle attuali forme di disciplina ipocrita e meccanica», e fondata su un bilancio dell'istruzione esteso «in modo inaudito», su un «allargamento inaudito dell'organizzazione pratica della scuola»: prospettiva che Gramsci considera in pura teoria, non nascondendone affatto il carattere utopico. Scopo della scuola unica così delineata: azzerare per quanto possibile le differenze socio-culturali di partenza. E in effetti ripartiva da questi intenti e da questo programma – intendendo bene Gramsci, e pur ridimensionandone le idee a misura di politica coeva – il disegno di legge Raicich, proposto quando l'Italia ebbe una delle ultime occasioni per riformare radicalmente il suo sistema scolastico (cfr. *supra*, pp. 58-60).

Ma Gramsci non si fermava qui; e tratteggiava il séguito, ponendo mente a «quella fase dell'attuale carriera scolastica che oggi è rappresentata dal liceo». Un triennio liceale che egli immaginava innervato dei principi formativi tipici dell'università, centrato sui «metodi creativi nella scienza e nella vita»; ciò, ai suoi occhi, avrebbe dovuto promuovere l'equilibrio fra l'impostazione scolastica più tradizionale, più conformistica, e la pedagogia della «scuola attiva», importante nella funzione rinnovatrice, ma ancora chiusa nella sua «fase romantica»: una fase polemica da superare, per giungere alla «fase classica». Occorre, scrive Gramsci, «rivendicare con una certa energia il dovere delle generazioni adulte, cioè dello Stato, di "conformare" le nuove generazioni»; e occorre giungere a «una certa specie di "conformismo" che si può chiamare "dinamico"». È questo l'equilibrio educativo su cui oggi si giocano le dispute, spesso confuse, fra «nozionisti» e «antinozionisti» della più varia ispirazione (cfr. *supra*, pp. 183-187).

Ed è qui, solo qui che si innestano quelle osservazioni sul greco e sul latino che oggi malamente si estrapolano e così spesso si fraintendono. E Gramsci, in quelle osservazioni, parla al passato, perché parla della «vecchia scuola media italiana, quale l'aveva organizzata la vecchia legge Casati»: «non si imparava [«imparava»!] il latino e il greco per fare i camerieri, gli interpreti, i corrispondenti commerciali. Si imparava», egli spiega, sempre al passato,

> per conoscere direttamente la civiltà dei due popoli, presupposto necessario della civiltà moderna, cioè per essere se stessi e conoscere se stessi consapevolmente.

Un elogio delle radici? Un elogio del ginnasio come palestra di educazione civica, di identità e moralità? Il passaggio può piacere a chi oggi immagina un liceo classico ricondotto a scuola etica, previo rovesciamento dell'identità in esotica alterità (cfr. *supra*, p. 200). Ma il passaggio si equivoca se non si intende che proprio questo modello scolastico Gramsci giudica finito, anzi «spacciato», per le ragioni illustrate poche pagine più sopra:

questo indirizzo [*scil.* quello della «scuola classica», della «cultura generale fondata sulla tradizione greco-romana»], una volta messo in discussione, può dirsi spacciato, perché la sua capacità formativa era in gran parte basata sul prestigio generale e tradizionalmente indiscusso di una determinata forma di civiltà.

Ma poi il tono cambia: e cambia quando si passa allo studio della grammatica, che solo con «molta ingiustizia e improprietà» si può accusare «di meccanicità e di aridità». E nel séguito, quasi impercettibilmente, Gramsci passa al presente: «si impara il latino (o meglio, si studia il latino)...». E così Gramsci prosegue, sempre al presente: prosegue con l'elogio delle lingue morte in quanto morte, da studiare «come un cadavere su un tavolo anatomico», ma continuamente ravvivate «negli esempi, nelle narrazioni»; prosegue con l'elogio di quel «corpo storico che si può trattare come un cadavere che si ricompone in vita»; prosegue con l'elogio di quella dialettica continua che muove «dall'astrazione» per costringere «a ricalarsi nella vita reale immediata», che muove dalla lingua «fotografata in un istante astratto, in forma di grammatica» per poi misurarsi con «tutta la lingua storicamente reale».

È un appassionato, meticoloso esame della grammatica intesa come modello che si verifica, si sperimenta, si riformula, in un continuo esercizio di astrazione e concretizzazione: niente a che vedere con la caricatura che ne fa chi deride il «grammaticalismo» (cfr. *supra*, pp. 168-182).

Ed è nel quadro di questo appassionato esame – autocoscienza limpida di chi conosce e ama quello studio – che Gramsci enuncia il principio, forse urtante per qualcuno, secondo cui «il latino non si studia per imparare il latino» (cfr. *supra*, pp. 195-202). È nello stesso quadro che Gramsci parla dell'istruzione linguistica come «tradizione culturale» che «riassume e soddisfa ... esigenze pedagogiche e psicologiche» molteplici, che nulla hanno di propriamente «classico» (cfr. *supra*, pp. 204-209). Fino a ciò che per Gramsci è evidentemente l'apice di «tutto quell'itinerario» fatto di lingua, di astrazione e concretizzazione, di metodo nello studio, di «storia letteraria e storia politica». Durante quell'itinerario lo studente

> si è tuffato nella storia, ha acquistato un'intuizione storicistica del mondo e della vita, che diventa una seconda natura.

«Un'intuizione»: Gramsci non magnifica e non esagera. È realistico sempre. Ma dopo ciò viene il finale, che rende queste riflessioni così distanti da qualsiasi elogio nostalgico o acritico dell'istruzione classica. Chi di queste pagine fa oggi *excerpta* in genere lo omette, ma è il punto più rilevante: e dice tutta la problematicità con cui Gramsci va affrontando il tema.

Il tempo verbale, all'improvviso, torna al passato («questo studio educava senza averne la volontà espressamente dichiarata»). Il greco e il latino, ribadisce Gramsci, non hanno «qualità intrinsecamente taumaturgiche»; il greco e il latino sono l'intera «tradizione culturale» che ne ha alimentato lo studio e affinato i metodi; una tradizione che però «vive anche e specialmente fuori della scuola», e di cui è ormai conclamata la crisi. Il finale però è al futuro, ed esprime insieme il dovere e il dubbio:

> bisognerà sostituire il latino e il greco come fulcro della scuola formativa e lo si sostituirà, ma non sarà agevole disporre la nuova materia o la nuova serie di materie in un ordine didattico che dia risultati equivalenti di educazione e formazione generale della personalità.

Non ci sta riuscendo, osserva Gramsci, la scuola attuale, democratica in apparenza per il «moltiplicarsi di tipi di scuola», ma generatrice e moltiplicatrice di disuguaglianze, «in forme cinesi»; non ci riuscirà una scuola che voglia rinunciare all'equilibrio fra l'astrazione e la concretezza, che voglia cedere alla richiesta di «facilitazioni» e dismettere l'idea che «anche lo studio è un mestiere, e molto faticoso». Ci riuscirà una scuola futura da immaginarsi «in una nuova situazione»? Allora, scrive Gramsci, «queste quistioni possono diventare asprissime», e «si avranno da superare difficoltà inaudite».

Questa è la progressione, tormentata ma coerente, dura nei nessi ma limpida nella logica e negli intenti, delle riflessioni gramsciane. Si cerca vanamente una risposta – come si cercano vanamente bolse lodi della scuola classica – in pagine che sono utopiche, sì, ma regolate da una concretezza severa. «Bisognerà sostituire...» Anzi: «si sostituirà». Ma «non sarà agevole». In questa franca espressione di dubbio, che con rispetto e realismo guarda allo stato dei fatti, all'efficacia secolare (e spesso involontaria) della tradizione, alla necessità di superarla «in una situazione nuova» ancora di là da venire, c'è l'interrogativo che giustifica l'apparente digressione qui imposta a chi legge; un interrogativo che nel modo più onesto e diretto ci interpella: «bisognerà sostituire», ma «non sarà agevole». Dunque: è agevole oggi? Chi crede o finge che lo sia dà risposte sulla cui credibilità abbiamo cercato di interrogarci nelle pagine precedenti. Chi non crede la risposta così facile, resterà nel dubbio, e proverà a ragionare, a operare, nella situazione che ci è data.

Oggi, come ai tempi di Gramsci, si procede «caoticamente, senza principi chiari e precisi». Le mancate riforme e le semi-riforme hanno segnato e continuano a segnare la sostanziale rinuncia a trattare la scuola come problema autenticamente politico. Nessuna parte fa eccezione, né ha la forza reale per farlo. E questa abdicazione lascia la scuola all'azione corrosiva delle forze sociali in conflitto, fra una domanda di istruzione che sale, perché il mercato pretende istruzione, e una costante azione antidemocratica che vaglia e devia quella domanda, spesso su binari morti. Così la «meritocrazia», slogan nato di destra, diviene un motto *super partes* che la sinistra volonterosamente fa suo per stornare ogni sospetto di lassismo; così gli attacchi al classismo palmare dell'istruzione di massa diventano un'arma assai potente in mano a chi intende smantellare la scuola statale; così la «scuola attiva» diviene scuola di competenze, e scuola di lavoro, e anticamera d'azienda. Intanto, il pericoloso amalgama che fu all'origine della riforma Gentile continua a sopravvivere, ma come scisso in tutti i suoi elementi costitutivi. C'è un classismo che perdura, strutturale, in seno a un sistema in apparenza aperto; c'è un elitismo strisciante che prende le forme ora dell'allucinata nostalgia, ora della rancorosa avversione alla «scuola di massa»; c'è il segreto vagheggiamento di un liceo classico per classicisti, e c'è la burbanzosa o svagata rivendicazione degli studi «inutili».

Il liceo classico si trova esposto, per forza di cose, a questa caotica ridda di slogan rimasticati, all'eco frastornante di vecchie polemiche, e a progetti di programmazione sociale vecchi anche loro, sì, ma riproposti con nuovo ardore da chi trova sempre più debole la controparte politica, e giustamente ne approfitta. Il liceo classico, in più, soffre della sua posizione ambigua che lo rende aggredibile tanto da chi vorrebbe una scuola sempre più funzionale al mercato, quanto da chi ne denuncia la natura di classe. Con estrema facilità le due accuse convergono, e duplicano i danni. Purtroppo, come abbiamo visto, talvolta convergono anche le linee difensive: e tanto certa destra, quanto certa sinistra finiscono per disegnare il progetto di un liceo classico sempre più di nicchia, sempre più di classe.

Nell'ingannevole chiaroscuro del nostro sistema scolastico – con il suo dualismo di fondo così ben mascherato dalla proliferazione degli indirizzi e dalla varietà delle scelte – il liceo classico è un'urtante sopravvivenza. Ma è anche, in virtù di una storia che non si cancella d'un tratto e non si riforma a casaccio, un emblema di resistenza; ed è il segno di una possibilità.

Il liceo classico addita la possibilità di una scuola che sa raccogliere, perfezionare, adattare tradizioni secolari, e lo fa quotidianamente, a onta dei suoi detrattori; una scuola i cui saperi possono essere arricchiti e rinnovati, ma agevolmente sostituiti no, se non per fatua improvvisazione o chiara volontà di liquidazione; una scuola che continua a democratizzare un capitale simbolico che è stato per generazioni appannaggio di poche *élites*, e che oggi – quando la domanda d'istruzione interessa ormai l'assoluta maggioranza della popolazione italiana – si vorrebbe tornare a segregare, riservandolo a pochi o pochissimi; una scuola che è in grado di offrire opportunità di uguaglianza ignote a tante altre scuole, in virtù dei saperi che ha affinato e ogni giorno affina, delle pratiche didattiche che ha ereditato e ogni giorno tramanda, del capitale simbolico, storico e culturale che ogni giorno si adopera per condividere: non perché sia venerato, ma perché sia conosciuto, sia criticato e discusso, sia confrontato ed eventualmente superato.

Se il liceo classico non potrà mai essere, oggi come oggi, la scuola di tutti, per queste ragioni può essere e deve essere la scuola di tanti. E per queste ragioni avrà a cuore il liceo classico non chi ha a cuore il greco e il latino, ma chi ha a cuore una scuola giusta.

NOTE

Chi vuole conoscere le fonti precise delle citazioni offerte nel corso del libro potrà trovare le opportune indicazioni presso i «Contenuti utili» del mio sito web istituzionale: https://www.unibo.it/sitoweb/federico.condello.

Parte prima
CARTE D'IDENTITÀ: NASCITA, NOME, NUMERI,
E LENTE METAMORFOSI

Aride cifre

[1] Prassi che dobbiamo, più che alla travolgente informatizzazione del Paese, alla *spending review* del 2012. Secondo i dati del 2017, confermati in gran parte dai dati 2018, oltre il 30% delle famiglie mostra di non aver accesso diretto all'iscrizione online, con punte del 50% e oltre in alcune regioni. Le proporzioni restano stabili dal 2012, a riprova del profondo *digital divide* che caratterizza l'Italia.

[2] Ringrazio in particolare la dott.ssa Paola Di Girolamo e la dott.ssa Francesca Palmini. Un ringraziamento cordiale anche alla dott.ssa Silvia Ghiselli del Consorzio «AlmaLaurea».

[3] Minima l'incidenza delle paritarie: poco più di 7000 frequentanti.

[4] Stando al citato focus del settembre 2017, l'attuale popolazione scolastica complessiva del liceo classico (statale) equivale al 5,6% dei frequentanti le superiori (statali), e le nuove iscrizioni effettive – al classico 34.009 su un totale di 592.819 – rappresentano il 5,7%. A petto di questo 5,7%, lo scientifico è al 21,94% delle nuove iscrizioni (ma con «scienze applicate» al 7,05%), il linguistico all'8,38%, il liceo delle scienze umane al 7,4%. Per il 2018 dovremo attendere ancora qualche mese.

[5] Non so a quali dati si riferisca Bettini. Per trovare un liceo classico assestato intorno al 15% degli iscritti occorre risalire – stando alle rilevazioni ISTAT – al periodo 1963-1965. Forse «ultimi anni» è espressione largheggiante.

[6] Su tale punto era chiara l'avvertenza del *Focus in breve sulla scuola* dell'a.s. 2010/2011 (maggio 2010): «Per chiarezza di informazione occorre quindi far rilevare che fino al 2009-10, i dati pubblicati relativi alla scuola secondaria di secondo grado facevano riferimento esclusivamente alla tipologia di istituto, non potendo disporre dei dati disaggregati secondo le diverse opzioni di indirizzo scelto dagli studenti. Tali dati, ancorché depurati delle ripeten-

ze, rilevavano la collocazione fisica degli studenti all'interno delle istituzioni scolastiche così come individuate in base all'ordinamento, anziché considerare l'esatta natura dei corsi di istruzione frequentati, sperimentali e non. I dati storicizzati consentivano, comunque, di rilevare, di anno in anno, le dinamiche generali della domanda, trascurando, tuttavia, di rilevarne gli aspetti peculiari».

[7] Per limitarci a un eloquente esempio: l'ultima rilevazione ISTAT disponibile, che è del 2014 e si fonda su stime d'istituto e non di indirizzo, registra al liceo classico 275.467 frequentanti. Un numero in calo, ma non in calo abissale, rispetto al numero assoluto registrato dalle rilevazioni ISTAT degli anni precedenti (281.139 nel 2013, 283.429 nel 2012, e così via, fino al 292.258 del 2009, anno pregelminiano). Ma nello stesso 2014, secondo le rilevazioni MIUR fondate sulle scelte d'indirizzo, studentesse e studenti del liceo classico erano in realtà 162.379.

[8] Di passaggio, una postilla pedantesca: mentre tutte le *brochures* ministeriali prodotte nel 2010 rispettavano rigorosamente l'ordine alfabetico dei nuovi indirizzi liceali, tutte le statistiche successive prodotte dal MIUR vedono puntualmente citato per primo – in barba all'alfabeto – il liceo classico; singolare ma sintomatico automatismo: del vecchio classico si riconosce la primazia ideale, laddove i numeri allegati ne certificano la crisi reale.

[9] Il citato *Portale Unico* non dà risposte, come sarebbe ovvio attendersi; ne dà invece *Scuola in Chiaro*, ma il nome non inganni: la chiarezza si ottiene solo al prezzo di numerose e pazienti interrogazioni Regione per Regione.

[10] Ma la Valle d'Aosta non è censita: manca così il liceo classico che fu di Natalino Sapegno e Federico Chabod.

[11] Il *Portale Unico* non li mette a disposizione immediatamente; quelli che riporto qui sono ricavati da personali trattamenti dei dati aggregati forniti fra gli *open data* dello stesso *Portale*.

[12] Di passaggio, ecco un buon uso delle lingue classiche: lenire le orecchie urtate di quei puristi che trovano innaturale «ministra», ma naturale «maestra», ricordando loro la pretta latinità di entrambi i termini.

[13] Liceo che torna però nella media delle secondarie, se ho ben calcolato, qualora si consideri il solo scientifico tradizionale (sui dati dei licei statali, 47,88% di donne).

[14] In breve: le laureate giungono ai vertici del 93,7% nel gruppo «insegnamento» e dell'84,6% nel gruppo «linguistico»; prevalgono in ambito giuridico (63,1%) e anche medico (55%, ma 69,6% se si comprendono le professioni sanitarie); cessano di prevalere in ambito economico-statistico (49,5%: ma il tasso è in crescita), e crollano nei corsi scientifici più tradizionali (*in primis* fisica e matematica: 32,2%) e a ingegneria (25,5%). Il «soffitto di cristallo», come è noto, per ora fa il resto.

Segni del tempo

[1] Nella definizione di Eco (*Trattato di semiotica generale*): «scelta di selezioni circostanziali che attribuiscono una data proprietà a un semema, contemporaneamente ignorando o celando altre proprietà contraddittorie, che sono egualmente predicabili di quel semema».

Scuola fra scuole

[1] Il triennio medio senza latino era già un'idea di Giovanni Maria Bertini, negli anni Sessanta dell'Ottocento. Ma si potrebbe risalire, per spirito giacobino, fino ai sogni riformistici dell'effimera Repubblica Cisalpina.

[2] Dove in dieci anni essi crebbero di oltre il 30%, stando ai dati ISTAT, questa volta uniformi e confrontabili in serie storica.

[3] E si avvia a rinascere, nel suo impianto basilare, con l'eliminazione della «terza prova» (meno amichevolmente, «quizzone»).

[4] Si può ricordare che nel '69 si cominciò con il latino; e si scelse il *Satyricon* di Petronio: segno chiaro che la si buttava in caciara, diranno i nostalgici. Scelta felliniana, più che altro.

Classico, finalmente?

[1] Si tratta della bozza elaborata dal latinista Giovanni Polara nel marzo dello stesso 1997, ma con significative modifiche e omissioni (per esempio relativamente all'insegnamento del latino in indirizzi diversi dal classico).

[2] Allo stesso, benemerito scienziato dobbiamo la sana protesta contro il concetto di «ragazzo ipermediale».

[3] Non si può dimenticare che l'intera azione riformistica della ministra Gelmini discende dai tagli imposti al sistema d'istruzione pubblico con la L. 133/2008. Centodieci anni prima della manovra Tremonti, nel febbraio 1898, il Consiglio superiore della Pubblica istruzione ebbe a ricordare all'allora ministro che «è cosa per sé sospetta ogni tentativo di riforma didattica che abbia per fine il risparmio».

[4] Giova ricordare che nel 2015, durante il ministero di Stefania Giannini, il latino è definitivamente uscito dal novero delle materie passibili di scelta per la seconda prova della maturità scientifica. Niente più che la canonizzazione normativa dell'uso, visto che il latino alla maturità scientifica non si vedeva dall'orribile Sessantotto.

Critici e crisi: tra amici, nemici e falsi amici

[1] L'associazione, vicina a Confindustria, era ed è tuttora diretta da Attilio Oliva. Le ultime campagne di stampa in cui TreeLLLe si è distinta, sul fronte delle secondarie, riguardano il sostegno alla scuola paritaria, con conseguente denigrazione della scuola pubblica italiana e dei suoi presunti insuccessi, documentati con dati per lo più erronei: è da vedere al proposito la micidiale stroncatura di Giuseppe Di Nicolao, https://www.roars.it/online/treellle-una-lobby-con-le-gambe-corte.

[2] La proposta di Berlinguer è stata autorevolmente ripresa, nel 2011, da Bruno Vespa, che in un tragicomico pezzo per «Panorama» si dichiarò pronto a «difendere il latino *usque ad mortem*» (addirittura), ma giudicò fuori dalla storia lo studio del greco. È, riportata a misura di farsa, la vecchia disputa fra clericali e casatiani.

[3] Esemplificato dalle «bucoliche di Nemesiano», notoriamente studiatissime.

[4] Cfr. http://taskforceperilclassico.it, con relativa rassegna stampa e utilissima raccolta documentaria.

⁵ Prima prova di maturità con minima contestualizzazione introduttiva del passo proposto: piccola e saggia miglioria che evidentemente teneva conto del dibattito in corso.

⁶ Con il recente lancio del FIT (triennio di Formazione, Inserimento e Tirocinio) il processo denunciato da Gregory compie un deciso passo avanti, e le discipline oggetto di insegnamento assumono una posizione ancor più marginale nelle verifiche allestite per i futuri docenti. La pessima riforma – votata con inaudita unanimità da un Parlamento ormai in via di decadenza – ha gettato prevedibilmente nel caos gli atenei chiamati ad applicarla. Siamo evidentemente di fronte all'ennesima occasione persa.

⁷ Nel 2008 Bettini proponeva un'ora di greco in più.

Parte seconda
MITI, CHIACCHIERE E REPLICHE: IL LICEO CLASSICO,
LA SCUOLA GIUSTA

Un liceo nato fascista?

¹ La formula compendiaria «la più fascista delle riforme» si diffuse prestissimo, in realtà, nel corso degli anni Venti: la impiegarono in forma polemica i socialisti, in chiave apologetica i fascisti. Vi ricorse poi anche Gentile, non senza ironia. La formula, ha scritto Scotto di Luzio, ritorna oggi «come un mantra, sulla bocca degli sprovveduti di studi storici».

² Ha ripetuto spesso e volentieri l'argomento, in tempi recenti, proprio l'antigentiliano Andrea Ichino, che a tale principio (a suo dire costituzionale) si è appellato per difendere un discusso libro da lui firmato con Daniele Terlizzese, *Facoltà di scelta* (2013).

³ «Pseudo-unica» perché l'istruzione postelementare restava, come spiritosamente si è detto, «*divisa in partes tres*» (G. Genovesi).

⁴ È pur vero che a Fusaro dobbiamo anche vigorose requisitorie contro la concessione dello *ius soli*.

Un liceo per umanisti?

¹ Il libello di Charles Snow (*The Two Cultures*, 1959) fu tradotto per i tipi di Feltrinelli nel 1964; alla discussione che ne seguì – ospitata specialmente su «Paese Sera» – partecipò il meglio dell'intellettualità nostrana.

² Ecco, per limitarci a un solo ed eloquente esempio, una bella eredità scolastica del fascismo e dell'educazione scientifica da esso promossa: càpita tuttora molto spesso di sentire i nostri liceali ripetere che la relatività di Einstein fu una forma di «relativismo». La comica trovata fu di Adriano Tilgher, e la rilanciò Mussolini in persona.

³ Dieci anni dopo la riforma Gentile, se stiamo alle scuole pubbliche (escluse le professionali), scientifici e tecnici raccolgono circa 91.000 studenti (= 32%), contro i circa 122.000 del ginnasio-liceo (= 43%). Allo scoppio della guerra la forchetta è simile: 41% al ginnasio liceo, 29% fra scientifici e tecnici.

⁴ Un liceo «condannato non agli arresti domiciliari, ma ai lavori socialmente utili» ha riassunto la sentenza Luciano Benadusi, sociologo e diret-

tore di «Scuola Democratica». Infatti in quella sede Claudio Gentili, responsabile Education di Confindustria, aveva prescritto «più alternanza scuola/lavoro»; è però lo stesso Gentili che ha chiesto «un liceo classico più classico» (cfr. p. 93). Il paradosso ormai non ci sorprende più. Un microclassico d'*élite* si concilia perfettamente con la purga della scuola/lavoro, che si può prescrivere a tutti nella certezza che non produrrà ovunque lo stesso effetto.

[5] Con l'intento di evocare un presunto eden dell'interdisciplinarità. Era più originale il vecchio padre Gemelli, che in pieno fascismo auspicava il dialogo fra le «due culture» richiamandosi alla scolastica.

[6] Lasciamo poi correre che lo scopo vero, in molti casi, sia il risparmio sugli organici.

[7] Riservata a classi volontarie e autoselezionate, non poteva che dare risultati passabili: ma non generalizzabili. Allarma enormemente che la sperimentazione dei licei quadriennali si avvii sulle stesse, inconsistenti basi.

[8] *Information and Communications Technologies*, ma da noi comicamente «TIC», per evitare qualsiasi confusione con l'ITC o Istituto tecnico commerciale.

[9] L'invocato Platone nemmeno avrebbe capito i termini della dicotomia, e lo stesso Dilthey desumeva il concetto di *Geisteswissenschaften* (sempre al plurale) per via puramente negativa. Ma lasciamo correre: qui importa il sintomo. Nella stessa ristampa di Snow, Piergiorgio Odifreddi ha fatto di meglio, e per trovare alla dicotomia un più saldo fondamento ha citato in ordine: «parola e scrittura nel mito di Thamos riportato dal *Fedro* di Platone, *esprit de géometrie* o *de finesse* nei *Pensieri* di Pascal, spirito apollineo o dionisiaco ne *La nascita della tragedia* di Nietzsche», e così via per diverse altre righe. Mancano anima e corpo, Yin e Yang, Bibì e Bibò. È del resto lo stesso Odifreddi che nel 2011 si compiacque perché «la lobby umanistica» stava per finire «nel "cestino dei rifiuti" della storia».

[10] Non oso rovesciare su chi legge dettagli minuti, né affrontare questioni che ci porterebbero lontano. Basti ricordare che la ricerca italiana è oggi articolata in 387 «settori scientifico-disciplinari»: SSD, per gli amici, e anche per i nemici, che spesso ne attribuiscono la tumorale proliferazione a interessi di consorteria. Sia pure. L'Europa (*European Research Council*) riconosce 25 settori, ma spartiti a loro volta nella bellezza di 352 subsettori. Quanto alla didattica, la legge italiana riconosce oggi 42 classi di laurea triennale e 94 classi di laurea magistrale. Potrei proseguire a lungo.

[11] Serve appena ricordare il caso, credo: nella primavera del '96 la rivista «Social Text» (Duke University Press) pubblicò l'articolo di Alan Sokal *Trasgredire le frontiere: verso un'ermeneutica trasformativa della gravità quantistica*. Di lì a poco, Sokal – un rinomato fisico – rivelò di aver rifilato a «Social Text» una parodia in gran parte costruita su citazioni da Jacques Lacan, Julia Kristeva, Luce Irigaray e altri, contenenti affermazioni variamente inesatte (e spesso insensate) in materia di fisica, topologia, biologia molecolare, ecc. Ne seguirono repliche infinite, per lo più centrate sul tema della «pseudo-obiettività» scientifica, e spesso decisamente fuori fuoco. Una sintesi (con vigoroso rincaro) è nel volume *Imposture intellettuali* di A. Sokal e J. Bricmont (1997), tradotto in Italia nel 1999. Ampio materiale in http://physics.nyu.edu/sokal.

[12] Ed è inevitabile che l'equilibrismo sia difficile: il 69,2% dei laureati ha bisogno di formazione *post lauream* (anche se la percentuale comprende praticanti e scuole di specializzazione); il 15,4% giudica la laurea «poco/per nulla efficace» in relazione al lavoro svolto, e solo il 51,9% la giudica «efficace» o «molto efficace» (dati AlmaLaurea 2017).

[13] Si sa che sulla carta lo sono anche gli istituti tecnici e professionali. Sulla carta. Cfr. pp. 228-229.

[14] Per lo più ci si ferma ancora, come da tradizione, sulla soglia del secondo Dopoguerra, o si avanza di poco: in compenso si contrae malamente, e malamente si spartisce fra le annualità, tutto ciò che precede. La retorica del «Novecento al centro» fu del solito Berlinguer. Ma l'enfatica e puramente verbale insistenza sul nuovo secolo era tipica di Mussolini («la storia antica dovrebbe essere insegnata a cicli, senza troppi nomi e date che nessuno – a esami finiti – ricorda, mentre dovrebbe essere ampiamente insegnata la storia moderna italiana»). E in realtà già il DPR n. 1457/1960, proposto da Giacinto Bosco, portava i programmi fino alla decolonizzazione e alla nascita della Comunità europea. Benissimo: il punto è come lo si fa. Nel '96 lo si è fatto male e non senza autoritarismo. Nella pratica scolastica quotidiana i docenti provano a rimediare, nel poco tempo a loro disposizione.

[15] Poco importa che esse prendano la piega civettuola e irridente del «catalogo d'errori» (alla Marcello D'Orta e seguaci) o divengano appelli pubblici accorati. Certe risorgenti retoriche dell'«emergenza educativa» hanno spesso basi di dati fragilissime, e finiscono per tradursi non in proposte didattiche, ma in attacchi frontali alla scuola pubblica. È salutare, in proposito, la lettura di Girolamo De Michele, *La scuola è di tutti* (2010).

[16] Al biennio, italiano, latino e geostoria coprono il 37% dell'orario annuo, contro il ricordato 33,33% di matematica, fisica e scienze naturali. Al triennio, quest'ultima percentuale resta invariata, mentre italiano, latino e storia sono al 30%; con la filosofia – che solo molto meccanicamente si può aggregare a tale gruppo – si sale al 40%. Difficile collocare la «storia dell'arte», che al liceo scientifico è «disegno e storia dell'arte».

[17] Si considerano qui le scelte umanistiche dure e pure (8,7%), le scienze giuridiche (5,8%) e le discipline politico-sociali (4,5%), considerando complessivamente «in linea» con l'indirizzo scientifico – oltre alle *hard sciences* e all'area tecnologica – gli ambiti medico ed economico-statistico. Se la psicologia – oggi in gran parte area «bibliometrica» – si considera «umanistica» perché concerne l'anima, dal 19% si sale al 21,3%.

[18] Nel dettaglio: area medica 8,1%, scientifica 26,9%, sociale 20%, umanistica 6,8%, tecnologica 33,4%.

[19] Quel che manca sta fra gruppi come il politologico-sociale, l'educazione scientifica e il giuridico (escluso il ciclo unico, che è la maggioranza schiacciante).

[20] Ho avuto il piacere di seguire da vicino la raccolta e l'analisi di tali dati. Ringrazio Ivano Dionigi e il Consorzio AlmaLaurea che mi consentono di usarli e citarli, qui, in tutta la loro ricchezza.

[21] Calcolata, come di norma, sulla base dei laureati entro il primo anno fuori corso.

[22] Gli studenti regolari fra i diplomati classici, scientifici e tecnici erano rispettivamente, nel 2010, il 67%, il 68,7% e il 60,9%; nel 2005, il 55,1%, il 58,1% e il 54,5%.

[23] È «regolare» il 73,9% dei diplomati al classico contro il 74,1% dei diplomati allo scientifico. Ma qui il campione dei primi è davvero esiguo, a paragone, e la selezione in ingresso degli studenti più interessati può spiegare l'eccezionalità della performance, che resta però meritevole di massima attenzione.

[24] «In tutti i contesti formativi la quota delle donne è piccola ai livelli bassi dei *rankings* ed elevata a quelli alti, smentendo il luogo comune, abbracciato anche dagli insegnanti..., che "ci sono tante ragazze bravine, ma i più brillanti sono maschi"» (così, di recente, M.L. Bianco, sulla base di dati nazionali e internazionali poderosi).

[25] Per le coorti 2005 e 2010, a ogni modo, i dati AlmaLaurea non mostrano differenze significative.

Un liceo disumano?

[1] «Chi crede che fossero i gimnosofisti?» (M. Cantilena).

[2] Esempio mal scelto – gli è stato fatto notare – perché la prima *Bucolica*, con tre declinazioni, si può leggere al massimo fino al v. 18: poi arriva un antipatico nome della quinta (W. Lapini). L'idea del leggere presto rimane ovviamente indiscutibile; ma nuova no, né inaudita a scuola, come vedremo.

[3] Così diceva Ettore Paratore negli anni Cinquanta, ma con radio e cinema al posto dei telefonini.

[4] Così almeno nel 2008, come si è visto (cfr. p. 80). Oggi l'ex ministro evita di esprimersi con tanta chiarezza, ed è difficile dire quale sia il suo pensiero in merito alla concreta sopravvivenza del greco e del latino: dobbiamo accontentarci di fervorini evasivi.

[5] Per la didattica della lingua italiana, basti pensare alle *Dieci tesi* per una scuola democratica promosse nel 1975 dai membri del GISCEL (Gruppo di Intervento e Studio nel Campo dell'Educazione Linguistica). Per la glottodidattica greca e latina, le opportunità di rinnovamento non si contano, sono ormai prassi diffusa, e qualcosa ne diremo oltre. Ma con le caricature non si riforma: si aggredisce e si liquida.

[6] Si noti l'impiego del cosiddetto «comparativo assoluto»: mali del grammaticalismo.

[7] Cfr. https://sites.google.com/site/appelloperlascuolapubblica.

[8] Può essere utile ricordare che i primi programmi scolastici che si segnalarono per una strenua lotta al nozionismo (alle mere «cognizioni») erano i programmi Gabelli, emanati nel 1888: ma erano programmi per le scuole elementari.

[9] Come da testimonianze e calcoli effettuati su anni scolastici «reali», le 132 ore ufficiali di greco possono ridursi a 100 ore effettive.

[10] Chissà perché il latino epigrafico dovrebbe essere fra i più facili a leggersi.

[11] Errori dai quali non è immune nemmeno il libro di Waquet, che accatasta cose diverse in un repertorio simpatico, ma confusivo.

[12] Può darsi che qualche periferico sostenitore del mito esista ancora, visto che Bettini – nel 2017 – si industria ancora a demolirlo, avvisando che coloro che ricorrono al «vetusto argomento ... voltano la spada dalla parte della punta e mettono l'elsa in mano agli avversari». A me pare che la foga gladiatoria sia fuori luogo, ma forse sbaglio.

[13] Sebastiano Timpanaro, in una sua lettera a Cesare Cases, dà a questa credenza il nome di un illustre storico, e la chiama «cantimorismo: la *Geschichte* non è la "storia", l'*ánthropos* è tutt'altra cosa dall'uomo, ecc. ecc.».

[14] Per esempio: iniziare il greco a undici anni come il latino; o impiegare la traduzione in latino come esercizio di stile, non di grammatica; e, naturalmente, impiegare latino e greco in una prospettiva eminentemente storica (non si dimentichi che gli attacchi di Pasquali alla «leggenda positivistica» del latino logico, e le ironie sulla *consecutio* alle quali Calogero si ispirò, vengono da una recensione all'*Esquisse* di Antoine Meillet). Pericolose senz'altro ci paiono le motivazioni patriottiche – se non apertamente razzistiche – che Pasquali preferiva di buon grado alla citata «leggenda positivistica». A riprova del fatto che l'«antinozionismo» si può impiegare per ogni scopo.

[15] «La logica comincia dalle radici delle parole, dalle etimologie» ha invece sostenuto di recente Nicola Gardini (di fronte a qualche milione di telespettatori). E qui si rimpiange la *consecutio*.

[16] Lo preciso perché a tale scopo sono state piegate anche certe mie considerazioni sul «traduttese» destinate, invece, a promuovere una pratica traduttiva più intensa, specie a scuola e all'università; di quanto mi sia stato utile confrontarmi su tali temi con docenti e classi, in diversi licei italiani, non starò a dire qui: ma il mio sentito ringraziamento sia sottinteso. Qui mi permetterò solo alcune considerazioni generali, perché il tema non si presta a sintesi d'ordine prescrittivo.

[17] Se si vuole, e se piacciono le definizioni, si potrebbe parlare di una «traduzione contrastiva attiva», in luogo della consueta e pur utile «traduzione contrastiva», così come di norma la si intende e pratica; una «traduzione contrastiva» che è «passiva» – diciamo così – perché prevede il confronto fra traduzioni altrui; traduzioni che, per di più, spesso sono «d'autore», e dunque richiedono competenze letterarie avanzate per essere seriamente discusse. Si noterà per inciso che anche la «traduzione contrastiva» («passiva») è stata proposta al liceo classico come novità didattica da alcuni suoi aspiranti riformatori: ma è una pratica abituale, canonizzata anche dai libri di testo (e da decenni).

Un liceo di classe?

[1] L'istruzione nostrana ne dà conferma: quando al principio del Novecento l'Italia si trova con gli studenti della secondaria quadruplicati in un quarantennio (da 18.000 ca nel 1861 a oltre 94.000 nel 1901), con un indice di frequenza universitaria assai alto per l'epoca (83 studenti su 100.000 abitanti: la Francia ne aveva appena 72, e la Germania 90), siamo ancora uno dei Paesi con il più alto tasso di analfabeti, e la nostra scuola appare «un mostro con una testa smisurata e piedi incredibilmente piccoli» (M. Barbagli).

[2] Solo con la malizia del conservatore confesso Marc Fumaroli, nell'introdurre la traduzione italiana del suo *Les abeilles et les araignées* (2001), ha potuto leggere in allegoria, dietro la «civilissima disputa degli Antichi e dei Moderni», i prodromi dell'odierno «villaggio globale analfabeta e sonnambulo».

[3] Il latino, scriveva Marchesi, «a più cose, giova: pur senza giovare direttamente a nessuna cosa che abbia segnalata utilità nella pratica esistenza».

[4] E si noti, di passaggio, la perfetta indistinzione della categoria «licei», blocco granitico che in blocco si sconsiglia (anzi, si consiglia solo a chi può), in barba alle discussioni sul liceo classico («umanistico») e sul liceo scientifico; scuole di classe entrambe, evidentemente, ßche in effetti già i documenti della contestazione sessantottina trattano come tali, senza i *distinguo* cari ai cultori delle due culture.

[5] «Si può dire che un'origine sociale privilegiata agisce da moltiplicatore del valore dei titoli di studio, mentre un'origine sociale svantaggiata lo riduce o, nel migliore dei casi, ne lascia immutato il valore medio» (A. Schizzerotto, C. Barone).

[6] Un raggio di 30 km, data la ridotta mobilità che caratterizza in genere gli studenti delle scuole superiori.

[7] Ripeto: occorrono molte *queries* parziali, perché «Eduscopio» non si propone di confrontare dati di sistema. Ha i dati, però, e sono dati MIUR: piacerebbe dunque che il MIUR li rendesse noti.

[8] È da ricordare che quello trattato da AlmaDiploma è un campione numericamente e geograficamente ristretto, ulteriormente (auto)selezionato dalla disponibilità a compilare il questionario.

[9] In Inghilterra come nel Nord Europa, «le riforme di stampo neoliberista, sviluppatesi rispettivamente già dagli anni Ottanta o a partire dagli anni Novanta, hanno introdotto dei fattori di differenziazione, di tipo soprattutto informale …: trainata dall'accresciuta competizione, è sopravvenuta una crescente stratificazione orizzontale fra istituti scolastici formalmente rimasti ancora "comprensivi"» (L. Benadusi, O. Giancola).

[10] E può sempre giovare la corrosiva definizione di Aristotele: «gli aristocratici», ovvero «i ricchi di antica data».

[11] In Italia «le riforme comprensive [cioè nella direzione di una *comprehensive school*, nel 1962] hanno avuto un contenuto quasi esclusivamente curricolare e organizzativo …, essendosi in sostanza limitate a cambiare l'ordinamento degli studi, i programmi di insegnamento e la struttura delle scuole, in altri casi (come, per esempio, in Svezia e in Finlandia) invece si è prestata grande attenzione all'innovazione della didattica e ai programmi di *training* o *re-training* degli insegnanti» (L. Benadusi, O. Giancola).

[12] Sull'enorme mercato sommerso delle lezioni private, e su quanto esso ha di discriminante in termini sociali, ha di recente richiamato l'attenzione Christian Raimo nel suo *Tutti i banchi sono uguali* (2017).

Mondadori Libri S.p.A.

Questo volume è stato stampato
presso ELCOGRAF S.p.A.
Stabilimento - Cles (TN)

Stampato in Italia - Printed in Italy